PERIFERIAS EN RED
Futuros tecnológicos y el mito del universalismo digital

Anita Say Chan

Periferias en red

Futuros tecnológicos y el mito del universalismo digital

Traducción de Julio Durán

IEP
INSTITUTO DE
ESTUDIOS
PERUANOS

Serie: Perú Problema, 56

Este libro fue publicado originalmente en inglés con el título *Networking Peripheries: Technological Futures and the Myth of Digital Universalism, por* MIT Press, en Cambridge, Massachusetts en 2013.

ISBN: 978-9972-51-684-9
ISSN: 0079-1075
Impreso en Perú

Primera edición en español: Lima, marzo de 2018
1000 ejemplares

Hecho el depósito legal en la Biblioteca Nacional del Perú: 2018-03067
Registro del proyecto editorial en la Biblioteca Nacional: 31501131800216

Corrección: Sara Mateos
Asistente de edición: Yisleny López
Diagramación: Silvana Lizarbe
Carátula: Gino Becerra
Cuidado de edición: Odín del Pozo

BIBLIOTECA NACIONAL DEL PERÚ
Dirección de Gestión de las Colecciones

303.4833 Chan, Anita Say.
C517 [Networking peripheries: technological futures and the myth of digital universalism. Español]
Periferias en red : futuros tecnológicos y el mito del universalismo digital / Anita Say Chan; traducción de Julio Durán.-- 1a ed.-- Lima: Instituto de Estudios Peruanos, 2018 (Lima: Tarea Asociación Gráfica Educativa).
380 p.; 23 cm.-- (Perú problema / Instituto de Estudios Peruanos; 56)

Traducción de: Networking peripheries: technological futures and the myth of digital universalism.

Bibliografía: p. [339]-380.
D.L. 2018-03067
ISBN 978-9972-51-684-9

1. Sociedad de la información - Perú 2. Tecnología de la información - Perú 3. Innovaciones tecnológicas - Aspectos sociales - Perú 4. Brecha digital - Perú I. Durán Julio, traductor II. Instituto de Estudios Peruanos (Lima) III. Título IV. Serie

BNP: 2018-062

Índice

Prefacio 11

Agradecimientos 33

Introducción: reforma digital, la era de la información en el Perú 39

PARTE I: Redes neoliberales en la periferia 67

1. Aldea empresa: propiedad intelectual y optimización rural 71

2. Escenificación de lo nativo: actos de piratería y lo complejo de la autenticidad 113

3. Narrando neoliberalismo: relatos de asociaciones promiscuas 163

PARTE II: *Hackeando* en la periferia 199

4. Redes polivocales: promoviendo el *software* libre en América Latina 213

5. Recodificando la identidad: *software* libre y la ética de juego local 253

6. Interrupción digital: *hackeando* el universalismo en la periferia de la red 285

Conclusión: la función del autor digital 319

Bibliografía 341

Dedicado a Arturo y Rosario Say

Prefacio

Me lo han preguntado más de una vez: ¿por qué estudiar la cultura digital y la tecnología de la información en el Perú? En el imaginario global, Perú es una nación montañosa sudamericana que alguna vez fue el centro de la civilización inca: Machu Picchu, las altas extensiones de los Andes y las grandes poblaciones de comunidades quechuas y aymaras. O trae al recuerdo la fuente de materias primas, como los mayores cultivos de coca del mundo (de cuya hoja se extrae la tristemente célebre cocaína) y algunas de las reservas más grandes de oro, plata y cobre, cuya promesa atrajo a los conquistadores españoles a América del Sur a inicios del siglo XVI. Este Perú podría ser un espacio ideal desde el cual observar las tradiciones del pasado, la cultura nativa o la abundancia natural, pero ¿qué podría decirnos sobre la dinámica de la cultura digital contemporánea, los flujos de alta tecnología o sus desarrollos orientados al futuro?

Por supuesto que la pregunta misma amerita un análisis, dado que generalmente ella asume que para llevar a cabo un estudio de la cultura digital (a pesar de sus dimensiones excepcionalmente globales), hay de hecho sitios más adecuados y productivos. Entre los principales tenemos a los laboratorios, oficinas y espacios de investigación ubicados en Silicon Valley, y sus equivalentes dispersos en otras capitales de la innovación en todo el mundo. Posiblemente, es ahí donde se origina la cultura digital en su forma más pura, para ser solamente reproducida en otros lugares; es ahí donde surgen las visiones de futuro digital en sus aproximaciones más exactas o ideales; y es ahí donde se entiende que los avances tecnológicos (y, por tanto, los avances en culturales digitales) son más dinámicos, intensos e inspirados. Aunque lugares como Perú son un camino lleno de reliquias y tesoros de un pasado tecnológico que uno debe esforzarse por no olvidar, zonas como el Silicon Valley revelan secretos de un futuro tecnológico cuyo camino tiene que ser todavía recorrido, aunque ya se haya convertido la fuente de una febril obsesión cultural.

Usualmente, no es necesario justificar la elección de estos lugares exclusivos como prominentes representantes de la "cultura digital". Del mismo modo, casi no se requiere explicar que esto implica que los futuros digitales imaginados por una selecta población de ingenieros, diseñadores e innovadores de nuevas tecnologías en los centros de diseño de élite se pueden (o deben) aplicar al resto del mundo, y que el presente que actualmente se desarrolla en los centros de innovación tiene que ser inevitablemente el futuro de las periferias. Obviamente, en este caso se evoca una noción particular de la periferia como simple agente de imitación mundial: como sitios de reproducción de un futuro inventado antes y en otras latitudes. Así como raras veces se cuestiona el rol de los centros de innovación en la extensión del diseño y la invención, tampoco se pone en duda que la periferia es una zona de difusión y de simple adopción de dichos diseños. Pero la periferia difícilmente es tan pasiva o poco creativa. Los mercados callejeros de piezas de computadoras usadas, recicladas y reensambladas ocupan calles enteras, las cabinas de internet pululan en los barrios con acceso a la red de bajo costo, y los mercados paralelos de música local digitalizada y películas pirateadas llenan edificios de varios pisos. Estas modificaciones tecnológicas e improvisaciones locales son parte cotidiana del escenario tecnológico de la periferia, cuya energía solo se capta parcialmente haciendo una comparación con los mercados comerciales formales de bienes digitales (Alarcón 2008; Durant 2009; Liang 2003a, 2003b, 2004, 2005; Liang y Prabhala

2007; Sundaram 1999). Asimismo, las explicaciones sobre la cultura innovadora de Silicon Valley, a pesar de ser muy valiosas, solo cuentan parte de la historia, pues están basadas, exclusivamente, en las actividades de investigación, el emprendimiento y la inspiración de ingenieros y profesionales informáticos (Anderson 2006, 2010; Cringley 1996; Haftner y Lyon 1996; Hiltzik 2000; Kidder 2000; Levy 1984, 2000, 2011; Lewis 2001; Markoff 2006; Saxenian 1996; Turner 2006; Vaidhyanathan 2011). Aplicando métodos y técnicas que no se habían utilizado y ni siquiera imaginado antes en los centros de innovación, la "periferia digital" construye nuevas estructuras y espacios que, para aquellos que viven en el Sur Global actual, representan los principales medios de acceso e interacción con las tecnologías digitales. Como afirmaron los científicos sociales Daniel Miller y Don Slater (2001) en su estudio sobre Trinidad, "internet no es un ciberespacio monolítico", sino que existe como una tecnología globalmente expansiva con varias realidades locales, prácticas de adopción y políticas culturales que rodean sus distintas localizaciones. De hecho, existe más de una forma de imaginar cómo podrían ser la práctica y la conexión digitales.

Desde luego, considerar los centros como sitios exclusivos de origen e invención, también deja pasar otro detalle crucial: que los centros actuales fueron alguna vez también una periferia. Enfocarse en los centros como modelos de invención que simplemente deben ser adoptados y copiados en otros sitios, asume la extensión perfecta y continua de funciones y fuerzas que solo se reproducen. Hacerlo es no admitir la posibilidad de un cambio en el sistema general: la desestabilización y realineamiento de los centros anteriores, y de la misma manera, los realineamientos de las periferias previas. La crisis financiera mundial de 2008 y sus consiguientes efectos colaterales fueron los recordatorios más recientes de que la estabilidad de los poderes establecidos y la permanencia de la relación centro-periferia pueden cuestionarse. Ciertamente, ahora, cuando el poder de los centros globales y las circunstancias existentes ya no parecen ser algo incuestionable, cuando economistas neoliberales y filósofos progresistas utilizan los términos "caída libre" (Stiglitz 2010) y "fin de los tiempos" (Žižek 2010) para caracterizar lo contemporáneo, y cuando las interrupciones y cambios inesperados en la dinámica mundial parecen ser la única constante confiable, más que nunca parece justificarse que los académicos presten mayor atención a las actividades creativas de la cultura digital en la periferia. Y es que, en lugar de estar a la zaga de los centros, o de imitarlos, la dinámica actividad de la periferia sugiere cómo los agentes que alguna vez tuvieron un estatus menor (e incluso el de "copia") pueden surgir más bien como nuevas fuentes de productividad perfectamente optimizada o libre de restricciones.

Así, este libro apunta a rastrear las intensas micronarrativas sobre las culturas informáticas y de innovación que se multiplican en la periferia. Estos casos tan diversos alteran la tácita presunción de que una sola narrativa universal puede representar adecuadamente los distintos futuros e imaginarios digitales que surgen en sitios locales en la actualidad. Este trabajo explora la extensión de dichas micronarrativas, no en el sentido de ser menores en escala ni en ambición, sino por apartarse de marcos convencionales que asumen imaginarios y futuros digitales que son necesariamente (e incluso perfectamente) representados por los centros de innovación. Las narrativas menores, al igual que los acordes menores en las escalas musicales, pueden leerse como complementos o descentralizaciones del movimiento de sus gemelos mayores.

A más de una década de iniciado el nuevo milenio, abundan los nuevos experimentos sociales y colaboraciones globales en torno a la cultura digital en las llamadas "periferias de la tecnología". Aunque recientemente la audiencia de todo el planeta se vio cautivada por la ola de levantamientos sociales en Medio Oriente de inicios de 2011 y por las protestas colectivas en línea de la red *hacker* mundial Anonymous (Coleman 2011, 2013), los usos populares de las tecnologías digitales ya han sido relacionados con movimientos sociales desde los primeros años del siglo XXI y en sitios tan diversos como México (Schultz 2007, Rovira Sancho 2008), Irán (Burns y Eltham 2009, Grossman 2009), las Filipinas (Uy-Tioco 2003, Vincente 2003) y Ucrania (Morozov 2010b). Siguiendo los pasos de otros movimientos sociales interconectados posteriores a la Primavera Árabe de 2011 (desde los Indignados del 15M en España hasta el movimiento *Occupy* de los Estados Unidos), las tecnologías de redes sociales que las firmas informáticas de los Estados Unidos desarrollaron y lanzaron años atrás parecen haber madurado en manos de usuarios de lugares remotos y distantes.

Los medios de comunicación en todo el mundo también han sentido una nueva urgencia de poder explicar la difusión rápida y globalmente mimética de esos levantamientos populares. Durante las protestas en Medio Oriente en 2011, en Silicon Valley, los empresarios y diseñadores de las aplicaciones digitales usadas por los manifestantes conectados por las redes aparecían en reportajes analizando la creciente actividad transnacional. A pesar de su familiaridad con las tecnologías, parecían tan poco preparados para explicar de forma concisa las formas globales emergentes y las llamadas a un cambio político como cualquier otro comentarista de políticas de comunicación global; parecía que a ninguno le habían pedido antes explicar el significado de las culturas de innovación y las prácticas digitales fuera de los centros tecnológicos. Las interpretaciones previas sobre la difusión global de internet la caracterizaban como promotora —por naturaleza— de una mayor libertad y democracia a través de la extensión de la apertura tecnológica, o como impulsora de precisamente lo opuesto a través de la extensión y aceleración de mercados abiertos, la globalización económica y, finalmente, un capitalismo marcado digitalmente que servía solo a un colectivo limitado de élites tecnológicas en los centros tecnológicos (Anderson 2006, 2010; Castells 1996; Castells et ál. 2009; Kelly 2010; Ross 2004, 2010; Shirky 2009). Ambas versiones, que interpretan las tecnologías de red como simples difusoras de los centros de innovación en Occidente hacia el resto del mundo (Callon y Latour 1981; Latour 1987, 2005), se presentaban, a la vez, totalmente familiares y completamente parcializadas.

De hecho, este estudio se inspiró en parte en la evidente diversidad de testimonios de las culturas digitales que existe en todo el mundo. Las predicciones de los centros de que la tecnología digital produciría o libertad u opresión, simplemente no encajaban con los contornos de la cultura digital en la periferia. En Perú, tal evidencia se había acumulado visiblemente a inicios de la década del

2000, poniendo a una serie de distintos actores e intereses en una proximidad inesperada y muchas veces contradictoria. Los colectivos de defensa del *software* libre —que habían ayudado a realizar la primera conferencia promovida por las Naciones Unidas acerca del uso de este tipo de *software* en América Latina, un evento histórico llevado a cabo en la antigua capital inca del Cusco en 2003—, buscaban redefinir la adopción de las tecnologías abiertas, no solo como un asunto de libertad individual y de libre elección, como sucedió con la defensa del *software* libre de código abierto (FLOSS, por sus siglas en inglés) en los Estados Unidos, sino como una cuestión de diversidad cultural, transparencia estatal y soberanía política ante el poder monopólico de las corporaciones transnacionales en el Sur Global. Las aulas de "innovación digital" instaladas por el Estado peruano en escuelas rurales se convertirían después en la mayor red de despliegue de la iniciativa Una Laptop por Niño (OLPC, One Laptop per Child) del MIT, siempre en nombre de la inclusión digital universal. Y los títulos de propiedad intelectual aplicados reciente y agresivamente a través de programas del Estado a bienes "tradicionales" de Perú, prometían convertir a los productores y artesanos rurales en una nueva clase de "trabajadores de la información global" preparada para exportar, como parte de las crecientes iniciativas estatales basadas en la sociedad de la información.

Dichas actividades, finalmente, se incluirían en este volumen. Pero cuando las descubrí por primera vez durante mi época de estudiante de posgrado años atrás, había pocos recursos en el campo de los estudios digitales o de los nuevos medios que pudieran explicar la dimensión de su esfuerzo. Los defensores del FLOSS y los activistas de la alta tecnología en Cusco, las "aulas de innovación" promovidas por el Estado peruano en las escuelas rurales, y los artesanos tradicionales de Perú como nuevos "trabajadores de la información global", no eran los temas de interés ni los protagonistas convencionales en la mayoría de relatos que se contaban en los centros de cultura digital. Al observar el desarrollo de estas historias en los *otros* pude ver cómo sus detalles rompían los esquemas y narrativas dominantes acerca de la cultura digital. A una década de haberse iniciado el nuevo milenio, los imaginarios globales en torno a la informática han convertido a los *hackers* de Silicon Valley, las obsesiones e incansable ética laboral de los ingenieros de alta tecnología y las iniciativas estratégicas de competitivos empresarios e innovadores tecnológicos en temas de conocidas películas de Hollywood. Pero captar las dinámicas actividades y los riesgosos experimentos sobre cultura digital en Perú exige prestar atención a otros intereses, agentes y desarrollos que los que el reparto convencional cada vez más reconocible de héroes y villanos de la alta tecnología permite ver. Al trabajar sobre la tecnología digital en Perú, dichos actores inevitablemente enfrentan la contradicción de lo que significa construir nuevos vínculos entre espacios rurales y urbanos, entre la alta tecnología y lo tradicional, y los apetitos orientados a lo global con un marcado compromiso con lo local.

Esta fue una forma de recordar que el estudio del fenómeno de internet en distintos sitios del mundo requería mucho más que prestar atención permanente a la separación entre el mundo *online* y el mundo *offline*, al desarrollo de una infraestructura en red y sus tecnologías digitales o a la manera de trabajar de ingenieros e innovadores en Occidente. Por más valiosas que sean esas trayectorias de investigación, los intereses forjados en otras localidades del mundo continúan expandiéndose. Las tecnologías de la información, al inicio del nuevo milenio, han terminado siendo la clave para imaginar la conexión global en diversas formas modernas: económica, política, científica, cultural, y, por supuesto, digital. Y en el Perú del siglo XXI, han servido principalmente para imaginar (y reimaginar) las relaciones con lo local, lo rural y las periferias, así como para establecer conexiones con diferentes centros culturales y tecnológicos establecidos. Al igual que los encuentros de conexión global, los encuentros locales y periféricos resultan ser apuestas fundamentales de actividades digitales que dependen del desarrollo de interfaces entre distintos intereses y comunidades que atraviesan divisiones espaciales, políticas o económicas, y que demuestran además no ser simples proyectos inocentes.

La ambivalencia cultural y la complejidad tecnológica, como en los centros tecnológicos, hilvanan diversas y sorprendentes historias en torno a la conexión digital en las periferias. Como pude observar, implican la interrupción y la expresión de nuevas extensiones de poder. Cómo pudieron escapar del foco de atención durante tanto tiempo es también parte de su historia.

Integraciones globales

En el Perú del siglo XXI, no han faltado las narrativas sobre conexión global y los testimonios correspondientes de nuevos y radicales cambios.

Desde el nuevo milenio, Perú ha experimentado una ola de crecimiento económico que revertió el estancamiento que tuvo durante gran parte del siglo pasado, evadiendo notablemente la crisis financiera de 2008 que afectó a Europa y América del Norte. Funcionarios del Banco Mundial atribuyeron ese desempeño a los numerosos acuerdos de libre comercio firmados por Perú (más de 20 a la fecha), con socios como los Estados Unidos, Chile (suscrito en 2006), Canadá, China, Japón (en 2009, 2010 y 2011, respectivamente) y Corea del Sur (2011). Esta tendencia a una mayor participación económica en el ámbito global es lo que supuestamente permitió al país andino establecer un nuevo récord como "uno de los países con mayor rendimiento en América Latina", y uno de las pocos "[...] en la región en registrar un crecimiento positivo (0,9%) [durante un periodo en el que se sufrió un estancamiento económico como consecuencia de la crisis financiera mundial], desempeñándose mejor que el promedio en América Latina (-2,3%)" (Banco Mundial 2012).

Los informes del Fondo Monetario Internacional (FMI) también celebraron el resurgimiento económico de Perú. Después de décadas de gobiernos militares y autoritarios y de un conflicto armado en los años ochenta y noventa contra el movimiento radical maoísta Sendero Luminoso —que actuó principalmente en el campo, convirtiéndolo en una zona de guerra con una violencia política jamás vista desde las guerras de Independencia—, el nuevo milenio por fin parecía haber dado lugar a un nuevo comienzo y a una renovación. Según el FMI, en 2007 la economía peruana tuvo el mayor índice de crecimiento (9%) de América Latina, un resultado que se repitió en 2008 con una cifra de 9,8%. Los informes del FMI de fines de 2010 y 2011 también mostraron un crecimiento de 8,75% y 6,75%, respectivamente, convirtiendo al país en el líder del continente –donde el crecimiento promedio fue de 4,7% en 2011–, y calificándolo como una de las economías más dinámicas del mundo en la última década. Para el año 2012, los pronósticos del FMI continuaban siendo optimistas, con estimados de crecimiento de 5,25% (Fondo Monetario Internacional 2011, Vigo 2011).

El reciente desarrollo económico se ha traducido en nuevas clases consumidoras activas y visibles en Lima y otros centros urbanos del país. Los relucientes sedanes importados, los edificios de apartamentos construidos en tiempo récord y recién estrenados centros comerciales llenos de marcas internacionales, como Sony o Starbucks, pueden apreciarse en los vecindarios de clase media limeños y también en las periferias donde viven los estratos más pobres de la ciudad. Asimismo, en provincia, cada vez son más comunes los aparatos electrónicos importados. Si bien las divisiones culturales, económicas y regionales aún marcan innegablemente gran parte de la sociedad peruana contemporánea, el apetito por los nuevos bienes de consumo y artefactos electrónicos parece ser un espacio en el que esas diferencias han podido repentinamente desaparecer.

Las tecnologías de información móvil también han cobrado visibilidad. Mientras que aproximadamente solo un tercio de los habitantes de Lima contaba con teléfonos celulares a fines de 2004, hacia 2010 esta cifra aumentó a cerca de 83,3%. En áreas urbanas fuera de Lima, durante el mismo periodo, los teléfonos móviles pasaron de 14,7% a 81,3%. Y en áreas rurales, el uso de celulares creció de 1,3% a 46,2%. Para 2011, según el Instituto Nacional de Estadística e Informática del Perú (INEI), el 74,3% de los hogares a escala nacional tenía un celular. La expansión de las conexiones digitales es incluso más notable en zonas rurales cuando se la compara con la de las líneas telefónicas tradicionales. En los pueblos con menos de 2000 habitantes, los teléfonos fijos se mantuvieron en 2,7% de los hogares, mientras que aproximadamente un 46,9% tenía celulares. Aunque todavía esté lejos de ser inclusiva para todos, la cultura digital en el Perú del nuevo milenio difícilmente podría atribuirse solo a una élite establecida; por lo menos no en su forma anterior, que excluía lo rural.

En realidad, las medidas a las que se ha atribuido el reciente crecimiento habían sido implementadas hace más de una década durante la presidencia de Alberto Fujimori (1990-2001). Fue en esa época cuando se desarrollaron una serie de políticas neoliberales, desde la privatización de empresas públicas hasta la promoción de la inversión extranjera y la venta de terrenos públicos a sectores mineros y de energía. A pesar de haber sido elegido democráticamente, Fujimori sería recordado por su autogolpe autoritario que suspendió la Constitución, cerró el Congreso y purgó el Poder Judicial. También por las violaciones de los derechos humanos, las desapariciones políticas y los secuestros durante el conflicto armado que desencadenó Sendero Luminoso (en el que que fueron asesinados aproximadamente 69.000 peruanos), y por sus repetidas prácticas de malversación y corrupción que luego llevarían a su destitución, su huida a Japón en 2001 y su eventual extradición y posterior encarcelamiento en Perú en 2007.

Sin embargo, las políticas de libre mercado que implementó, así como su figura, aún tienen un considerable apoyo en el país, especialmente entre los sectores empresariales urbanos. De hecho, los siguientes gobiernos de Alejandro Toledo (2001-2006) y Alan García (2006-2011) conservaron y se puede decir que hasta aceleraron el modelo neoliberal. A pesar de las críticas públicas de Toledo y García a los actos políticos de Fujimori, sus políticas económicas, sobre todo cuando se trataba de crecimiento global, se mantuvieron incuestionables.

El cambio en las zonas urbanas de Perú, sobre la base del neoliberalismo, comenzó a hacerse visible en 2003, año en que llegué a iniciar mi trabajo de campo de posgrado. Vine para asistir a la primera Conferencia Latinoamericana y del Caribe sobre el Desarrollo y Uso del Software Libre (LACFREE), organizada en asociación con las Naciones Unidas por un comité internacional de representantes de la creciente base latinoamericana de activistas FLOSS. Como uno de los primeros eventos desarrollados en el continente sobre el uso y desarrollo de FLOSS en la región, la conferencia atrajo a un público diverso de América del Sur y del Norte y de Europa, entre ellos, investigadores de universidades, funcionarios, representantes de áreas informáticas de las ONG y corporaciones, así como miembros de asociaciones FLOSS, como el Grupo de Usuarios de Linux en Perú (PLUG) y la rama peruana de Profesionales Informáticos para la Responsabilidad Social (CPSR, por sus siglas en inglés). Celebrada en Cusco, en el campus de la Universidad Nacional de San Antonio Abad (que data del siglo XVII), y coorganizada por varias agencias del Estado –desde el Concejo Nacional de Ciencia, Tecnología e Innovación Tecnológica [Concytec] hasta el Ministerio de Educación y el INEI–, la conferencia mantuvo las clases de tecnologías de la información en permanente actividad durante casi una semana en la antigua capital incaica.

Grandes grupos de activistas FLOSS en edad universitaria provenientes de distintos lugares de Perú y de otros países de América Latina que habían viajado durante días en bus – el medio de transporte más barato en América del Sur, pero innegablemente el que más tiempo consume–, llenaron la sala de conferencias. Tenían el aspecto de mochileros expertos en tecnología, con computadoras portátiles colocadas sobre *blue jeans* sucios, mochilas acomodadas bajo los asientos y botas para *hiking*. En los intermedios compartían consejos sobre dónde encontrar hoteles económicos, qué líneas de buses eran más rápidas y seguras para viajar entre fronteras nacionales y rutas montañosas, y las actualizaciones sobre proyectos de código de *software* libre que surgían en las distintas universidades del continente. Estos no eran los temas de conversación que yo estaba acostumbrada a escuchar entre los profesionales informáticos, empresarios y periodistas tecnológicos que conformaban gran parte de los asistentes a los eventos FLOSS en los Estados Unidos, donde las conferencias en los últimos años se habían formalizado tanto que llegaban a atraer el patrocinio de IBM, Red Hat y otras empresas que apoyaban el desarrollo FLOSS. Cada vez era más común que el precio de admisión estuviera por encima de los cientos de dólares, haciendo que los eventos FLOSS se restringieran a segmentos cada vez más pequeños de profesionales de la información, y excluyendo por lo general a los que probablemente viajarían en bus.

Sin embargo, al igual que en las conferencias en los Estados Unidos, muchos de los asistentes a la de Cusco vinieron a ver —sin tener que pagar— a las celebridades FLOSS mundiales que venían de los Estados Unidos para participar: Bruce Perens, John "Maddog" Hall y Richard Stallman, este último conocido como el padre del movimiento FLOSS por sus contribuciones a la plataforma GNU en los años ochenta. Pero muchos también asistieron como parte de un activismo regional que se había desarrollado en torno a Edgar Villanueva, un congresista de la ciudad andina de Andahuaylas. Su promoción de uno de los primeros proyectos de ley en América Latina a favor del FLOSS y su lúcida carta de 12 páginas dirigida a Microsoft para criticar a los monopolios informáticos corporativos en el Sur Global lo habían convertido en una especie de héroe entre los defensores FLOSS de América del Sur y de otros lugares del mundo, especialmente después de la amplia circulación de su carta en canales de noticias *online*. Fue en parte debido a Villanueva y al proyecto de ley FLOSS, que Perú fue elegido para acoger la primera conferencia LACFREE, a pesar de que existían otros proyectos FLOSS muy visibles en otros países latinoamericanos.

De hecho, el proyecto de ley de Villanueva y su posterior intercambio epistolar con representantes de Microsoft en Perú sentaron enfáticamente la base de una serie de argumentos que explicaban los intereses particulares que los ciudadanos de la periferia global tenían en el FLOSS. Esos intereses también fueron expresados en la declaración oficial de la conferencia en Cusco de 2003 emitida por los participantes, que subrayó temas de inclusión social, diversidad étnica y lingüística y ayuda mutua. La declaración empezaba especificando lo que se consideraba los mayores beneficios del FLOSS, incluyendo

> [...] que las libertades otorgadas al usuario de software libre facilitan la posibilidad de salir del simple rol de consumidores de tecnología para pasar a ser partícipes activos en la sociedad del conocimiento; que la política de licencias de software propietario no es sostenible para las economías de los países en desarrollo; que el software libre respeta la necesidad de preservar el multilingüismo y las identidades culturales en el ciberespacio. (LACFREE 2003)

Y, quizás lo más importante, esta declaración oficial explicaba "[...] que el software libre es parte integral para la construcción de una sociedad libre, justa, ética e incluyente en que las personas tengan la posibilidad de ayudarse mutua y solidariamente" (LACFREE 2003). El texto terminaba defendiendo la construcción de espacios y herramientas para la participación cívica y la transparencia política en temas de toma de decisiones de Estado, particularmente (pero no solo) en casos relacionados con la tecnología.

Ese mismo año, los valores de responsabilidad gubernamental y transparencia política que promovían los activistas FLOSS encontraron otra plataforma consistente en el debate nacional. A finales de 2003, la recién formada Comisión de la Verdad y Reconciliación emitió el conteo oficial de muertes del conflicto con Sendero Luminoso. Se concluyó que las poblaciones rurales habían sufrido la mayor parte de la violencia, en manos de miembros de las Fuerzas Armadas y de Sendero por igual. Y, además, quedaron muchas dudas entre los ciudadanos sobre la responsabilidad gubernamental, la inclusión social y la transparencia en el "conteo oficial" del conflicto armado interno. Aunque muchos sospechaban que era un estimado conservador, la declaración oficial en 2003 de un total de 69.000 muertes esperaba resolver finalmente este capítulo de violencia. En la siguiente década, empezaron a proliferar en todo el país proyectos que promovían el uso de tecnologías de la información como un medio para cultivar una sociedad de la información nueva e inclusiva; y después de años de conflicto, tenían el ambicioso objetivo de lograr la reforma, la paz y la integración nacionales.

La mezcla de actores con distintos puntos de vista que encontré en la conferencia de Cusco en 2003 reflejaba los diversos intereses en la tecnología informática que seguí observando en Perú en los años siguientes. Tales proyectos, que reunían a activistas estudiantiles, programadores aficionados, diversas ONG, funcionarios, profesores de provincia, productores y comunidades rurales, representantes de compañías informáticas transnacionales y jóvenes empresarios, fueron el tema principal de mi investigación de 2003 a 2011. Durante ese tiempo, hice más de cien entrevistas a varios de estos actores, reuniéndome con ellos en su lugar de trabajo, planificación y coordinación, en presentaciones o conferencias públicas, y viajando frecuentemente con estas personas a zonas rurales en las que se desplegaban nuevas iniciativas y proyectos informáticos de reforma política y social. Sus testimonios dan forma al contenido de esta investigación.

Varios de sus proyectos incluían el compromiso con nuevas iniciativas promovidas por el Estado para integrar a las diversas poblaciones en los circuitos de intercambio del siglo XXI. La primera Comisión para el Desarrollo de la Sociedad de la Información (Codesi) que el Estado convocó en 2005, y las iniciativas del Ministerio de Comercio Exterior y Turismo (Mincetur) y del Instituto Nacional de Defensa de la Competencia y de la Protección de la Propiedad Intelectual (Indecopi) para desarrollar los nuevos títulos de propiedad intelectual para productores y artesanos rurales —el tema central de la primera parte de este libro— hacían eco de dichas esperanzas, al igual que las nuevas inversiones estatales en educación digital que culminaron en el plan para desarrollar el programa OLPC del MIT en colegios de primaria en Perú.

Sin embargo, también hubo iniciativas informáticas desarrolladas por la ciudadanía. Los defensores del proyecto de ley FLOSS para Perú, al igual que las organizaciones transnacionales que participaron en su redacción, realizaron coordinaciones ciudadanas emergentes trabajando en forma interconectada. Igualmente, hubo movilizaciones en torno a las computadoras portátiles XO distribuidas por el programa OLPC, que incluían la coordinación con cientos de profesores de provincia del país en un esfuerzo por organizar los despliegues tecnológicos y las orientaciones pedagógicas en las escuelas. Esas novedosas actividades y coordinaciones espaciales centradas en la ciudadanía se volvieron el tema central de la segunda parte de este libro.

Aunque estas expresiones de cultura digital en desarrollo no compartían la misma orientación en cuanto a las reformas, las reúno en este volumen porque comparten la ambición de dar forma al futuro informático del país. Independientemente de si fueron lanzados por el Estado o por los ciudadanos, tales proyectos apuntan a construir nuevas interfaces entre distintos grupos de actores situados en diversos puntos, que giran alrededor del trabajo y de proyectos de reforma basados en la información y en la tecnología. Muchos de los participantes en los proyectos se acercaron voluntariamente a estos proyectos y casi todos acabaron colaborando con actores con los que difícilmente habrían pensado trabajar alguna vez. Profesores rurales con defensores de la educación digital transnacional, líderes culturales indígenas con activistas de tecnología abierta, y artesanos tradicionales con expertos en propiedad intelectual y exportadores internacionales, todos fueron atraídos a las nuevas asociaciones informáticas de Perú. Ya fueran desarrollados por el Estado o por los ciudadanos, dichos proyectos implicaban necesariamente la creación de nuevas formas de conexión digital y social que se extendían a sitios globales e hiperlocalizados simultáneamente.

Quizás no deba sorprendernos que la periferia surja como una apuesta para las nuevas inversiones de tecnología informática. Después de todo, es ahí donde se espera que la conectividad enfrente su más grande desafío. Creo que es algo que no se debe tomar a la ligera, ya que seguir los proyectos informáticos en el Perú del nuevo milenio era continuar sus emprendimientos en zonas marcadas por la promesa de una futura reforma y a la vez por los conflictos del pasado.

Conectando a la nación

Casi una década después de la presentación del informe de la Comisión de la Verdad y Reconciliación en 2003, las clases de la información en Lima demuestran un optimismo casi palpable en la continuación del crecimiento económico y en la integración al mercado global. En toda la ciudad, los nuevos complejos de varios pisos dedicados exclusivamente a servicios informáticos (con nombres ostentosos, como Compu-Palace y Compu-Plaza) acogen a los crecientes sectores de estas clases. BlackBerries y una diversidad de *smartphones*, videojuegos portátiles y tecnologías móviles acompañan a los viajeros durante sus recorridos en las nuevas líneas de buses ecológicos y en el nuevo tren eléctrico que atraviesa la capital. Y el nuevo Museo Metropolitano de Lima, celebrado como uno de los primeros museos virtuales del mundo, con tecnología digital y audiovisual, sigue atrayendo a multitudes; de hecho, sus entradas estuvieron agotadas por meses después de su inauguración a fines de 2011.

Sin embargo, a pesar de este reciente crecimiento, el Perú todavía tiene un largo camino de divisiones económicas, culturales y geográficas que superar. En 2004, se estimaba que un 19% de la población nacional vivía en condiciones de extrema pobreza, con un ingreso menor que US$ 2 al día (Banco Mundial 2005). Esos índices son significativamente mayores entre las poblaciones rurales e indígenas: alrededor del 29% y el 32% de los 29 millones de ciudadanos del país, respectivamente (Instituto de Estadísticas de la Unesco 2011). Aunque se estimó que un 72% de la población rural vivía en la pobreza y un 40% en la pobreza extrema, las poblaciones urbanas registraron índices de 40% y 8%, respectivamente.

A pesar de que han pasado casi dos siglos desde la independencia del país en 1821, el Perú todavía carga con muchas de las estratificaciones sociales, culturales, raciales y geográficas producto de casi trescientos años de invasión española. Las zonas urbanas aún concentran la mayoría de la población que se identifica como descendiente de europeos (15% de la población nacional) o mestiza (mezcla de europeos y nativos, 45%). Así, es común que las clases gobernantes se consideren orgullosamente con una influencia europea y occidental, y mantengan una relación ambivalente y conflictiva con las provincias de la sierra y la selva de Perú. Obviamente, Lima, como el principal centro de gobierno en Sudamérica de la Corona española, se podía permitir cierta importancia. Llamada la Ciudad de los Reyes por Francisco Pizarro cuando la fundó en 1535, fue el principal centro de la cultura europea de élite en el continente durante siglos hasta el fin de la Colonia. Sin embargo, hoy en día, son las zonas rurales de Perú las que han sido reconocidas por haber impulsado el actual crecimiento económico del país. Entre 1990 y 1997, a medida que la inversión en minería aumentaba impresionantemente en un 90% en todo el mundo, en América Latina se cuadriplicó y en Perú creció 20 veces. Para 2003, la minería representaba el 57% de todas las exportaciones peruanas. Por otro lado, durante los años noventa, las áreas afectadas por las concesiones mineras aumentaron de 4 millones de hectáreas a 16 millones, de modo que para el fin de la década, el 55% de las aproximadamente 6000 comunidades campesinas del Perú estaban en áreas de influencia minera.

Y aunque la integración global ha sido celebrada por originar un crecimiento económico en los centros urbanos de Perú, ha creado una reacción un poco distinta en provincias, donde los conflictos sociales han aumentado exponencialmente desde que se aplicaron las políticas neoliberales en los años noventa. Durante la última década, el número de protestas que tuvieron como resultado la muerte de ciudadanos y autoridades ha ido en aumento, además de los conflictos con comunidades campesinas que hoy son parte rutinaria de las noticias. En los últimos años, Cajamarca, Piura y Amazonas se han ganado una evidente reputación de ser zonas tanto de extracción de recursos naturales como de conflicto. Cada una de estas regiones dio lugar a un intenso debate público después de que una serie de enfrentamientos llevaron a la violencia. Basta con mencionar Bagua, Conga o Río Blanco —nombres de los proyectos extractivos— para traer el prolongado conflicto a la memoria de los ciudadanos. Una década después de que el conflicto con Sendero Luminoso se declarara oficialmente terminado, el discurso de las comunidades campesinas que se oponen a la modernización sigue siendo familiar en la prensa nacional. Y cuando ocurren levantamientos en las áreas rurales, es muy común encontrar reportajes que sugieren subrepticiamente una alianza entre esas comunidades y quienes simpatizan con el terrorismo. El mensaje clave es que las organizaciones rurales pueden subvertir los intereses de Lima en el progreso nacional, y que hay una distancia que separa a las comunidades rurales de los circuitos de discurso racional y de información confiable.

Sin embargo, este mensaje no ha sido el único que enmarca las relaciones de las clases de la información de la capital peruana con el *otro* rural. A pesar de las divisiones y conflictos culturales, es la narrativa de unidad, conexión e integración nacionales la que se subraya en otros espacios de la Lima del nuevo milenio. Por ejemplo, el Museo Metropolitano —el moderno museo virtual— ofrece una visión triunfante de la cohesión y pluralismo social de la ciudad, a pesar de las desafiantes secuelas de la época colonial y del conflicto armado interno. El museo, construido en el centro histórico de Lima, en el local del antiguo Ministerio de Comunicaciones, presume de inmensas proyecciones 3D, extensos hologramas, réplicas de tamaño real y efectos especiales para convertir a unas 30 salas en espacios dinámicos y "virtualizados" que resaltan momentos importantes de los más de 10.000 años de historia de la capital. Lleno de proyecciones panorámicas sincronizadas, que cubren paredes enteras e inundan las salas con diversas escenas recreadas —desde batallas entre pueblos precolombinos hasta la fundación de la Ciudad de los Reyes por Pizarro en el siglo XVI—, sumerge a los visitantes en un espectáculo de virtualización que dramatiza la evolución de Lima.

La exhibición comienza con una proyección de la marinera —un baile nacional del Perú que tiene su origen en las tradiciones criollas de la costa— sobre la superficie interior del domo ubicado en lo alto del edificio de cuatro pisos del antiguo ministerio. Luego hay una proyección panorámica de la plaza de Armas de Lima que abarca toda la sala. En medio de las cambiantes escenas cinemáticas que recorren las largas paredes de la sala, se pide a los espectadores prestar atención a una pareja moderna cuyos ojos y sonrisas se cruzan por primera vez en medio de la plaza y cuyo romance comienza en esa sala y continúa en el resto del museo. Mientras tanto, aparecen más imágenes que hacen referencia a los lazos globales históricos de Lima y a su carácter cosmopolita: brillantes y coloridos carruajes tirados por caballos, el Palacio de Gobierno y la catedral, turistas extranjeros tomando fotografías y las clases gobernantes y trabajadoras de Lima mezclándose entre ellas.

Curiosamente, no es tanto la historia real de Lima lo que se podría decir que el museo exhibe mejor, sino las tecnologías virtuales en sí. Por ejemplo, una batalla recreada en cinemática entre los pueblos precolombinos lima y wari, que incluye un ritual de sacrificio humano y hachas y lanzas volando en el aire en 3D, comienza con la advertencia de que la escena "no está basada en ningún registro histórico" o documento oficial, sino que es una simulación informada de lo que pudo haber ocurrido. Otra exhibición recrea el terremoto de 1746, que destruyó gran parte de Lima, con una plataforma que se sacude bajo los pies de los visitantes, mientras se proyecta una escena que muestra el desmoronamiento de la corte colonial. No hay detalles de cómo murió la gente, de cuáles fueron los daños ni de quiénes eran las imágenes que aparecían en la pantalla; por sobre todo, lo que deja un impacto más duradero es la experiencia de la simulación tecnológica de un sismo.

Sin embargo, la exhibición final es la que combina la simulación histórica, los efectos tecnológicos y la dramaturgia de una forma más fluida. En ella aparece un joven novio del siglo XXI (de la pareja que los espectadores vieron al entrar al museo), al que se ve apurarse camino a su boda usando el transporte más cercano disponible: una inmensa ala delta personal. Lanzándose desde la ventana de su habitación, tras darse cuenta de que se le hace tarde para la ceremonia, pasa volando por encima de largos tramos reconocibles de la costa de Lima. Vuela sobre la orilla, en donde el límite urbano de la ciudad se encuentra con el rugiente océano en un encuentro tecnológico-natural, y aterriza a tiempo para encontrar a su novia en una boda masiva al aire libre, donde esperan decenas de otras parejas. Un despliegue de festividades nocturnas y fuegos artificiales resplandece en la pantalla, mientras los visitantes del museo son testigos de la celebración. Si bien otros finales podrían haber representado la complejidad de la historia de Lima, en todos sus flujos fragmentados y contradictorios, es este escenario final el que cierra la narrativa. En el fondo, se mezclan faldas criollas con polleras que giran bailando marinera y danzas indígenas, formando espirales mientras las parejas se abrazan y el texto brillante y multicolor "Lima, ciudad para todos" aparece lentamente a la vista de los visitantes.

A pesar de proclamarse un museo virtual, hay poca interactividad; no se invita a los espectadores a participar activamente en la narración de la historia de Lima, sino que se les pide guardar silencio mientras presencian lo que se exhibe. Más sorprendente aún es lo que el museo no muestra: no hay mención alguna a los principales cambios del siglo XXI que son parte de la conciencia popular de la Lima contemporánea. No se alude a las migraciones del campo a la ciudad, que casi duplicaron la población de la capital entre 1980 y 2010 (de 4,8 millones de habitantes a más de 9 millones), y más que cuadriplicaron su tamaño desde 1960 (cuando la población se estimaba en 1,9 millones). A dichas migraciones se atribuye el cambio de la ciudad de una capital fuertemente blanca, identificada con Europa, de habitantes casi exclusivamente hispanohablantes, a una ciudad donde se mezclan la herencia europea, indígena, negra y asiática, en la que se puede escuchar una serie de lenguas nativas.

También es sorprendente la falta de cualquier mención a Sendero Luminoso o a las huellas del conflicto en la conciencia o en los espacios físicos de Lima: los atentados con coches bomba en Miraflores, las constantes redadas policiales en universidades y barrios más pobres, los toques de queda y la suspensión de derechos constitucionales aplicada por Fujimori, o incluso la captura del líder de Sendero, Abimael Guzmán, en la ciudad. La omisión es más curiosa en la medida en que el espectro de Sendero aún ronda el discurso público en Perú. Esta inquietud fue expresada a fines de 2011, en el intenso escrutinio y cuestionamiento al colectivo simpatizante de Sendero Luminoso Movadef (Movimiento por la Amnistía y los Derechos Fundamentales) en su intento de registrarse de manera oficial como partido político. En medio de los nuevos encuentros de Lima con los mercados globales y en pleno crecimiento económico, el debate con el Movadef vino a recordar al público el riesgo que podía representar la desconexión del intercambio global y la amenaza persistente del provincialismo rural. Además, renovó la indignación por la falta de conciencia histórica de los ciudadanos y por la clara y continua amenaza del terrorismo y de los movimientos antiestatales en provincia, y marcó la necesidad de promover la conexión global entre las comunidades rurales, donde la memoria nacional y la unidad están, presumiblemente, más en peligro.

****

La promesa de una memoria, unidad y conexión compartidas para el siglo XXI, no es, entonces, irrelevante. No es de extrañar que las tecnologías digitales, gracias a que permiten reimaginar y traer a la memoria formas pasadas de conexión global y local, cobren esa importancia o inspiren proyectos diversos en el Perú contemporáneo. En contraste con la amenaza de un estancamiento local y de una supuesta "resistencia al progreso", existe la promesa de una virtualidad que puede movilizar visiones de futuro en diversos sitios. Estas visiones representan distintos experimentos con lo digital, que incorporan dinámicas locales y globales, y cuya apuesta principal no es solo el avance de tecnologías de la información cada vez más novedosas y llamativas.

Los signos de la conexión global, como ha escrito la antropóloga Anna Tsing (2004) para describir lo contemporáneo, están en realidad "en todas partes". Lejos de ser exclusivas de los barrios elitistas e hiperconectados a la red de las capitales más cosmopolitas del mundo, las conexiones globales, las interfaces informáticas y sus tentaciones se pueden también encontrar tanto en espacios rurales "remotos" como en los relucientes distritos de innovación. Aun así, las demandas de conexión y de formas seguras de participación con distintas culturas locales que superan las rígidas divisiones, se están volviendo cada vez más pronunciadas, justamente en medio de la creciente ubiquidad de la conexión global. El recordatorio de la teórica poscolonial Gayatri Spivak de que lo universal es algo que no podemos evitar desear, aunque nos excluya, continúa siendo profético (Najambadi 1991).

Sin embargo, la mezcla de ambiciones y ansiedades que inevitablemente forma parte de lo que significa perseguir la conexión global, se muestra como algo que está muy lejos de ser uniforme. A continuación se explica el desarrollo de este fenómeno en el Perú del nuevo milenio, y cómo diversos miembros de las clases de la información de este país han imaginado, de forma clara y diversa, reformas sociales centradas en la tecnología.

Agradecimientos

Esta investigación no habría sido posible sin su propia red de actores. Su trabajo transmitió innumerables lecciones, y sus palabras y actividades sirvieron siempre como guías confiables. Si este estudio logra su objetivo de esclarecer una o dos interrogantes acerca del poder de las redes en las periferias, es debido a que transmite las fortalezas individuales y los numerosos conocimientos que tales actores me proporcionaron.

Estoy en deuda con muchos artesanos de Chulucanas, especialmente con Gerásimo Sosa, Santodio Paz, César Juárez, Flavio Sosa, Narcisa Cruz Sosa, Emilio Antón Flores, Segundo Moncada Guerrero, Álex Calle, Juana Sosa, José Sosa, Luis Salas, Segundo Carmen y Yuri Padilla. Ellos me abrieron las puertas de sus hogares y talleres, y en medio de tazones de caldo o tazas de clarito, compartieron sus historias y su arte. Fue para mí un inmenso honor y placer contar con su compañía y poder ser testigo de su trabajo. Estoy inmensamente en deuda con todos los artesanos y organizadores que han trabajado con la Red Nacional Pro Ley del Artesano (Renapla), en particular con Víctor Zevallos, Walter León y Germán Guillen. Mis agradecimientos más sinceros para el pueblo de Chulucanas y los poblados aledaños de La Encantada y Ñácara, quienes me recibieron durante mi estadía, compartieron conmigo sus negocios y sus hogares, y fueron extraordinariamente pacientes con las persistentes preguntas de una joven y curiosa investigadora.

Mi gratitud, asimismo, para los funcionarios del Ministerio de Comercio Exterior y Turismo (Mincetur) y del Instituto Nacional de Defensa de la Competencia y de la Protección de la Propiedad Intelectual (Indecopi), que me permitieron documentar sus proyectos y viajar con ellos cuando iban de la capital a provincias ubicadas a cientos de kilómetros de distancia. Me siento muy agradecida con Madeleine Burns, Luis Calderón y su personal de Mincetur, y con Luiggi Castillo y July Castillo, Mario Rubio y su personal en el CITE Cerámicas, una organización sin fines de lucro gestionada por ese ministerio, con sede en Chulucanas. Que permitieran a una investigadora independiente acceder a sus oficinas y hablar con sus empleados es mérito de todos ellos. Igualmente, mi gratitud va para Miguel Ángel Sánchez del Solar y el personal antiguo y actual de Indecopi, incluidos Juan Rodríguez, Ray Meloni, Martín Moscoso, José Tavera, Teresa Mera y Nancy Matos. Debo agradecer también a Luis Cueva, de la Universidad Nacional de Piura, y a José Lecanos y Amancio Yamunaque, del Instituto Nacional de Cultura. Mi agradecimiento especial para Santiago Roca, cuyo trabajo y liderazgo como director de Indecopi fue una inspiración para muchos.

Gracias a todos los consultores técnicos independientes que colaboraron con Indecopi y Mincetur, que prestaron sus conocimientos técnicos y que ofrecieron sus esfuerzos para estos proyectos de desarrollo: Claudia Fernandini, Carmen Arana, Sonia Céspedes, Manuel Eguiguren, Augusto Mello y José Darío Gutiérrez, principalmente. Estoy especialmente agradecida por la enorme generosidad intelectual de Josefa Nolte, cuyas conversaciones y experiencia profesional en el trabajo artesanal en América Latina me proporcionaron innumerables conocimientos que recordaré por siempre.

Este estudio no habría sido posible sin el invaluable trabajo y las contribuciones de muchos activistas, defensores y programadores que trabajan en la comunidad por el *software* libre y abierto en Perú. Entre ellos, los fundadores del espacio cívico de Escuelab, José Carlos Mariategui y Jorge Villacorta, su equipo de organizadores en Lima, Kiko Mayorga, Mariano Crowe, Juan Camilo Lema y Raúl

Hugo, y su red de dedicados organizadores de proyectos distribuida en toda América del Sur: Neyder Achahuanco, Irma Álvarez Ccoscco, Amos Batto, Vanessa Bosquez, Pia Capisano, Vladimir Castro, Aymar Ccopacatty, Koke Contreras, David Cruz, Javier del Carpio López, Alfredo Gutiérrez, Juan Carlos León, Daniel Miracle, Alex Muñoz, Eleazar Pacho, Jonathan Rupire, Iván Terceros, Michel Trujillo, Reyzon Trujillo, Sdenka Salas, Sebastián Silva, Laura Vargas, Matías Vega y Walter Zamalloa, cuya creatividad y compromiso nunca dejaron de sorprenderme. Y a Carolina Goyzueta, Andrea Naranjo y Manuel Vargas por la generosidad de sus ideas: brillantes, sabias y siempre útiles. Agradezco también a Katitza Rodríguez, Pedro Mendizábal y Katherine Cieza, de Profesionales de la Computación para la Responsabilidad Social-Perú (CPSR-Perú), que proporcionaron sus conocimientos y animaron debates, incluso hasta altas horas de la madrugada, acerca de la tecnología y el desarrollo de la información en Perú. La amistad y el apoyo de miembros de la Asociación Peruana para el Software Libre (APESOL), LinuxChix Perú, Peru Linux Users Group (PLUG), la Fundación Vía Libre de Argentina y la comunidad global OLPC, también fueron invaluables: sobre todo la ayuda de Rudy Godoy, Fernando Gutiérrez, Carlos Horna, Jesús Marquina, Antonio Ognio, Christian Peralta, Ernesto Quiñones, Rafael Salazar, Silvia Sugasti, César Villegas, Carlos Wertheman, Katia Canepa, Christoph Derndorfer, Bernie Innocenti, Federico Heinz y Enrique Chaparro.

Estoy enormemente en deuda con los miembros de mi comité, Joseph Dumit, Sherry Turkle y Susan Silbey. Su generosidad intelectual, su sabia orientación y su apoyo incansable fueron extraordinarios obsequios que llevaré conmigo, y espero transmitirlos con la misma perseverante y dispuesta habilidad con que ellos lo hicieron. También tuve la gran fortuna de contar con el talento, conocimientos y el sentido del humor de varios colegas y amigos del Programa de Ciencias, Tecnología y Sociedad y del Programa de Estudios de Medios Comparativos del MIT, entre ellos Stefan Helmreich, Michael Fischer, Hugh Gusterson, Henry Jenkins, William Urrichio, David Mindell, Pablo Boczkowski, Natasha Myers, Candis Callison, Richa Kumar, Jamie Pietruska, Will Taggart e Isa Dussuage.

Lars Risan, Yuwei Li, Sampa Hyssalo, Stephanie Freeman, Eve Darrian-Smith, Kitty Calavita, Michael Chibnik, Manuel Guererro y Jesús Elizondo proporcionaron profundas lecturas, cuidadosos comentarios y críticas a los borradores de estos capítulos que enriquecieron su contenido. Rachel Prentice, Morgan Ames, Eben Kirksey, Tania Pérez Bustos y Manuel Franco Avellaneda tienen mi agradecimiento especial por la enorme generosidad de sus ideas que también enriquecieron este trabajo.

Agradezco el apoyo de la Graduate Research Fellowship de la Fundación Nacional para la Ciencia, que financió mi trabajo de campo en Perú. Mi más cálido agradecimiento también al Centro para el Estudio del Derecho y la Cultura de la Universidad de Columbia por brindarme un apoyo financiero adicional y proporcionarme el sabio consejo y estímulo de los colegas que trabajan ahí, especialmente Elizabeth Povinelli, Katherine Franke, Kendall Thomas, Tucker Culbertson, Bela Walker, Noa Ben-Asher, Wade Wright y Manissa Maharawal. También quisiera extender un agradecimiento a todos mis amigos y colegas en la Universidad de Illinois, cuyas conversaciones y comentarios ayudaron a sacar adelante varios de los capítulos: Angharad Valdivia, C. L. Cole, Cameron McCarthy, James Hay, Lisa Nakamura, Rayvon Fouché, Jodi Byrd, Christian Sandvig, Helaine Silverman, Kevin Hamilton, Angelina Cotler, Markus Schultz, Safiya Noble, Amanda Ciafone, Julie Turnock, Prita Meier, Harriet Green, Michael Simeone, Diana Mincyte y Peter Asaro.

La inteligencia, el amor y el apoyo de varios amigos, más allá del tiempo y el espacio, han sido una fuente imperecedera de inspiración para mí: Elaine Rivas, Anna Tverskoy, Brandon Roth, gracias por el don de su lealtad. Y finalmente, a mi madre, Catalina, y a Roger y Rosalyn: por su amor y su sentido del humor constantes, por todas las lecciones que me han dado, incluidas las fortuitas, y por las muchas que vendrán en el futuro, no puedo describir la deuda que siento con ustedes.

Escenario de Exhibe Perú
Fotografía de la autora.

Introducción: reforma digital, la era de la información en el Perú

El escenario de Exhibe Perú parecía de otro mundo, incluso antes de que el espectáculo comenzara. Una pasarela alta desplegada en el exterior, envuelta en vinilo rojo y coronada por el frío brillo azulado de una pantalla de tres metros y medio de alto, completaba el escenario: era un teatro impresionante, futurista, que destacaba aún más al estar rodeado de la arquitectura de comienzos del siglo XX del distrito de Barranco en Lima. Las reverberaciones hipnóticamente bajas de la música electrónica que sonaba en el fondo eran suficientes para hacer que cualquier espectador olvidara que la organización del evento estaba a cargo de una agencia del gobierno (Ministerio de Comercio Exterior y Turismo del Perú) y que no se trataba de la publicidad de una película de ciencia ficción.

Durante la década pasada, el ministerio ha trabajado a través de su red de centros para la innovación tecnológica (CITE) en zonas rurales para demostrar que las tradicionales artesanías peruanas pueden adaptarse a la economía global del siglo XXI. Desde su fundación en 2002, los diez CITE se han enfocado en la optimización del "potencial de exportación" de los artesanos que habitan las zonas rurales. Esto se ha realizado principalmente a través de la promoción de nuevas tecnologías que transformarían los talleres tradicionales en modernos medios para la producción amplificada de artesanías adecuadas al gusto y la demanda internacional.

Recientemente, su trabajo causó revuelo en varias agencias del Estado cuando se dio inicio en el CITE local a un proyecto cuya finalidad era desarrollar títulos de propiedad intelectual para cerámicas fabricadas en el ámbito local, en el pueblo norteño de Chulucanas. Si la iniciativa tenía éxito, existía la promesa de lograr reconocimiento para las artesanías, no solo como una expresión física de la tradición sino también como una forma única de trabajo de información con un potencial de innovación propio; y esto no solo para Chulucanas, sino para las distintas comunidades rurales y artesanas de la nación en las que se pudiera aplicar el mismo modelo. Ciertamente, desde mediados de la década del 2000, el Estado peruano ha comenzado a promover el uso de títulos de propiedad intelectual entre productores rurales, enfocando sus esfuerzos en una forma de propiedad intelectual conocida como denominación de origen (DO), que certificaría la producción de bienes regionales; además, el Estado promovió el desarrollo de una serie de nuevos títulos para los productos rurales y artesanales en tan solo cinco años. Dicha actividad productiva permitió a Perú ser elegido como sede del Simposio Mundial sobre Indicaciones Geográficas realizado en 2011 por la Organización Mundial de Propiedad Intelectual (World Intellectual Property Organization, WIPO), el primero de su tipo en América Latina, que llevó a representantes de más de 65 países a Lima para analizar los recientes desarrollos en el uso de denominaciones de origen como clases de propiedad intelectual.

Al ser el único producto para el que se había desarrollado una denominación de origen basada en artesanías y no en productos agrícolas, las cerámicas de Chulucanas tuvieron un lugar preferente en los nuevos esfuerzos de propiedad intelectual de Perú. Esa noche quedó claro el entusiasmo del Estado por ese proyecto y por los proyectos centrados en la innovación de la red CITE en general. Durante el evento de Exhibe Perú, coquetas modelos desfilaron por la pasarela exhibiendo las mercaderías actualizadas y orientadas a la exportación que provenían de los CITE ubicados en zonas rurales (desde tejidos en tela y metal hasta, obviamente, cerámicas), cada una remodelada para encajar con el gusto cosmopolita de su audiencia urbana. Sin embargo, las estrellas principales del espectáculo no eran tanto las modelos ni los funcionarios del gobierno sentados en las primeras filas, sino los artesanos rurales detrás de las artesanías tan espléndidamente exhibidas. La activa labor de estos artesanos, que se desarrollaba a cientos de kilómetros de Lima, en colaboración con los CITE locales, era un testimonio de la promesa de ingreso a los mercados globales.

Impresionantes imágenes eran proyectadas en pantallas para documentar su trabajo con las materias primas —tierra, madera y piedra— que pasaban por sus manos. Algunos de ellos aparecieron en la pasarela al final de la muestra; las artesanas llevaban polleras acampanadas y brillantes mantos tejidos a mano sobre los hombros, característicos de la vestimenta femenina en los Andes, y sus acompañantes iban vestidos con trajes confeccionados a medida.

Después de mostrar cada colección, los socios del CITE (artesanos, diseñadores, modelos, etc.) desaparecían del escenario. Entonces, como para recordar a la audiencia que todo el evento era una interfase programada y diseñada por el Estado, la pantalla al fondo de la pasarela volvía a mostrar la figura de una computadora hiperdimensionada, controlada por la mano de un usuario invisible que, tras una búsqueda, abría una imagen digital modularizada del territorio nacional del Perú. Una vez indicadas las coordenadas correspondientes, la pantalla se acercaba a los distintos locales CITE, superando distancias por tierra y aire en un instante digital.

Sin duda alguna, varios mundos, temporalidades y fantasías mediadas se encontraron sobre el escenario de Exhibe Perú y parecieron fundirse en un curioso y embriagante espectáculo nocturno. Si alguna vez se creyó que la combinación de informática y desarrollo, exportación y artesanías o propiedad intelectual y cultura nativa no podía funcionar, este no fue el caso. Por el contrario, el evento canalizó la certeza de que la innovación y la tradición, la información y las culturas materiales, y los diseños rurales y urbanos podían unirse estratégicamente en relaciones mutuamente benéficas. El evento continuó con el anuncio de que la red CITE se expandiría a cuatro provincias adicionales (a un total de 14 sitios) y con proyecciones de que las exportaciones ayudarían a que el PBI de Perú creciera por encima del 9% el próximo año (desafiando a las tendencias de recesión mundial).

Sin embargo, a kilómetros de la capital, se desarrollaba otra versión menos pacífica del actual cambio. En las provincias de Perú, a pesar del celebrado crecimiento económico del país, el desasosiego y el descontento persistían. Mientras las agencias estatales de Lima elogiaban el potencial creativo y económico de las poblaciones tradicionales, las tensiones que involucraban a comunidades indígenas del norte del país (y la nueva legislación que facilitaba la extracción de gas por parte de empresas transnacionales en la selva amazónica) iban en aumento. Los diarios nacionales mostraban titulares sobre los conflictos que habían conducido a la muerte a más de 50 manifestantes, entre miembros de comunidades indígenas y de las fuerzas del orden, con numerosas desapariciones y acusaciones de que los cuerpos estaban siendo escondidos con el fin de ocultar las pruebas de la violencia (*El Comercio* 2009). El número de tales enfrentamientos había ido en aumento durante los últimos años, a medida que las comunidades y sectores de trabajadores del país (desde profesores hasta mineros y agricultores) tomaban las calles en distintas manifestaciones para denunciar el mal manejo de los territorios regionales, especialmente, por la creciente presencia y poder de intereses privados en asuntos de los gobiernos locales. Según estimados oficiales, el Estado estaba manejando no menos de 110 conflictos en el ámbito nacional en todo momento desde 2006 (Defensoría del Pueblo 2006, 2007, 2008; Peru Support Group 2007). Esa cifra casi se duplicaría a finales de 2008, a unos 216 casos, y alcanzaría un récord de 293 casos a mediados de 2009, haciendo que las imágenes de manifestantes en marchas, carreteras bloqueadas y enfrentamientos entre el Estado y los ciudadanos tuvieran coberturas regulares en las noticias nocturnas. Especialmente en las zonas rurales de Perú (donde la naturaleza, la tierra y las diferencias culturales siguen siendo objeto de un evidente conflicto histórico y en donde el Estado y las actividades corporativas dejaron un rastro de desconfianza que data de siglos), las tensiones podían ser muy marcadas. Sin duda alguna, los conflictos políticos estaban aumentando en todo el país, y los reclamos de las poblaciones contra el Estado rara vez se limitaban a una categoría única o fácil de definir.

Sin embargo, de vuelta en Lima, la puesta en escena nocturna representaba un escenario innegablemente deslumbrante. En medio de otros eventos, la pasarela de ministros (bañada por el brillo de las luces fluorescentes con limeños cosmopolitas y artesanos andinos que caminaban de la mano a ritmo de una batería digital) proporcionaba un considerable alivio respecto del resto de acontecimientos.

Red universal

Aunque las posibilidades de interconexión digital que se presentaron en el evento CITE (con hincapié en los intereses provincianos y cosmopolitas combinados armoniosamente) hayan sido relevantes en el ámbito local, Perú no ha sido el único país que ha realizado experimentos basados en la informática. De hecho, a inicios del siglo XXI, la promesa de conexión digital apareció en un creciente rango de contextos transnacionales que atraían una serie cada vez más definida de intereses e inversiones. En unas pocas décadas, la computación y la informática, que alguna vez fueron el dominio casi exclusivo de un grupo limitado de expertos y entusiastas (compuesto principalmente por científicos e ingenieros informáticos de Occidente), se han convertido en herramientas accesibles a amplias poblaciones, tanto artesanos rurales como programadores de alta tecnología. Si a mediados del siglo XX pocos podrían haber anticipado que las tecnologías digitales no estarían solo en manos de un pequeño segmento de especialistas, actualmente, a una década de iniciado el nuevo milenio, muy pocas personas podrían referirse a prácticas actuales de conexión sin tales tecnologías.

De hecho, las tecnologías digitales hoy son consideradas agentes de cambio en cualquier ámbito, desde el individual hasta el global. Expertos en tecnología y personas no especializadas las han llegado a considerar desde agentes del capitalismo mundial y aceleradores de la integración al mercado (Friedman 2005; Ross 2004,

2010), hasta agentes democratizadores del intercambio de conocimiento y de la distribución de información que alguna vez fue de dominio exclusivo de autoridades científicas y académicas (Lessig 2000, Willinsky 2009), y hasta incluso vehículos para la paz internacional, los derechos humanos y los valores democráticos que alguna vez fueron solo el terreno de instituciones gubernamentales y globales (Clinton 2010, Halliday 2011). Esas caracterizaciones tienden a polarizar orientaciones sobre las tecnologías digitales como evidentes fuerzas de cambio que llevan a un futuro ya predecible. Sin embargo, pocas captan el rango y complejidad de las actividades en torno a las redes digitales que ya se desarrollan en una serie de sitios locales, en donde los proyectos interconectados, más que sugerir un avance hacia un futuro predeterminado, resultan un experimento que cultiva relaciones de interconexión.

Por ejemplo, el director ejecutivo de Google, Eric Schmidt (hoy presidente ejecutivo), ha recordado a las audiencias que la actual "explosión de información" de la era digital ha allanado y acelerado los flujos de información, permitiendo a la humanidad acceder ahora en 48 horas a toda la información (de 5000 millones de gigabytes) que se haya creado "entre el nacimiento del mundo y 2003". De igual manera, el fundador del Media Lab del MIT, Nicholas Negroponte, recuerda al público la próxima "revolución educativa" y la reforma de los sistemas educativos caducos que traerán las tecnologías digitales, como las *laptops* del programa OLPC. Y los líderes políticos mundiales, entre ellos la ex secretaria de Estado de los Estados Unidos, Hillary Clinton, tienen la certeza de que las tecnologías digitales serán fuerzas de progreso político y han llegado a declarar que "un internet abierto promueve la paz, el progreso y la prosperidad a largo plazo". Las limitaciones de tales vaticinios aún no han sido definidas, y la idea de las tecnologías digitales como vehículos para la transformación universal se considera nuevamente como algo simple y dado por hecho.

Dichas representaciones de un futuro unidimensional aún se mantienen debido en parte a la relativa escasez de testimonios disponibles sobre la digitalidad (y las relativas limitaciones sobre quién y qué sitios han sido autorizados para hablar en nombre de los presentes y futuros digitales). La investigación sobre las culturas de la información contemporáneas sigue considerablemente enfocada en una serie restringida de contextos (concentrados en centros occidentales de desarrollo e innovación informática), a pesar de la tan mencionada capacidad de la tecnología digital para guiar la reforma global. Aunque se ha puesto mucho énfasis en la redefinición de las relaciones centro-periferia y en la simplificación de los flujos de información como efectos clave de la difusión global de la informática e internet, dicha difusión ha sido relativamente poco estudiada en los sitios locales. La investigación sobre redes digitales ha ayudado a desarrollar un profundo entendimiento acerca de las culturas de la información y los entornos de innovación en Occidente, viendo particularmente las prácticas productivas de zonas como Silicon Valley (Cringley 1996, Kidder 2000, Lewis 2001, Markoff 2006, Saxenian 1996, Turner 2006), centros de investigación enfocados en la tecnología y laboratorios universitarios (particularmente los que tienen que ver con el desarrollo de Arpanet) (Abbate 2000, Hafner y Lyon 1996), colectivos de *hackers* (Coleman 2011, 2013; Kelty 2005b, 2008), y empresas informáticas que representan las nuevas fuerzas de capitalismo digital (Auletta 2010, Jarvis 2009, Vaidhyanathan 2011). Pero las prácticas de adopción y aspiraciones y ansiedades culturales que pueden surgir alrededor de las dispersiones culturales digitales han sido muy poco documentadas (Bowker 2005; Dourish y Bell 2011; Phillip, Irani y Dourish 2010; Tahkteyev 2012). Aunque ahora se podría reconocer que las actividades informáticas ya no están limitadas a los expertos y entusiastas occidentales de la informática, la cantidad de voces que habla en nombre de colectivos contemporáneos implicados en la tecnología informática sigue siendo relativamente limitada.

Por supuesto, no son solo los investigadores académicos los que abogan por la cultura digital, o los que la traducen a audiencias más amplias. Las clases principales de prominentes entusiastas digitales, entre ellos periodistas, empresarios, ingenieros y diseñadores de tecnología, que han trabajado sobre todo en Occidente, han asumido el estatus de portavoces para predecir el futuro digital común del mundo. Ahora que el poder y la promesa de la tecnología digital se comunican no solo en las revistas, blogs y conferencias sobre tecnología, sino también en *best sellers* y noticias para el público en general (Anderson 2006, 2010; Jarvis 2009; Johnson 2010; Kelly 2010; Rheingold 2003; Shirky 2009), los miembros de la élite actual activa han expandido considerablemente el alcance de sus predicciones tecnológicas y ajustado sus pronósticos sobre el cosmopolitismo digital futuro para las nuevas audiencias populares.

Cuando los editores de la revista *Wired* en Estados Unidos y Europa (Chris Anderson y Ricardo Luna, por ejemplo) organizaron una campaña *online* para nominar a internet al Premio Nobel de la Paz en 2010 (Than 2010), una iniciativa que luego también fue patrocinada por el fundador del Media Lab del MIT y jefe del proyecto OLPC mundial, Nicholas Negroponte, pidieron apoyo al público general *online*. Al explicar la campaña en el sitio Internetforpeace.com, para personas de habla inglesa, los organizadores declararon a través de un corto:

> Finalmente nos hemos dado cuenta de que internet es mucho más que una red de computadoras. Es una red infinita de personas. Hombres y mujeres de todos los rincones del planeta se conectan unos con otros, gracias a la interface social más grande jamás conocida por la humanidad. La cultura digital ha puesto los cimientos de un nuevo tipo de sociedad. Y esta sociedad está *promoviendo el diálogo, el debate y el consenso a través de la comunicación*. Porque la democracia siempre ha florecido donde existe apertura, aceptación, discusión y participación. Y el contacto con otros ha sido siempre el antídoto más efectivo contra el odio y el conflicto. Es por eso que internet es una herramienta para la paz. Es por eso que cualquiera que la utilice puede sembrar las semillas de la no violencia. Y es por eso que el próximo Premio Nobel de la Paz debería ser para la red. Un Nobel para cada uno de nosotros. (Énfasis del autor)

Aunque no se lo enfatizaba en la misiva, la nominación original de internet vino después de una serie de protestas en Irán para impugnar la controvertida victoria presidencial en 2009 de Mahmoud Ahmadinejad. La información en los medios occidentales, desde el *New York Times* hasta la BBC y la revista *Wired*, hacía hincapié en el uso de las redes digitales por parte de las manifestaciones, cuyas transmisiones *online* ayudaban a que cientos de miles de ciudadanos salieran a protestar y eran un complemento para la cobertura mediática mundial. Los reportes presenciales que se transmitían por YouTube y Twitter dejaban en evidencia, como declaraba un titular de la BBC, que "internet había hecho surgir esos eventos en Irán" (BBC 2009b). En las semanas posteriores a las protestas, Mark Pfeifle, asesor adjunto del Consejo de Seguridad Nacional de los Estados Unidos en 2009, emitió su propia solicitud pública para que Twitter recibiera una nominación al premio Nobel (Pfeifle 2009). El editor italiano de la revista *Wired*, Ricardo Luna, respaldó el sentimiento y explicó la campaña para el Premio Nobel en 2010, declarando triunfantemente a internet como "[...] la primera arma de construcción masiva que podemos utilizar para propagar la paz y la democracia" (Wallace 2009).

Esas fervientes proyecciones relacionadas con la promesa universal de conexión digital, por supuesto, se basan en la idea de que la participación en redes digitales podría activar el principio tecnológico central de internet como una "herramienta para la paz". Dicha noción da pie a la idea de que la red es un espacio único, universalmente inclusivo y equitativo, que opera libre de las limitaciones físicas del mundo *offline*. En otras palabras, sin importar las particularidades individuales o condiciones locales, una vez en línea, todos los usuarios podrían ejercer la misma influencia en una misma red, todas las diferencias podrían disolverse y todos podrían ser tratados "simplemente como usuarios" por igual.

Sin embargo, hay muchas cosas que no se mencionan en la misiva. Por ejemplo, al dirigirse a "cualquiera que use" internet, el manifiesto "Internet para la paz" omite cualquier referencia a la especificidad local, dirigiéndose más bien a una *cyber*-población genérica y explícitamente sin ubicación. A pesar de que la carta comienza diciendo que internet es "más que una red de computadoras" y que, más bien, es "una red infinita de personas", emite una declaración sorprendentemente "anonimizante" que anula los contextos. No hace referencia a los eventos críticos que condujeron a la nominación al premio Nobel, y tampoco menciona a ninguno de los manifestantes que se enfrentaron a las fuerzas de seguridad nacional el año anterior, ni la historia de esfuerzos y luchas locales que los precedieron, ni a los distintos blogueros cuyos reportajes lograron que los medios occidentales les prestaran atención, a pesar de la censura local y el riesgo en el lugar de los hechos. La campaña más bien trajo abajo esas diferencias, al proclamar a internet como el terreno de encuentro digital libre y común que las audiencias ya reconocían, sin necesidad de mayor familiarización geopolítica. Basándose en la falta de claridad que existe entre la acción individual y ordinaria en línea y las evidentes transformaciones históricas, la campaña daba crédito al espíritu compartido de todos los usuarios, de cualquier rincón del mundo, por los eventos de revolución global. Sin importar la manera o el contenido de nuestra actividad en línea, "todos y cada uno de nosotros" podía ser considerado colaborador en la extensión de una paz digital mundial unificada.

Sin embargo, en los últimos años, parece aún más insostenible que esas declaraciones de paz colectiva que se originan en los centros occidentales puedan representar adecuadamente la diversidad de inquietudes y ambiciones locales específicas que dan forma a la práctica digital. Tras la difusión global de las protestas transmitidas por la red, desde la Primavera Árabe hasta los Indignados europeos y los movimientos internacionales *Occupy*, es cada vez más evidente la necesidad de un análisis desarrollado fuera de los centros tecnológicos establecidos. Antes de los levantamientos populares en Medio Oriente que obligaron a varios gobiernos a bloquear internet y las redes de telefonía móvil en los primeros meses de 2011, pocos (particularmente dentro de los centros establecidos de innovación) habrían considerado que lugares como Túnez, Egipto o Siria fueran esenciales para entender a internet. Después de todo lo sucedido, pocos podrían negar que lo fueran. Si los estudios de cultura digital alguna vez determinaron que enfocarse en los centros de diseño y desarrollo tecnológico era suficiente para predecir de manera adecuada las transformaciones globales, los sorpresivos eventos que tienen lugar en las llamadas periferias de innovación demostraron lo contrario.

Este proyecto cambia el enfoque occidental y las afirmaciones tecnouniversalistas de los estudios sobre internet como una red global, y busca explorar nuevas actividades basadas en tecnologías de la información y la comunicación (TIC) en las llamadas periferias de innovación tecnológica: en concreto, en Perú, un país sudamericano al que se le presta más atención por sus restos arqueológicos y sus cumbres andinas que por su actual innovación. Sin embargo, desde el nuevo milenio, un creciente número de sucesos ha diferenciado los experimentos de Perú en la implementación de tecnologías de la información y la comunicación. Esto incluye el reconocimiento de parte de entidades gubernamentales mundiales (desde las Naciones Unidas hasta la WIPO) por su intensa actividad para lograr títulos de propiedad intelectual que buscan convertir a las poblaciones rurales en nuevas "clases creativas". Estos nuevos esfuerzos son el tema central de la primera sección de este libro, que incluye las visiones de TIC promovidas por el Estado para la creación del futuro digital del país. Otros sucesos que han diferenciado a los experimentos peruanos en el uso de tecnologías de comunicación e informática son la introducción de una de las primeras propuestas legales para obligar al Estado a emplear el FLOSS, y el establecimiento de la asociación más grande en el ámbito mundial con el programa OLPC, concebido por el MIT, que ha distribuido casi un millón de *laptops*, principalmente en escuelas rurales. Ambos casos son tratados en la segunda parte de este libro acerca de las intervenciones ciudadanas en torno a las tecnologías de la información y la comunicación que están igualmente dedicadas a la creación de futuros digitales, pero que buscan *otras* formas de conexión digital y relacionalidad.

Estos casos demuestran que incluso cuando Perú se involucra en asuntos que encajan prominentemente en el discurso occidental sobre la cultura digital (como la propiedad intelectual, las prácticas *hacker* y la lógica selectiva de la economía de la información), al introducir elementos que no están lo suficientemente definidos desde el punto de vista de los centros de innovación, excede también dichos marcos dominantes y los revela como una posibilidad más en medio de otras diversas. Sin embargo, estos "logros" no son las razones principales para atraer la atención hacia los desarrollos en TIC en la "periferia" peruana. Si bien tales casos se apartan de modelos dados de innovación y diseño de tecnología informática, su ejemplo no debería ser considerado solo una forma de obtener un mejor diagnóstico del surgimiento de nuevos sitios de dominación o de entender por qué los antiguos centros podrían ser desplazados. Aunque se generaron en poblaciones que han sido históricamente marginadas y subrepresentadas, las nuevas direcciones tomadas por dichos actores no son necesariamente actos claros de resistencia virtuosa a modelos anteriores de dominación (Robbins 1998). Al igual que las vías de conexión digital diseñadas por los centros tecnológicos, estas conllevan la posibilidad de establecer nuevos medios para ejercer control sobre colectivos en la medida en que generen posibilidades de contrarrestarlas. Ambas operaciones demandan una atención renovada por parte de los investigadores.

Buscando la conexión

Lanzadas para promover explícitamente colaboraciones público-privadas entre distintos sectores a escala global, las iniciativas para la "sociedad de la información" dirigidas por el Estado reflejaban una forma de articular nuevas zonas nacionalmente arraigadas de intercambio de tecnología de la información y la comunicación. Cuando organizaron la primera Cumbre Mundial sobre la Sociedad de la Información (WSIS) en 2003 en Ginebra y en 2005 en Túnez, las Naciones Unidas remarcaron la importancia de construir un "proceso multiparticipativo" y expandieron su grupo de participantes para incluir formalmente a empresas enfocadas en tecnologías informáticas. Esta fue la segunda vez en su historia que las Naciones Unidas acreditaban a empresas a participar en una cumbre, y permitió que el número de empresas participantes aumentara de 98 a 226 entre las reuniones del 2003 y el 2005 de la WSIS (superando a los 174 estados representados en 2005).[1] Al decir que la

1. Véase la sala de prensa del WSIS en: <http://www.itu.int/wsis/geneva/newsroom/index.html> y en: <http://www.itu.int/wsis/tunis/newsroom/index.html>.

presencia de dichos sectores diversos era "esencial" para construir una "sociedad de la información inclusiva" en la agenda de Túnez de 2005, las Naciones Unidas enfatizaban la importancia de una "cooperación reforzada y continua"[2] en las "asociaciones público privadas" a escalas nacional, regional e internacional.

La respuesta de Perú fue inmediata, y a los pocos meses del primer WSIS en Ginebra comenzó a planificar el establecimiento de una Comisión para el Desarrollo de la Sociedad de la Información (Codesi) en los ámbitos nacional y multisectorial. Supervisada por la recientemente fundada Oficina Nacional de Gobierno Electrónico e Informática (Ongei), reunió a más de doscientos expertos de casi noventa instituciones públicas, privadas, académicas y de la sociedad civil (Ferrer 2009). En dos años, sus esfuerzos produjeron el plan peruano para el desarrollo de la sociedad de la información, un documento de 140 páginas conocido como la *Agenda digital peruana*. Con el compromiso de impulsar a la nación a la era de la información, se inauguró con el entusiasmo y la promesa de esta oportunidad, afirmando que: "El siglo XXI enfrenta al Perú y al mundo a la Era de la Información, cuya característica fundamental es posibilitar el establecimiento de una sociedad basada en el acceso a la información y al conocimiento, proceso que ya viene revolucionando al Estado, al derecho, a la economía y a la sociedad en general" (Codesi 2005: 3). No obstante, especificaba que dicho cambio no sería conducido por el gobierno solamente, sino que requeriría "el valioso concurso de la sociedad civil y el sector privado". E indicaba que "la Sociedad de la Información no surge por la mera voluntad de sus participantes, sino [...] por la ejecución

---

2. WSIS explica en mayor detalle el cambio en su resolución de la Asamblea General como una forma de incluir "[...] la activa participación por parte de todos los organismos de las Naciones Unidas [...] y se alienta a otras organizaciones intergubernamentales, incluidas las instituciones internacionales y regionales, las organizaciones no gubernamentales, la sociedad civil y el sector privado a contribuir y a participar activamente en el proceso preparatorio intergubernamental de la Cumbre y en la propia Cumbre" (véase: <http://www.itu.int/wsis/basic/multistakeholder.html>).

de políticas específicas por parte de los diversos actores públicos y privados" (2005: 3).

El lenguaje para la creación de conexiones tenía otras implicancias para las poblaciones nacionales. El nuevo énfasis en la gobernanza internacional sobre los proyectos basados en la "economía del conocimiento" y la "sociedad de la información" fomentó iniciativas para promover no solo recursos basados en la información, sino también nuevas habilidades "competitivas" para ponerlas en práctica. Estas habilidades incluían el uso de tecnología informática en red (computadoras, teléfonos celulares y recursos web) y derechos de propiedad intelectual sobre "bienes" nuevos y basados en la información, intercambiables a través de dichas redes (Banco Mundial 2009, Dutfield y Suthersanen 2008, Finger y Schuler 2004, Krikorian y Kapczynski 2010, UNCTAD-ICTSD 2003, Unwin 2009, Wong y Dutfield 2010). Enfatizando que dichas tecnologías promueven el desarrollo de habilidades y capacidades competitivas en actores individuales, la *Agenda digital peruana* de 2005 citaba el trabajo del prominente teórico de la sociedad de la red Manuel Castells; así, enfatizaba que las tecnologías de la información y la comunicación son fuerzas de transformación social e individual. De esta manera, resumía los argumentos de Castells del primer volumen de su trilogía *La era de la información* (1996), "La productividad y la competitividad en la producción informacional se basa en la generación de conocimiento y en el procesamiento de la información. La generación de conocimiento y la capacidad tecnológica son instrumentos clave de la competencia entre empresas, organizaciones de todo tipo y, en última instancia, países". El reto de la *Agenda digital peruana* de 2005 que se dejó en claro entonces sería aplicar dichos principios no solo en las poblaciones y zonas urbanas, sino en las zonas rurales dispersas de toda la nación.

Unos seis años más tarde, la Codesi enfatizaría el crecimiento de la infraestructura en tecnologías de la información y la comunicación en el país. Mencionaba el aumento de líneas de teléfonos celulares de 7 millones en 2006 a 26 millones en 2010, con más del 80% del país con cobertura total o parcial; un crecimiento de líneas de telefonía fija del 25%; y nuevas inversiones del Estado de 100 millones de dólares en internet rural y servicios de banda ancha en 2010 y 2011. Y aunque unas 6,9 millones de personas, o el 27,4% de la población, tenía algún tipo de acceso a internet en 2008 (generalmente a través de cabinas locales), la cantidad de hogares abonados aumentó de 2% a 12,9% entre 2008 y 2010 (Codesi 2011, Ferrer 2009). En el lapso de unos pocos años, los rápidos cambios en la distribución de tecnologías de la información y la comunicación convirtieron la conectividad global en nuevas experiencias "cotidianas" para ciudadanos rurales y urbanos por igual. El informe de Codesi en el año 2011 explicaba las transformaciones: "Las Tecnologías de la Información y la Comunicación (TIC), se encuentran intrínsecamente ligadas con la rutina y acciones diarias de un porcentaje significativo de los ciudadanos del mundo, siendo hoy el mayor medio de comunicación, interacción y desarrollo que tenemos a nuestro alcance". Decía además que las condiciones contemporáneas de "globalización económica [...] y una creciente interdependencia entre los países" necesitaban nuevas políticas para construir una sociedad de la información "centrada en la persona" y "orientada al desarrollo", "en que *todos* puedan crear, consultar, utilizar y compartir la información y el conocimiento, para que las personas, las comunidades y los pueblos puedan emplear plenamente sus posibilidades en la promoción de su desarrollo sostenible y en la mejora de su calidad de vida". Aunque especificaba que dichos principios harían eco de las cartas de las Naciones Unidas (como la Declaración Universal de los Derechos Humanos y los Objetivos de Desarrollo del Milenio), también remarcaba la importancia de la "innovación", con las TIC como una forma de elevar la competitividad económica nacional. El informe afirmaba claramente que "[...] la masificación de las TIC ofrece oportunidades para nuevas oleadas de innovación, que como país debemos aprovechar" (Codesi 2011: 37).

Objetivos tan agresivos han sido característicos en diversos emprendimientos centrados en las TIC que tenían como objetivo a las poblaciones rurales en particular, entre ellos nuevos esfuerzos para desarrollar títulos de propiedad intelectual para productores culturales y agrícolas "tradicionales". En los últimos años, Perú se ha distinguido internacionalmente por desarrollar casi una docena de denominaciones de origen nuevas para comunidades productoras rurales y artesanales. Al 2005, Perú tenía solo dos denominaciones de origen (una para el pisco y otra para el maíz gigante de Cusco), pero, desde entonces, el número de denominaciones de origen activas se ha cuadruplicado. Después de la denominación de origen de Chulucanas, se emitieron nuevos títulos para el café de Villa Rica y Huadquiña, los pallares de Ica, la calabaza loche de Lambayeque, la maca de Junín y la chirimoya de Cumbe (con cinco más en trámite al momento de escribir este libro). Sin embargo, los investigadores en temas legales han cuestionado la eficacia de las propiedades intelectuales como instrumentos efectivos de desarrollo rural contemporáneo y cambio democrático (Boyle 2010, Correa 2000, Dutfield y Suthersanen 2008, Krikorian y Kapczynski 2010, Matthews 2002, Sell 2003, Wong y Dutfield 2010).

La promoción de denominaciones de origen no es la única iniciativa en el creciente número de experimentos patrocinados por el Estado peruano con las tecnologías de la información. Perú fue una de las primeras naciones en asociarse al prominente proyecto OLPC del MIT en 2007. Aunque el Ministerio de Educación había implementado programas de educación digital desde inicios de 2000, su asociación con la Fundación OLPC le dio una nueva visibilidad mundial a este esfuerzo, el cual continúa siendo uno de los más importantes para esta Fundación, con casi un millón de *laptops* distribuidas y unos 280 millones de dólares invertidos hasta la fecha en el proyecto en Perú. Incluso sin estudios a gran escala para confirmar los beneficios pedagógicos de la integración de *laptops* en las aulas, y particularmente en zonas rurales (Warschauer y Ames 2010), en Perú el programa se expandió rápidamente de un piloto a una política nacional, y en cuestión de meses, las pequeñas *laptops* verdes del proyecto OLPC aparecieron en miles de aulas, las cuales fueron bautizadas como “salas de innovación”.

Estas considerables inversiones en programas de TIC remarcan los potenciales productivos de las propiedades basadas en la computación y la información como recursos nacionales, y resaltan el rol esencial de las redes globales para su ejecución. Pero al hacerlo también muestran el elemento crucial de la conectividad local. Están basadas no solo en las relaciones que emergen de las asociaciones colaborativas globales, sino también en los vínculos sostenidos por lazos locales. Estas iniciativas requieren, además de agencias gubernamentales nacionales, exportadores transnacionales, compañías extranjeras de informática, ONG internacionales, universidades occidentales, programadores de todo el mundo, miembros de comunidades locales, escuelas públicas y productores tradicionales.

Lo que distingue a las TIC de las soluciones tecnológicas extendidas bajo paradigmas de desarrollo anteriores (Escobar 1994, Ferguson 1994, Mitchell 2002), es el rol recientemente intensificado de los participantes individuales (la redefinición de los actores marginales como nuevos agentes de reforma). Las soluciones TIC se vuelven novedosas y útiles para el desarrollo contemporáneo, precisamente por la manera en que fomentan prácticas de adopción equivalentes entre poblaciones diversas: desde trabajadores urbanos del conocimiento hasta las mismas comunidades rurales que son guardianas de la cultura tradicional (Coombe 1998a, DeHart 2010, Hayden 2003). Es decir, son útiles en la medida en que puedan fomentar por igual la extracción de nuevas productividades en ciudadanos urbanos y "con educación" y en poblaciones rurales e indígenas. Con una sola acción unificadora, estas iniciativas recurren a las energías creativas de los que son considerados como ejemplares de la reforma moderna (y de los que alguna vez fueron vistos solo como objetivos de la misma), con la promesa de otorgar a distintos actores nuevas oportunidades de canalizar sus esfuerzos intelectuales. Y como para dar fe de los potenciales radicalmente transformadores canalizados a través de las redes TIC, los sujetos que una vez habían sido considerados como el *otro* abyecto por los modernos proyectos de universalización, podían ahora tener la oportunidad de emerger como participantes globales modelo.

Los siguientes capítulos examinan las particularidades locales de las conexiones globales que respaldan la expansión de las redes sociotécnicas de las TIC. En Perú, esas redes no solo dependían de la distribución de nuevas tecnologías y recursos basados en la información, sino que también implicaban compromisos asumidos por planificadores gubernamentales contemporáneos, corporaciones transnacionales, miembros de comunidades rurales, artesanos tradicionales y expertos e ingenieros informáticos. Si las redes TIC han desarrollado ambiciones de universalización, es en parte porque permiten la creación de alianzas estratégicas entre lo urbano y lo rural, lo tecnológico y lo tradicional, la riqueza y la marginación económica, lo social y lo técnico, y lo cultural y lo natural. Han incluido no solo a actores que tradicionalmente ejercían el poder, sino también a aquellos a los que les ha sido negado. Y han demostrado esta fuerza transformadora, no solo creando nuevos espacios de innovación rural y zonas remotas de producción de información (que podrían ser considerados como paralelos a las formaciones urbanas de ciudades y zonas empresariales globales), sino también recreando a los ciudadanos mismos (incluyendo a los pobres y marginados económicamente) que pueden ahora ser reposicionados como actores globales optimizados e incluso hipercompetitivos.

Las expansiones universalizadoras de las TIC y la noción de que sirven para crear nuevas oportunidades, por tanto, se deben entender con relación a proyectos universales anteriores y, en particular, a las limitaciones y responsabilidades de aquellos proyectos. Los investigadores poscoloniales hicieron que se prestara atención a la diseminación global de diversas lógicas excluyentes de modernidad eurocéntrica, visibles no solo en la diseminación global de proyectos coloniales, sino también en la diseminación de la idea del dominio europeo como expresión natural de superioridad sobre los otros biológicamente inferiores y culturalmente primitivos (Dussel 2000, 2002; Quijano 2000, 2007 [1989]; Said 1979; Wallerstein 2006). Muchos expertos en estudios científicos han criticado los universalismos científicos que excluyen a poblaciones con base en su falta de racionalismo, sus sistemas de creencias poco ilustrados y simples o su incapacidad básica para diferenciar el mito y el fetiche del hecho y la verdad (Latour 2004b, Stengers 2007, Viveiros de Castro 2004, Wallerstein 2006). Sin embargo, las redes digitales ofrecían una alternativa. Incluso si no lograban deshacer o eliminar los efectos excluyentes de los principios universales occidentales anteriores, podían producir nuevas lógicas de inclusión ofreciendo a los antes excluidos un medio de participación e incluso de competencia dentro de las redes globales.

Dichas operaciones de inclusión son esenciales precisamente por su fuerza seductora y porque contrastan con las exclusiones del pasado de otros principios universales occidentales. Las redes digitales expanden la promesa de nuevas conexiones entre el centro y la periferia. Lo mismo sucede con otras agrupaciones contemporáneas interconectadas, cuyas inclusiones sociotécnicas admiten la colaboración entre actores situados en diferentes lugares (Benkler 2006; Callon 1986; Callon y Latour 1981; Castells 1996; Hayden 2003; Latour 1987, 1990, 2004a; Mitchell 2002, 2005; Ong y Collier 2004; Riles 2001; Weber 2004), y permiten que esos diversos intereses sean agrupados en beneficio de la reforma. Las experiencias "situadas" específicas de actores interconectados (Haraway 1991), que posibilitan la creación de alianzas en diversidad de sitios y entre los socios menos probables, son muy importantes para las condiciones que permiten (o que pueden afectar) la rápida extensión de las TIC. Lo que hace que esas asociaciones se agrupen, y lo que convence a actores tan dispares a formar alianzas, no solo es la promesa de un mayor acceso a la tecnología, la información y otras fuentes materiales, sino la promesa de nuevas formas de conexión local y global: entre ellas, la oportunidad para que sujetos situados en diversos puntos se vean a sí mismos como individuos interconectados en el ámbito internacional, orientados hacia el futuro, libres de la vigilancia o intervención de actores institucionales y políticos establecidos. En otras palabras, estas asociaciones y actores pueden inspirarse en lo que los teóricos políticos Nikolas Rose, Andrew Barry y Thomas Osborne describen como una "[...] forma de política más allá del Estado, una política de vida y ética, que enfatiza el valor político crucial de la movilización y de la formación de capacidades individuales" (1996: 1); pero ahora están complementados por tecnologías informáticas que proporcionan nuevos medios a través de los cuales dichas capacidades, como las fuerzas creativas e intelectuales, pueden echar a volar en todo el mundo.

Los siguientes capítulos exploran los distintos niveles de relaciones que se presentan ante los participantes con acceso reciente a las redes y que trabajan en torno al prospecto de conexión global a través de la investigación de iniciativas relacionadas con las TIC en Perú. Los capítulos 1 al 3 analizan las formas de conexión global creadas a través de los experimentos del Estado peruano con iniciativas de propiedad intelectual orientadas a la exportación. Dichos programas tienen como objetivo a los productores rurales y tradicionales como clases emergentes de trabajadores creativos. Si bien las clases creativas y los trabajadores del conocimiento concentrados en ciudades globales hiperindustrializadas, zonas de innovación urbanas y conglomerados tecnológicos, se consideran fuentes de innovación cultural e intelectual en el Occidente industrializado, aquí también los productores tradicionales son considerados como fuentes de trabajo expresivo e innovación cultural que ahora ayudan a impulsar la economía de Perú basada en la informática. Estos capítulos se enfocan en las colaboraciones que han producido el título de propiedad intelectual para las artesanías tradicionales del pueblo costero de Chulucanas, en el norte peruano, e incluyen entrevistas con planificadores del gobierno, exportadores globales y expertos en desarrollo que han reconocido la capacidad de la propiedad intelectual para amplificar el flujo global de los "productos nativos", así como el caso de los artesanos tradicionales cuyas prácticas de producción en realidad han sido reformuladas con el fin de "optimizar" sus capacidades de competencia global y gestión de la propiedad de la información. Así, el capítulo 1 describe las relaciones locales creadas en Chulucanas, que proporcionaron financiamiento a las formaciones de redes que han hecho énfasis en los medios a través de los cuales inscriben a los participantes y reclutan aliados en nuevos actos inclusivos (Benkler 2006; Castells 1996; Lessig 2002; Melucci 1996; Ong y Collier 2004; Sassen 2002, 2006; Weber 2004). Sin embargo, también demuestra que la formación de dichas redes "exitosas" puede funcionar al mismo tiempo como una fuerza desintegradora, disolviendo o debilitando los lazos de relaciones sociales preexistentes que sostenían el trabajo de expresión cultural en comunidades locales, y ejerciendo una lógica selectiva de incorporación en las sociedades globales.

El siguiente capítulo resalta los medios a través de los cuales los programas de desarrollo TIC proporcionan plataformas que permiten a estos actores estatales señalar nuevos valores basados en la diversidad y las expresiones locales de tradiciones culturales "auténticas". El capítulo 2 explora las maneras en que las iniciativas de propiedad intelectual permiten al Estado peruano reclamar, por primera vez, un rol en la protección de tradiciones provinciales y culturas nativas, promoviendo al mismo tiempo el "potencial exportador" de los productores rurales. Aunque el Estado celebra públicamente un mensaje de "preservación cultural" y de protección de patrimonio nacional compartido a través de las iniciativas de propiedad intelectual, en la práctica recompensa selectivamente a los productores locales basándose en su capacidad de demostrar potencial "competitivo" y de ejecutar reformas en las prácticas de producción tradicionales. Así como las economías de la información han sido celebradas por desencadenar el potencial creativo de los productores individuales (Florida 2003, Howkins 2002), las iniciativas fundamentadas en propiedad intelectual en Perú asignaron nuevos roles a los productores tradicionales antes excluidos, que ahora pueden ser redefinidos como héroes en la tarea de promover la tradición nacional. Y en ese proceso, permiten al Estado, además, reformularse como una nueva versión de sí mismo y como representante multicultural del siglo XXI.

El capítulo 3 describe la manera en que los conceptos universales de Occidente y la promesa modernizante de los mercados globales acecharán por un tiempo a las iniciativas de propiedad intelectual rurales. En este caso, la insistencia de los exportadores internacionales en el poder de las prácticas de exportación "modernas" para transformar a los productores rurales en comerciantes "educados", listos para negociar en la economía global, es una figura central. Así como los historiadores de la ciencia han señalado las disposiciones "educadas" y "modestas" que los patrones europeos exigieron a los científicos cuyos proyectos financiaban (Biagioli 1993, Shapin 1995, Shapin y Schaeffer 1985), así también los exportadores globales insisten en exigir disposiciones "modestas" de parte de los artesanos que buscan asociarse con ellos para exportar. Aunque algunos actores a favor de la exportación apelen a la "evidencia" racional de la promesa civilizadora del mercado moderno, los artesanos locales cuentan otra historia. Frente a las historias de salvación de los promotores de la exportación y la propiedad intelectual y las narrativas dominantes de progreso rural y nueva competitividad global, existen testimonios que describen a las sociedades globales y a las redes basadas en la exportación como fuentes de relaciones de promiscuidad con diversas partes, incluidas aquellas con intereses opuestos a la preservación cultural o comunal.

Sin embargo, la lógica y seducción de la exportación internacional no son las únicas razones que determinan las relaciones de la conexión global o la forma que toman a través de las nuevas redes TIC. Si las actividades del Estado basadas en la propiedad intelectual representan una forma de integrar a los productores culturales peruanos en circuitos globales de intercambio económico, otros desarrollos culturales demuestran esfuerzos para cuestionar, reprogramar e interrumpir la integración sin fricciones de las nuevas poblaciones en dichos canales orientados al mercado global, e insisten en formas alternativas de relaciones con base local a través de conexiones globales. Los capítulos 5 al 7 exploran las alternativas ideadas por las comunidades, a través de la investigación de las redes de apoyo de FLOSS en Perú, como una opción a los programas de la sociedad de la información promovidos por el Estado. Aunque el crecimiento de las comunidades FLOSS ha sido bien recibido en los círculos tecnológicos de los Estados Unidos y Europa por innovar en un modelo de producción de *software* distribuido y basado en trabajo voluntario, la red FLOSS peruana llamó la atención del público global por desarrollar un modelo de producción legal distribuido y basado en trabajo voluntario con una carga explícitamente política. Sus actividades ganaron visibilidad a mediados de la década de 2000, cuando activistas FLOSS latinoamericanos ayudaron a Perú a convertirse en una de las primeras naciones en proponer legislación para la adopción de tecnologías FLOSS en todo el Estado. Para los defensores del Código Abierto en América Latina, dichas tecnologías ofrecían un medio poderoso no solo para criticar el poder hegemónico de las corporaciones tecnológicas de Occidente en los mercados nacionales, sino también para exigir una mayor participación de la sociedad civil. Buscando cultivar una ética de inclusión social y participación más amplia, los defensores FLOSS creyeron que era importante operar como una red de innovación cultural (no solo tecnológica), cuya actividad podría desestabilizar la práctica y el significado políticos establecidos y generar nuevos imaginarios en torno a lo que podría adoptarse como nuevas normas, prácticas y políticas.

Los activistas peruanos del *software* libre también han llevado a cabo colaboraciones con profesores rurales para desarrollar experimentos en educación digital que surgen de las iniciativas del Estado, pero que se desarrollan independientemente. Trabajando en torno a las implementaciones locales del proyecto OLPC, tema del capítulo 7, dichas asociaciones emergentes construyen nuevas interfaces culturales entre profesores e ingenieros ubicados en zonas rurales, líderes indígenas, activistas de las lenguas quechua y aymara, y activistas dedicados a la información global. La convergencia de estos esfuerzos demuestra cómo empiezan a desarrollarse las políticas digitales en los espacios rurales, acercándose a actores e intereses ubicados en lugares distintos que, sin embargo, cultivan políticas locales propias del lugar. Dichas colaboraciones crean instancias de "interrupción" de la red que perturban y contrarrestan los intereses de los empresarios informáticos occidentales o de las autoridades del Estado peruano que dominan los canales globales de distribución de recursos en torno a proyectos de educación digital, como el de OLPC.

Reunidos, esos capítulos describen una condición cultural de los futuros de las TIC que está aún, literalmente, en formación. Aunque estas redes sirven a los intereses de centros establecidos de poder político y científico, también canalizan los intereses de activistas informáticos regionales, trabajadores del conocimiento local y rural y ciudadanos con diversas ambiciones. Sus encuentros contienen la posibilidad de reunir la experiencia y el conocimiento que circulan globalmente con sus paralelos desarrollados de forma local, y que podrían reorientar los compromisos con los espacios locales y permitir una ética distinta y el surgimiento de prácticas situadas para las redes digitales globales. En este caso, no es tanto la medida del emprendimiento individual o la competencia interconectada lo que marca la influencia global. Por el contrario, los compromisos para cultivar encuentros de conexión genuinamente comprometida entre las diferencias son los más prometedores, a pesar de llevarse a cabo a través de medios que solo buscan convertir y asimilar al *otro* (Stengers 2007).

Paz, amor y asuntos informáticos

Los encuentros digitales "que superan las diferencias" y que los activistas de FLOSS y de la tecnología rural en Perú han intentado articular como el camino hacia un tipo específico de futuro, están lejos de ser el único medio en que se ha imaginado la relacionalidad interconectada. De hecho, el manifiesto "Internet para la paz", promovido por actores clave dentro de la élite global, delata otro tipo de proyección para la relacionalidad en la red: uno en el que la globalidad sin fronteras y orientada a la paz puede lograrse a través de las operaciones tecnológicas autónomas de la red, y no de los compromisos y negociaciones centrados en el contexto y deliberados de forma local en los que insisten los activistas peruanos. La arquitectura técnica, que se automatiza a sí misma y que es la base de internet, importa en este caso precisamente porque parece funcionar bajo el control directo de usuarios individuales. Dicho de otro modo, puede parecer que se autogestiona como un reflejo auténtico de la voluntad no mediada y colectiva de usuarios que pueden interactuar libremente sin la intervención de colectivos o instituciones externas. Sin importar los problemas de "representación" que puedan surgir, se puede asumir que estos serán problemas técnicos o una simple falta (solucionable) de información, y no un problema arraigado en antiguas historias de exclusión social y marginación política. Al igual que el enfoque de las técnicas de desarrollo del siglo XX contra el que alertaron los críticos del neoliberalismo (Escobar 1994, Ferguson 1994), se puede recurrir a las tecnologías contemporáneas como soluciones apolíticas orientadas hacia el progreso universal para resolver problemas que, en un inicio, parecen haber sido generados y continuamente exacerbados por las políticas tradicionales.

Por supuesto, la acogida de internet por parte de la élite cibernética como un recurso políticamente neutral para la paz global ha generado controversias. Los pronunciamientos que celebraban a las tecnologías de redes como medios que promueven sobre todo las libertades individuales y, por tanto, las prácticas democráticas y antiautoritarias a escala internacional, han recibido críticas por el entusiasmo "*cyber*-utópico" adoptado sin sentido crítico por los legisladores, ingenieros y empresas informáticas occidentales (Carr 2010; Lanier 2010; Mackinnon 2012; Morozov 2010a; Turkle 2009, 2010). Remarcando su "ingenua creencia en la naturaleza emancipadora de la comunicación en línea", el analista de políticas tecnológicas bielorruso Evgeny Morozov etiquetó esa fe como un "delirio de la red" compartido entre las élites digitales globales (Morozov 2010a), quienes descuidaron las especificidades apremiantes del contexto político y social.

Aunque las proyecciones de las élites informáticas sobre la unificación pacífica y cosmopolita son ambiciosas, comparten raíces previas. Definida generalmente como un "programa para contener la agresión global y el respeto universal para la dignidad humana" (Nussbaum 2010: 28), los filósofos señalan que la tradición intelectual del cosmopolitismo se remonta a la filosofía de los estoicos griegos, atraviesa los ideales más amplios de la Ilustración y llega hasta Emanuel Kant (Beck 2004, 2005, 2010; Habermas 2010). Martha Nussbaum (2010: 29) señala particularmente el concepto estoico de "ciudadanos del mundo" como una proyección auroral de la asociación colectiva que sobrepasaba la ciudadanía basada en el Estado. El esquema kantiano para extender los principios cosmopolitas (de una forma optimista reivindicado en su famoso tratado sobre la "paz perpetua") significaba resolver el espectro de guerra que él consideraba como el mayor problema de la humanidad. En la actualidad, los teóricos de la globalización indican que Kant se refería a que las condiciones materiales para promover "la comunidad política mundial" y el "estado universal de la humanidad" que proponía el cosmopolitismo ya estaban presentes en las extensiones globales europeas del siglo XVIII, a saber, en los circuitos internacionales de comercio, en las bellas artes y en los inicios de la cultura científica (Cheah 1998, Cheah y Robbins 1998, Robbins 1998), que él consideraba como incompatibles con los estados de guerra. Los investigadores también subrayan que los legados de dichos ideales se manifiestan en las arquitecturas políticas modernas que engloban a las entidades gubernamentales globales, como las Naciones Unidas, en las visiones de una comunidad política común insertada en el individualismo neoliberal y en las normas legales compartidas en la administración de derecho internacional, y en la difusión de estándares globales para los derechos humanos, la regulación ambiental y la propiedad intelectual (Cheah 1998, Cheah y Robbins 1998, Robbins 1998). Ello también se manifiesta en espacios más cotidianos a través de la aplicación local de dichas normas y de las intervenciones locales de diversos movimientos de justicia global y esfuerzos humanitarios (Brown y Held 2010). Y sin embargo, la fe popular en la capacidad de estas instituciones para producir una creciente "paz perpetua" sin fronteras parece estar en riesgo, ahora más que nunca, debido a la pérdida de fe en el trabajo de las instituciones y burocracias estatales establecidas que asumen apariencias cada vez más populistas.

En los Estados Unidos, los movimientos contemporáneos, desde el conservador *Tea Party* hasta los movimientos progresistas *Occupy*, han adoptado formaciones tipo red en sus críticas al poder estatal. Los investigadores del área de estudios de la ciencia han indicado también que las instituciones científicas modernas, de enseñanza superior e investigación, han tenido sus propias crisis de credibilidad (Ferris 2010, Mooney 2005, Oreskes y Conway 2010, Pooley 2010) sobre temas que van desde el calentamiento global hasta las políticas ambientales y el monitoreo de la salud. El aumento de la desilusión en Occidente respecto de las instituciones establecidas de la ciencia, educación y neoliberalismo que representan instancias previas de ideales universales, sin embargo, parece no haber hecho mella en la versión del universalismo de la red. El rápido crecimiento y la popularidad de las tecnologías digitales en red indican que el universalismo digital parece haber logrado lo que proyectos universalistas anteriores no pudieron conseguir hasta hoy: convencer a grandes audiencias de su necesidad incontrovertible, autoevidente y universalmente compartida.

Sin embargo, las intervenciones cívicas en torno al tema y las reacciones ante el futuro de las TIC que surgen en las periferias no generan la acogida incondicional de esta obvia necesidad digital. Señalar dichos casos es más una manera de plantear preguntas que de brindar una respuesta específica. A través de ellos, se abre una búsqueda en torno a las posibilidades de cultivar y multiplicar otras formas de lazos "universales" y de activar las conexiones basadas en las TIC en todo el planeta. Es en dichas operaciones donde surge el prospecto de lo que los académicos poscoloniales y del área de estudios de la ciencia han definido, planteando críticas a las formas universales de la modernidad, como "universales comprometidos" (Chakrabarty 2000: 5, Tsing 2004: 8). Estas formas comprometidas reconocerían la promesa y los riesgos que conllevan al ser entidades de "conocimiento que se mueve", como todos los conceptos universales, a través del espacio local, el tiempo y las culturas (Tsing 2004: 7). Sin embargo, en lugar de dar por hecha la reproducción uniforme de sus características en su transcurso, podrían insistir en el entretejido de nuevas "coyunturas históricas" y "entendimientos relacionales" (Stengers 2011), vinculando sitios de experimentación a medida que recorren los espacios. Así, representan la promesa de abrir nuevos canales de intercambio entre zonas de encuentro. Sin embargo, también podrían eliminar la posibilidad de otros imaginarios si no tienen cuidado con su potencial para actuar como fuerzas asimiladoras.

Así, este proyecto comienza analizando los distintos imaginarios e innovaciones que respaldan la cultura digital y que rodean las conexiones en red (organizadas dentro de las nuevas tecnologías de la información y la comunicación y en torno a ellas), a medida que toman dimensiones globales desde los márgenes. Es un proyecto que explora una noción que se hace cada vez más evidente a una década de iniciado el nuevo milenio: que seguir a las clases creativas, a los trabajadores del conocimiento, a los activistas de la información y a los nuevos creadores de propiedad intelectual, a medida que forjan caminos y circuitos en los bordes, es no recorrer el mismo camino, incluso al dialogar con los términos "universales" anclados en los debates e intereses occidentales. Y también es descubrir actores que se enfrentan a quienes afirman que existe un solo camino universal de cultura conectada y una "sociedad de la información global". De hecho, la dispersión de las tecnologías de la información y la comunicación ha dado a los actores de las periferias nuevas capacidades para continuar sus propios medios de conexión global y acción en red. En particular, sus experimentos no reproducen simplemente modelos de los centros occidentales, sino que toman contornos propios e impredecibles.

PARTE I

Redes neoliberales en la periferia

Fotografía de la autora tomada en Chulucanas a fines de 2006, año en que el pueblo recibió el primer título de propiedad intelectual del país para las artesanías. En la imagen se puede apreciar el exterior de varios talleres-hogares de artesanos.

1

Aldea empresa: propiedad intelectual y optimización rural

El remoto y soleado pueblo de Chulucanas se ubica en el seco y polvoriento desierto costero del norte de Perú. Se le conoce principalmente por su clima árido, sus verdes extensiones de cultivos de mango y limón, y por una considerable y —ahora más que nunca— creciente comunidad de ceramistas. Adoptando técnicas milenarias, provenientes de las culturas precolombinas vicus y tallán, los ceramistas de Chulucanas se consideran herederos y guardianes de tradiciones indígenas de cerámica hecha a mano, que incluyen el pulido de la piedra, el moldeado con paleta y la aplicación de humo de hojas de mango en la arcilla. Este lugar se ha convertido en un insólito sitio de inversión y experimentación de las iniciativas para la sociedad de la información del Gobierno peruano, en las que para el desarrollo económico y la modernización de la zona, promover los derechos de propiedad intelectual y formar autores e inversionistas como titulares de esos derechos es un asunto esencial.

En 2006, el Gobierno peruano lanzó un proyecto para impulsar el uso de un título de propiedad intelectual conocido como denominación de origen (DO) en los más de cuatrocientos talleres de cerámica de Chulucanas. El indicador geográfico serviría como una especie de marca específica del lugar, que identificaría a Chulucanas como el sitio de origen exclusivo de las piezas de cerámica y que atribuiría sus características particulares a sus raíces geográficas. Adquirido a mediados de 2006, el título de propiedad intelectual de Chulucanas fue recibido por el gobierno como un medio para asegurar beneficios económicos y culturales para el pueblo. En primer lugar, cumpliría una función de *branding* ante los consumidores internacionales, que así podrían distinguir la cerámica chulucaneña en el mercado global, y podría traer beneficios similares a los que el indicador geográfico Champagne habría proporcionado a los productores de cava en esa región de Francia. En segundo lugar, establecería una serie de estándares y regulaciones "modernos" orientados al mercado que los ceramistas tendrían que cumplir para certificar sus productos. Y finalmente, por sobre todo, reconocería y protegería las tradiciones alfareras ancestrales, heredadas de los pueblos vicus y tallán, que datan del año 500 a. C. Como se explicaba en la guía promocional para la denominación de origen publicada por el Instituto Nacional para la Defensa de la Competencia y Protección de la Propiedad Intelectual (Indecopi), esas titulaciones servirían para "*distinguir y proteger* un producto [sobre la base de...] sus especiales características derivadas, esencialmente del medio geográfico en que se elabora, considerando factores naturales, climáticos y humanos" (Indecopi 2010: 4 [énfasis nuestro]).

Chulucanas no ha sido la única zona rural de producción distinguida con un título de propiedad intelectual por el Estado en los últimos años. De hecho, desde mediados de la década del 2000, el Gobierno peruano ha comenzado a promover el uso de títulos de propiedad intelectual entre productores rurales, enfocando sus esfuerzos en la implementación de denominaciones de origen que pudieran certificar a los sitios de producción de bienes regionales, y desarrollando casi una docena de nuevos títulos para productos rurales y artesanales. Esta intensa actividad fue lo que le permitió a Perú ser elegido como sede del WIPO 2011, el Simposio Mundial sobre Indicaciones Geográficas —que por primera vez se desarrollaba en América Latina—, que contó con la presencia de representantes de más de 65 países en Lima para discutir sobre los recientes desarrollos en el uso de denominaciones de origen como clases de propiedad intelectual. El foro indudablemente canalizó un entusiasmo compartido por el potencial de las aplicaciones de propiedad intelectual entre los productores rurales, como una posible nueva clase de trabajadores del conocimiento. Después de todo, dado que los esfuerzos del Estado peruano tuvieron éxito, sus iniciativas prometieron construir un reconocimiento para las artesanías no solo como expresiones físicas de la tradición, sino también como una forma única de trabajo de la información con su propio potencial innovador; y ello tanto para Chulucanas, como para las distintas comunidades rurales y artesanales del país en donde se pudiera aplicar el mismo modelo.

Las responsables de impulsar la denominación de origen como estrategia de desarrollo y modernización regional fueron dos oficinas del gobierno: Mincetur e Indecopi, esta última es la oficina nacional encargada de la gestión de derechos de propiedad intelectual. Estos dos organismos trabajaron con artesanos chulucaneños para asegurar su participación, coordinar con los representantes del gobierno en Lima y en provincias, y mantener lazos con los exportadores que trabajan con la cerámica de Chulucanas. Puede parecer que el interés estatal en Chulucanas como un sitio de expresión cultural y productividad nacional generaría una nueva conciencia colectiva e identificación comunal entre los artesanos locales, particularmente porque la creación de asociaciones colaborativas entre diversos actores de una región ha sido una estrategia decisiva de los proyectos informáticos del Estado. Sin embargo, sorprendentemente, parece haber producido el efecto contrario: desintegrar el interés público compartido y disolver los espacios de identificación colectiva. Lo que los artesanos me contaron no fueron testimonios de interés compartido y de colaboración comunitaria, sino acusaciones de traición entre ellos, de robo de diseños, guerra de precios, explotación salarial y una desconfianza generalizada en las instituciones públicas y en las asociaciones civiles que no impiden estas prácticas. Parecía haber una notable desintegración del interés público compartido y de la identificación colectiva. Se podría decir que las relaciones entre los artesanos después de la promoción de Chulucanas como un sitio productivo de cultura y propiedad intelectual se caracterizan por la sospecha, la competencia, la envidia y hasta la explotación.

No obstante, hay una escasa noción de este tipo de conflicto debido a la velocidad con la que se está incorporando por primera vez la propiedad intelectual en las políticas de desarrollo de las naciones, un hecho que resulta sorprendente en algunos casos. Desde que la Organización Mundial del Comercio adoptó el Acuerdo sobre los Aspectos de los Derechos de Propiedad Intelectual Relacionados con el Comercio (TRIPS, por sus siglas en inglés) a mediados de los años noventa —que subraya el papel de la propiedad intelectual en la productividad económica global y la necesidad de estandarizar protecciones internacionales—, los países ricos y pobres por igual han acelerado sus esfuerzos por desarrollar y registrar derechos de propiedad intelectual y por reforzar las infraestructuras legales para el desarrollo nacional y la coordinación global (Correa 2000, Drahos y Mayne 2002, Howkins 2002, Maskus 2000, Matthews 2002, Sell 2003). Estas tendencias coinciden con el reciente énfasis en los círculos de desarrollo de proyectos basados en la "economía del conocimiento" y la "sociedad de la información" para nuevas iniciativas de desarrollo. Promovido por organizaciones como la Unidad del Sector de Tecnología de la Información y las Comunicaciones del Banco Mundial, el Sector de Comunicaciones e Información de la Unesco y los foros de la Cumbre Mundial sobre la Sociedad de la Información realizados en 2003, 2005 y 2011, el enfoque en las reformas para la "sociedad de la información" fomentó el aumento de iniciativas para que las poblaciones desarrollaran nuevas habilidades "competitivas" en torno a los recursos informáticos, entre ellos, el uso de derechos de propiedad intelectual (Banco Mundial 2009, Dutfield y Suthersanen 2008, Finger y Schuler 2004, Krikorian y Kapczynski 2010, UNCTAD-ICTSD 2003, Unwin 2009, Wong y Dutfield 2010). Particularmente, el Banco Mundial y el WIPO respaldaron las actividades nacionales y la tendencia dominante a definir la propiedad intelectual como una utilidad económica, apoyándose en que la expansión de los sistemas de propiedad intelectual pueden "[...] recompensar la creatividad, estimular la innovación y contribuir al desarrollo económico y a la vez salvaguardar el interés público" (WIPO 2011). Mientras tanto, los investigadores señalaban que el poder de la propiedad intelectual para generar riqueza económica influía en las decisiones de los gobiernos para acelerar el crecimiento de los sistemas de propiedad intelectual y "responder a la presión de ser más competitivos" (Dutfield y Suthersanen 2008: 22).

Aproximadamente desde el año 2000, los países en desarrollo han comenzado a invertir en sus sistemas de propiedad intelectual con renovada intensidad, reformulándolos no solo para alinear sus regímenes con los de las naciones occidentales, sino también para buscar nuevas titulaciones en una creciente gama de formas de vida y de cultura. Alentados por las entidades gubernamentales internacionales –como las Naciones Unidas, WIPO y el Banco Mundial– que abogan para que las naciones en desarrollo exploten el potencial de las propiedades intelectuales de sus recursos nacionales, los países han buscado títulos para elementos que incluyen desde expresiones culturales e indígenas hasta la diversidad biológica y vida vegetal local (Berlin y Berlin 2003; Brush 1996, 1999; Castree 2003; Coombe 1998b; Correa 2003; Dove 1996; Dutfield 2002a, 2002b; Faye 2004; Gervais 2003; Hayden 2003; Isaac y Kerr 2004; Merson 2000; Nigh 2002; Parry 2000, 2002; Prakash 1999; Shiva 1997, 2004; Zerda-Sarmiento y Forero-Pineda 2002). Estas actividades permiten que la diversidad cultural y biológica de un país sea percibida no solo como un elemento protegible de patrimonio nacional, sino como un recurso nacional y económico explotable. Y a la vez ofrecen la posibilidad de promover modelos de desarrollo culturalmente sensibles que están también hechos a la medida de las demandas de la economía basada en la información en el siglo XXI. Curiosamente, los países con extensas poblaciones rurales, abundantes tradiciones culturales indígenas y grandes territorios biodiversos son los que supuestamente tienen más que ganar con estas iniciativas de desarrollo basadas en la propiedad intelectual. Y como lo demuestra el caso de Perú, la propiedad intelectual parece ser muy útil para el desarrollo, no solo porque se la puede aplicar de manera única a las comunidades rurales que son guardianas de la cultura tradicional, sino también porque invita y permite extraer nuevas productividades de sujetos rurales e indígenas. Son estos sujetos los que ahora pueden figurar en los circuitos de productividad económica del país y surgir como participantes excepcionales de la economía de la información contemporánea; de hecho, pueden ser actores modelo en la iniciativa global.

Esta noción de la capacidad productiva de la propiedad intelectual fue lo que generaba el casi tangible entusiasmo que recorría el atiborrado auditorio del Museo de la Nación de Lima una tarde de julio de 2007, en donde bullía el ambiente colectivo. La audiencia asistió para participar en la conferencia patrocinada por el gobierno y las Naciones Unidas, "Artesanía, innovación y desarrollo sostenible", y escuchar a la directora nacional de artesanías de Perú, Madeleine Burns, hablar sobre la nueva denominación de origen de Chulucanas y el desarrollo de la "industria de la cultura nacional" del país. Debido al creciente interés público en estas estrategias de desarrollo basadas en la propiedad intelectual, era de esperar que la audiencia de Burns volara desde distintos lugares del mundo para participar en la conferencia o para escuchar sobre los avances en Chulucanas, a cientos de kilómetros de distancia. Las primeras filas del auditorio estaban ocupadas por elegantes delegados de las Naciones Unidas, representantes de los gobiernos de China e India, consultores de diseño europeos, y representantes de las oficinas del gobierno de Perú. Con sus *laptops* cuidadosamente apoyadas sobre sus rodillas, escuchaban atentamente a Burns, quien describía el remoto y polvoriento pueblo del norte peruano a sus oyentes globales.

Según Burns, uno de los primeros pasos para el éxito de estas iniciativas es la creación de un "producto nativo". "¿Cuáles son los requisitos para crear un producto nativo?", se preguntaba. "Primero, que los *artesanos mismos* sean quienes decidan cuál es su 'producto nativo'". Ese producto, especificó Burns, debe usar materiales locales e integrar técnicas "ancestrales" en su elaboración. También debe estar ya asociado con un grupo de artesanos comprometidos con su ingreso y circulación en mercados locales, nacionales e internacionales. Los "productos nativos", una vez elaborados adecuadamente, ayudarán no solo a generar "valor en las regiones locales", sino además a "definir las identidades" de sus consumidores y productores. Los resultados de este proceso de reforma, enfatiza Burns, ya son observables en el caso del título de propiedad intelectual de Chulucanas:

> No solo ha habido una mejora en la calidad del producto debido a la denominación de origen [en Chulucanas], también ha generado un interés entre todos [los que participan en la producción de cerámica] por *superarse a sí mismos* [...] Ha generado sinergia entre el sector público y privado y las distintas instituciones que han participado en este tema; este tema de desarrollo, que en última instancia, se trata de la generación de nuevo capital.

Burns describió apasionadamente el trabajo sobre propiedad intelectual que desarrollaba su oficina en Chulucanas, y habló de los elementos orientados a la identidad con la misma facilidad con que se refería a los aspectos orientados al mercado en la política del gobierno. Es evidente por qué se ganó la plena confianza de los equipos que dirigió en sus cuatro años a la cabeza de Mincetur. Sin embargo, su formulación de la frase "la creación de un producto nativo" y lo que ella remarcó como su potencial para "definir la identidad" sorprenden precisamente por su aparente contradicción. Después de todo, ¿qué significaba crear un "producto nativo"? Por definición, ¿no deberían ya existir los artefactos nativos como una expresión cultural presente, particularmente si han sido reconocidos como merecedores de la protección y distinción de la propiedad intelectual? ¿No deberían también las identidades de los productores indígenas resistirse a la invención? ¿Acaso la posibilidad de "ser autor" (o el responsable, para tal caso) de los productos nativos no debilita la declaración de autenticidad legal y cultural que los títulos de propiedad intelectual buscan señalar? Incluso si dichos actos de invención fueran posibles, ¿qué interés tiene el Estado en esas funciones de otorgamiento de autoría? ¿Qué sentido tiene proyectar esos compromisos ante un público internacional como el que Burns tenía al frente?

Aunque la idea de "crear productos nativos" pueda sonar curiosa, es precisamente este trabajo el que ha sido canalizado a través de la iniciativa de promoción de la propiedad intelectual de Chulucanas y el Estado peruano. Si la cerámica chulucaneña es ahora distinguida y visible como proveniente de sitios productivos de expresión cultural, es porque reunieron a una red dispersa de fuerzas públicas y privadas que se propusieron subrayar que lo era. Este trabajo no solo fue celebrado por diseñar productos nativos, sino también, como especificaba Burns, por "generar interés" en una serie de actores globales y locales cuya actividad colectiva permitió que dichos artefactos se movilizaran para un público internacional. A diferencia de otras artes tradicionales de Perú, la cerámica de Chulucanas y los productos nativos como ella tenían como objetivo desanclarse de sus sitios de origen local y recibir una especie de permiso de circulación sin precedentes. Sin embargo, esas capacidades no eran características presentes de manera simple y natural en los artefactos nativos, o que se pudieran extraer de ellos sin esfuerzo, sino que finalmente requirieron nuevas inversiones de trabajo, energía y recursos de parte de distintos actores para su producción. Por tanto, no importa cuáles sean las implicancias de su nombre, los productos nativos de Chulucanas destacan emblemáticamente como una invención exclusiva, nacida de las dinámicas orquestaciones del Estado peruano y su red de socios transnacionales readaptada a la era de la información.

Aldeas emprendedoras

Investigadores críticos del neoliberalismo han señalado que el aumento de interconexión entre sitios locales y audiencias globales es esencial para las actuales condiciones de globalización económica (Appadurai 1996, 2001; Canclini 2001; Castells 1996; Harvey 2006; Ong 1999; Ong y Collier 2004; Sassen 1991, 2002, 2006). La adopción de estrategias no solo permite dicha interconectividad sino que también favorece la atracción de capital global e inversión extranjera, lo que los investigadores indican como esencial para las políticas neoliberales contemporáneas (Harvey 2005, 2006; Ong

1999, 2005, 2006; Ong y Collier 2004; Sassen 2006). En un esfuerzo por promover el crecimiento económico nacional y la acumulación de capital, los gobiernos buscan activamente liberalizar mercados regionales, maximizar el intercambio internacional y reducir barreras a los flujos financieros en las fronteras nacionales (Harvey 2005, 2006; Sassen 2006). En ese proceso, los intereses del gobierno se enfocan en lo exterior, saliéndose de la esfera de lo nacional y realineándose para privilegiar actividades e inquietudes ajenas a los dominios tradicionalmente nacionales. Es decir, los asuntos de Estado se reconfiguran para fomentar las condiciones que faciliten el ingreso de intereses transnacionales en la infraestructura nacional y las instituciones públicas, y para hacer que las economías nacionales se vuelvan permeables a las nuevas inversiones globales (Sassen 2006).

Los estudios académicos recientes que investigan estas tendencias han indicado que la globalización no ha conducido a una desintegración del Estado sino a su redefinición (Appadurai 2001; Castells 1996; Harvey 2006; Ong 1999, 2006; Ong y Collier 2004; Sassen 2002, 2006). Esos trabajos han demostrado que la participación activa de los Estados en los procesos de globalización económica se manifiesta en una serie de actividades nacionales recientemente generadas. Estas actividades incluyen el realineamiento de leyes nacionales, normas legales y legislación con los estándares internacionales promovidos por las organizaciones supranacionales y las principales economías industrializadas para internacionalizar los mercados nacionales. El reciente récord de drásticas reformas legales en Perú —conseguido pero no resumido por las políticas de choque y privatizaciones del régimen de Fujimori— no solo refleja estos desarrollos, sino que también representa unos de los modelos de liberalización económica más audaces de América Latina. Este trabajo generalmente implica nuevas actividades creativas, el diseño y construcción de nuevas infraestructuras y la introducción de nuevas "legalidades" para obtener compromisos financieros (Sassen 2006). Estas nuevas producciones son asumidas con la doble intención de atraer capital transnacional y de formalizar la seguridad de las firmas corporativas internacionales dentro de los dominios nacionales (Ong 2006).

Pero los estados no solo dedican renovadas energías a la reformulación de sistemas legales como consecuencia de sus estrategias orientadas al mercado. También consagran esfuerzos que le permitan ajustarse al desarrollo de nuevas urbanizaciones y zonas hipermodernizadas como sitios excepcionales de productividad económica y centros de coordinación para las transacciones financieras globales (Abrahamson 2004; Brenner y Keil 2006; Hackworth 2006; Massey 2007; Ong 2006; Sassen 1991, 2006; Scott 2001; Simmonds y Hack 2000; Taylor 2003). Estas llamadas ciudades globales sirven para concentrar el capital global y atraer nuevas inversiones internacionales, canalizando esos recursos hacia la creación de disposiciones espaciales, arquitecturas y formas espectaculares e hipermodernizadas. Investigadores de las actuales operaciones de globalización han estudiado precisamente el surgimiento de estas nuevas geografías y sitios urbanos posindustriales que abarcan las zonas empresariales y los polígonos tecnológicos (Abrahamson 2004; Ong 1999, 2005, 2006; Ong y Collier 2004; Taylor 2003).

Estos trabajos resaltaron que parte de las funciones centrales del Estado neoliberal son precisamente la producción, atracción y cuidado sostenidos de una amplia y competitiva gama de clases del conocimiento y expertos especializados atractivos para el capital global (Ong 1999, Zaloom 2010). Son estos sujetos cosmopolitas (calificados en técnicas de finanzas, leyes y gestión tecnológica y producción creativa) los responsables de trabajar con los intercambios económicos que atraviesan las redes del capital global (Sassen 1991; Ong 1999, 2005). A través de la implementación de nuevas tecnologías de la información e interconexión para coordinar las transacciones que el mercado permite en el espacio y el tiempo, estos profesionales urbanos del conocimiento se convierten a veces en entidades con movilidad internacional al asegurar el flujo constante y parejo de las finanzas (Ong 1999, 2005, 2006). Valorados precisamente por sus formas especializadas de conocimiento y su productividad optimizada, se permiten una forma emergente de privilegio transnacional que no solo les otorga facilidad de movilidad internacional sino que también amplifica su capacidad para obtener derechos legales y ejercer demandas flexibles, "de tipo ciudadano", en diversos lugares. Al no estar exclusivamente anclados en ninguna localidad y al viajar con pasaportes y documentos legales que autorizan una migración sin obstáculos, estos ciudadanos emprendedores comparten una cultura cosmopolita y una economía de consumo en sitios urbanos tan dispares como Londres, Tokio, Santiago y Nueva York (Abrahamson 2004; Ong 1999, 2006; Sassen 1991). En esos espacios tan dispersos intercambian y reúnen brillante y fluidamente gustos, estilos de vida e imaginarios propios de las clases del conocimiento de la alta modernidad.

Sin embargo, el trabajo contemporáneo del Estado peruano en Chulucanas y sus artesanos demuestra que el despliegue de estas tendencias no ha dejado desconectados a los espacios o poblaciones rurales locales. El mercado busca optimizar la producción y descubrir nuevas mercancías, permitiendo así a los espacios marginales y poblaciones tradicionales adquirir selectivamente nueva relevancia. Dicha relevancia se basa no solo en la posibilidad de técnicas únicas y potencialmente no industrializadas de producción, sino también en la peculiaridad del mercado adquirida a través del vínculo que el producto mantiene con las comunidades tradicionales y localidades remotas o rurales fuera de los circuitos de las ciudades globales y sus clases profesionales. En paralelo con las ciudades globales emergentes, en donde pueden concentrarse en la labor productiva de los trabajadores urbanos del conocimiento y los patrones compartidos de consumo, surgen nuevos satélites rurales, o lo que se puede denominar *aldeas empresa*. En estos remotos espacios, se puede hacer que las formas únicas de producción sean hipereficientes. Estas eficiencias productivas se obtienen no solo con criterios de escalas de tiempo y costos de fabricación, sino también con la producción de mercancías diversas que van desde cerámica indígena hasta chips de computadora y que capturan el potencial de mercado en el conocimiento tradicional y la alta modernidad. Las nuevas herramientas y recursos de la economía de la información (entre ellas, instrumentos legales tales como los títulos de propiedad intelectual) han tenido un rol clave en la conexión de los sitios rurales con los canales globales de intercambio y en la distinción de los mismos como socios de red óptimos, en comparación con otros sitios rurales y potenciales competidores.

Si bien la globalización crea nuevos alineamientos territoriales, no se limita solo a dividir el espacio en geografías uniformes de inversión urbana y desinversión rural o a clasificar a las poblaciones en categorías de privilegio económico urbano y de abyección rural y remota. Los trabajadores del conocimiento de las ciudades globales surgen como activos participantes modelo en los mecanismos del capital global, pero también lo hacen aquellos sujetos rurales llamados a participar en la optimización de espacios productivos del mercado global. Si bien las clases del conocimiento cultivan un estilo de vida desarrollado dentro de un circuito de sitios hipermodernizados, la participación de los sujetos rurales permite que dicha red se extienda y ocupe nuevos espacios marginales. Y a través de esas reubicaciones, los sujetos rurales e indígenas pueden ahora emerger como una nueva variedad de trabajador del conocimiento. Incorporados en la red del capital global como guardianes del conocimiento tradicional, los artesanos rurales invierten su propio trabajo creativo en los mercados globales. Y lo hacen como una clase especializada de trabajadores cuya energía productiva está autorizada y habilitada, no solo por la posesión y uso de pasaportes y otros recursos del Estado moderno (Ong 1999), sino también por la posesión y el empleo de herramientas artesanales tan simples como una paleta de madera.

Ahora, los sujetos rurales e indígenas pueden incorporarse no solo como contribuyentes potenciales a la economía global, sino como participantes modelo de la misma, lo que constituye un celebrado logro del Estado peruano. Esta conciencia de los artesanos como potenciales trabajadores creativos capaces de extender los márgenes de inclusión en la economía del conocimiento permite que el énfasis de las políticas de desarrollo llevadas a cabo por el Estado en Chulucanas se concentre en ellos. Además, no se ha desarrollado suficiente trabajo para reformar las condiciones externas a Chulucanas que afectan el consumo y circulación de productos artesanales. No se ha trabajado lo suficiente para penalizar o disminuir los incidentes de "piratería" local (o no nacional) de cerámica chulucaneña –ni para mermar el número de copias vendidas en tiendas de Lima, Ecuador o China–, ni tampoco para educar a los consumidores y exportadores acerca de las raíces históricas y culturales que distinguen a la cerámica de Chulucanas. Por el contrario, los esfuerzos se han enfocado en "capacitar" a los artesanos rurales en técnicas de *marketing* internacional y mentalidad empresarial y en convertir a sus talleres en zonas de producción eficientes. Desde que comenzó el desarrollo de la denominación de origen para Chulucanas, Mincetur e Indecopi han organizado clases de rutina y conferencias para los artesanos chulucaneños a cargo de exportadores internacionales, consultores de mercado y profesionales de ingeniería y diseño de Lima. La idea ha sido redefinir las habilidades de los fabricantes de cerámica para que dejen de comportarse como artesanos provincianos y se muestren como emprendedores sofisticados, conocedores del mercado y poseedores de derechos de propiedad intelectual que pueden respetar y dominar la lógica del mercado global. O como me dijo Burns posteriormente:

> Creo que a lo que todos nos suscribimos es a la competitividad. Y la responsabilidad del Estado en ese aspecto es lo que ha desarrollado a través de talleres, marcas legales, proporcionando herramientas e infraestructura. Esta es una unión de políticas dirigidas a mejorar la competitividad y la utilidad del productor, que es parte de esta área de crecimiento [nacional].

Este nuevo cambio de interés en el potencial productivo de las poblaciones tradicionales y los sujetos indígenas también se ha reflejado en los ajustes institucionales de Indecopi. Esta institución, establecida bajo las reformas neoliberales del gobierno de Alberto Fujimori durante los años noventa, tiene como misión reforzar los derechos de propiedad privada y coordinar el sistema de propiedad intelectual y patentes de Perú con los sistemas de las principales economías industrializadas. Considerada por muchos funcionarios del gobierno como una de las oficinas públicas más eficientes, se opina que las reformas de Indecopi orientadas a la propiedad intelectual han asegurado, protegido e incrementado las inversiones privadas, tanto extranjeras como nacionales, durante las últimas dos décadas. No obstante, hasta hace poco, Indecopi tenía una mínima relevancia para la mayor parte de la población peruana que vivía fuera de las ciudades o para las poblaciones indígenas dispersas en todo el país que históricamente han vivido desconectadas del Estado.

El reciente desarrollo de títulos de propiedad intelectual para comunidades rurales, como Chulucanas, marca un cambio de política decisivo para que Indecopi innove y ofrezca herramientas legales para las poblaciones no urbanas e indígenas del Perú. En los últimos años, Indecopi abrió dos nuevas oficinas que tienen el objetivo de trabajar con las comunidades rurales y tradicionales que ahora se consideran clases productivas relevantes. Existe la idea de que, una vez empoderadas con estas herramientas, dichas clases alcanzarán sin inconvenientes su potencial productivo. Además, entre las directivas recientemente instituidas por la oficina, está el objetivo de establecer cada año dos nuevos títulos de propiedad intelectual como denominaciones de origen para productos artesanales y agrícolas tradicionales. De hecho, aunque en 2005 solo existían dos denominaciones de origen en Perú (la del pisco y la del maíz gigante del Cusco), desde entonces, el número de denominaciones de origen activas se ha cuadruplicado. Después de la denominación de origen de Chulucanas, se ha emitido nuevos títulos para los cafés de Villa Rica y Huadquiña, los pallares de Ica, la calabaza loche de Lambayeque, la maca de Junín y la chirimoya de Cumbe —y hay cinco más en trámite al momento de escribir este libro. Los funcionarios de Lima también han comenzado últimamente a viajar a zonas rurales remotas para visitar comunidades indígenas y organizar talleres que las motiven a crear inventarios y archivos de hierbas, plantas y medicinas tradicionales de las cuales se podría extraer un material patentable.

Pero si el Estado peruano ha comenzado a expandir su enfoque de las zonas y sujetos urbanos a lugares rurales y comunidades tradicionales que han sido históricamente olvidados, es crucial que haya empezado a hacerlo aprovechando el potencial transformador que ve en la propiedad intelectual. Tales capacidades transformadoras pueden canalizarse de distintas maneras a través de estas fuentes de información. En primer lugar, el uso de la propiedad intelectual por parte del Estado inserta la *cultura* en una lógica de propiedad de la información que le otorga un valor dual. Aunque la propiedad intelectual reconoce en este caso el valor inherente de la cultura, también exige que sea transformada con el fin de extraer su potencial de mercado. En segundo lugar, la propiedad intelectual introduce a la cultura en una red global de relaciones e infraestructuras que sostiene estas optimizaciones. Esto incluye los ministerios, las entidades gubernamentales supranacionales, las corporaciones transnacionales y las ONG internacionales. Y en tercer lugar, la propiedad intelectual permite enfocarse selectivamente, no en todo el conjunto de ciudadanos que comparten un interés en la cultura, sino solo en sujetos considerados legítimos, es decir, "titulares de derechos de propiedad intelectual". Así, las inversiones solo van a aquellos individuos emprendedores que son más capaces de interconectar las relaciones productivas de la propiedad intelectual.

Precisamente esta capacidad de optimizar el potencial del mercado es lo que enfatizó Madeleine Burns cuando dijo "mejorar" y crear un "nuevo capital" en Chulucanas. Curiosamente, si los títulos de propiedad intelectual se aplican ahora a la cerámica chulucaneña, es a través del razonamiento de que la optimización de la cultura es en verdad posible. Desde el punto de vista del capital global, se debe obtener, de forma continua, nuevas eficiencias en la producción y mayores márgenes de ganancia, y la propiedad intelectual es una herramienta para este nuevo trabajo. Lo que Burns no dice es que en verdad no existe un bien absolutamente "perfeccionado". Los bienes tradicionales –así como las zonas rurales donde se originan– solo pueden estar en proceso de mejora, vistos siempre como imperfectos y sujetos a reformas para cumplir con las cambiantes demandas del mercado.

Una de las principales justificaciones para la aplicación cultural de los títulos de propiedad intelectual (es decir, que una cultura indígena no contaminada, o un territorio virgen y natural, pueda recibir la protección y el reconocimiento públicos por su pureza "nativa", según dichos títulos legales) no se da en este caso.

Quizás la prueba más evidente de ello sea la función excluyente de la denominación de origen de Chulucanas y el hecho de que la gran mayoría de artesanos de ese pueblo no tendrán derecho a ejercer el título de propiedad intelectual o ser beneficiarios de sus recompensas. De los más de cuatrocientos artesanos con talleres en el pueblo, solo a seis se les ha otorgado el derecho de usar el título de propiedad intelectual hasta la fecha. Aunque esto parezca extraño, los desarrollos locales en Chulucanas sugieren que en realidad es un efecto intencional de las iniciativas gubernamentales electrónicas del Estado, a través de las cuales los distintos actores (entre ellos, los artesanos rurales, los representantes del Estado ubicados en Lima y los exportadores globales) dedicados al mercado de cerámica chulucaneña se alinean en una alianza selectiva. El Estado asume el trabajo de cultivar *relaciones flexibles* (o lo que los artesanos describen como *relaciones de promiscuidad*, como veremos en el capítulo 3) entre actores con intereses diversos y a menudo opuestos. Son los nuevos vínculos entre estos actores (y ya no los lazos generacionales o familiares con la fabricación de cerámica o los vínculos con el ambiente y los recursos que son parte de dicha creación) lo que ahora determina cómo se canalizarán los beneficios, recompensas y protecciones.

No obstante, no es solo la oportunidad de cosechar nuevos beneficios económicos lo que empuja a estas agrupaciones interconectadas y a distintos actores a unirse en alianzas. Es también la promesa de una "conexión global" y la oportunidad para sujetos en distintas ubicaciones de expandir su influencia individual y realizarse como competidores específicos con capacidades globales para mantener ese tipo de redes. Estas agrupaciones están inspiradas en lo que los teóricos políticos Andrew Barry, Thomas Osborne y Nikolas Rose (1996) describen como la promesa de una "[...] forma de política más allá del Estado [...] [que] enfatiza el valor político crucial de la movilización y la formación de capacidades y conductas individuales". Paradójicamente, integrarse a relaciones interconectadas que promulgan la capacidad de construir "independientemente" vínculos con autoridades que no son del país se vuelve una forma de obtener reconocimiento del Estado. Pero si el caso de Chulucanas demuestra algo, es que no hay ausencia de contradicción. Las redes canalizan la riqueza en la misma medida en que la niegan. Las relaciones de eficiencia y productividad en las que se basan las nuevas fortunas socavan simultáneamente las relaciones preexistentes de vida comunal y las relaciones productivas dentro de ellas. La tradición, el conocimiento ancestral y la cultura emergen, no como objetos reverenciados o sagrados que merezcan protección, sino como objetos que son más bien sumamente maleables, porosos, flexibles y sujetos a nuevas influencias en lo material y en lo informacional. En un mundo en el que la oportunidad y la seguridad económicas son percibidas como algo escaso, pareciera que se asumen voluntariamente nuevas formas de riesgo individual como una manera de intentar minimizar otros riesgos sociales y económicos. Y aunque estas condiciones sean preocupantes, lo paradójico es que las historias de éxito abundan.

La red de la fortuna

Aunque la iniciativa estatal de promover la propiedad intelectual en Chulucanas tiene apenas unos cuantos años, el trabajo de convertir a su cerámica en un producto "nativo" exportable comenzó en realidad hace más de una década, como parte de un gran proyecto de desarrollo, de 40 millones de dólares, financiado por la Agencia para el Desarrollo Internacional de los Estados Unidos (USAID, por sus siglas en inglés), la oficina del gobierno estadounidense que financia programas de desarrollo global. El proyecto buscaba revitalizar la economía rural de Perú y restablecer la confianza de los consumidores extranjeros en los mercados locales en el periodo posterior al conflicto armado interno iniciado por el movimiento maoísta Sendero Luminoso, un conflicto que duró más de dos décadas (de hecho, USAID continúa su financiamiento para "promover la seguridad nacional de los Estados Unidos, así como su política exterior y la Guerra Contra el Terrorismo"). A través del desarrollo de mercados de exportación para artesanos, USAID esperaba reconstruir comunidades que habían experimentado décadas de intranquilidad y trastornos económicos durante el conflicto armado interno, y emprender medidas para prevenir el resurgimiento de Sendero.[1] Para realizar el proyecto a escala local, USAID se asoció en Perú con la Comisión para la Promoción de Exportaciones (Prompex), la Asociación de Exportadores (ADEX) y la organización estadounidense sin fines de lucro, Aid to Artisans (ATA).

Cuando Burns se dirigió ante la audiencia, hizo énfasis en que la capacidad de la propiedad intelectual para generar "nuevo capital" y a la vez "mejorar" sinergéticamente a los artesanos y productos es crucial, precisamente porque esas nuevas inversiones en propiedad intelectual en Chulucanas en realidad buscan optimizar la diversidad de inversiones internacionales previas. No es una exageración decir que las nuevas inversiones orientadas a la propiedad intelectual en Chulucanas fueron otorgadas basándose en su historial de producción económica comprobada, y que su actual otorgamiento no solo reconoce el desempeño pasado sino las expectativas de una mayor productividad futura.

En realidad, para las instituciones involucradas en el desarrollo del mercado exportador de Chulucanas, el caso sirve como ejemplo emblemático del éxito de sus esfuerzos. Y cuando los socios del proyecto describen el desarrollo de Chulucanas, no escatiman palabras para describir el poder salvador (casi trascendental) del mercado global. Los participantes me contaron con entusiasmo que, hacia al final del proyecto, se habían creado miles de nuevos empleos y que las exportaciones de artesanías habían crecido más del doble a escala nacional, alcanzando un total de 23 millones de dólares, de los cuales la mayor parte provino de la venta de cerámica

1. En realidad, la acción de Sendero Luminoso en las regiones de Piura y Cajamarca fue mínima, en comparación con la violencia experimentada por las comunidades de los Andes del sur y el centro y la selva. Gran parte de esto se debió a los grupos de ronderos organizados por los campesinos en las provincias del norte. Fueron tan efectivos en detener el ingreso de Sendero, que eventualmente recibieron un patrocinio del Gobierno peruano para continuar con su trabajo. Sin embargo, lo interesante es que a pesar del impacto mínimo del terrorismo en las provincias del norte, igual se invoca sus efectos para justificar la intensa intervención del Estado y las fuerzas del mercado en la zona.

de Chulucanas. Hasta los años setenta, las piezas de cerámica de este pueblo eran objetos relativamente escasos que solo se podían encontrar en contadas tiendas especializadas en Lima, Europa y los Estados Unidos, en donde alcanzaban precios de más de 150 dólares. O un consumidor decidido, también podría haberlas encontrado en algunos talleres de Chulucanas, en donde las piezas (cuyo método de producción tradicional a mano limitaba el número de ejemplares obtenidos a una docena por semana) podían comprarse por un tercio de lo que se vendían en tiendas urbanas y extranjeras. La colaboración entre USAID, ADEX y ATA transformó todo aquello, "modernizando" las técnicas y los espacios de producción tradicionales, "optimizando" los talleres y sus producciones, aumentando enormemente la distribución global, y ampliando la base para el consumo internacional.

A finales de los años noventa, la cerámica chulucaneña ya no era la misma. Se la podía encontrar fácilmente en los mercados turísticos baratos y en las tiendas de *souvenirs* de lujo en Lima. Cadenas estadounidenses, desde Neiman Marcus y Pier One hasta Target y Ten Thousand Villages, la vendían. Al ser cada vez más visible como un bien atractivo para el capital extranjero, comenzaron a circular versiones "piratas", primero en mercados regionales, después en Lima y en otros lugares. Además, esto afectó los patrones de trabajo en Chulucanas, donde la cantidad de talleres y trabajadores capacitados comenzó a aumentar. A inicios de la década de 1980, apenas una docena de artesanos eran representados por la asociación de artesanos más antigua de Chulucanas, la Asociación de Ceramistas de Vicus. Actualmente, están asociados más de doscientos artesanos. Quizás lo más revelador sea que la Asociación Vicus ahora es solo una más entre otras cinco asociaciones de ceramistas, que a veces compiten por ser reconocidas como representantes de los ceramistas chulucaneños. En unas pocas décadas, la cerámica de Chulucanas ha pasado de la relativa oscuridad pública a convertirse en uno de los artes populares y exportaciones rurales más reconocibles de Perú, tanto, que en 2005, el Gobierno le otorgó la denominación de Producto Bandera, el único arte popular entre las cientos de tradiciones artesanales peruanas distinguido con ese título.

Sonia Céspedes fue la socióloga y consultora de desarrollo contratada por ADEX a mediados de los años noventa para llevar a cabo una evaluación técnica de las condiciones de producción. Ella estuvo entre las primeras profesionales del equipo que llegó al pueblo de Chulucanas en 1995 para participar en el proyecto de desarrollo y trabajar con los artesanos. Se pasó los siguientes años de su vida viajando de Lima a Chulucanas, estableciendo los cimientos de lo que ella llamó la revolución tecnológica de Chulucanas y trabajando con otros consultores económicos y de diseño y con los artesanos chulucaneños. Hablé por primera vez con ella en la oficina de su casa en Lima, en Surco, un distrito de clase media, en donde también ha construido una extensión para su propio estudio y taller de cerámica. A lo largo de las paredes de su casa se puede observar varios ejemplos de su trabajo y se nota en algunas piezas la influencia de la técnica de diseño negativo-positivo, uno de los rasgos característicos de la cerámica chulucaneña. No ha viajado a Chulucanas en varios años, pero habla con mucho cariño de las colaboraciones que ayudó a forjar ahí, las duraderas relaciones que surgieron de ellas y la historia que, según me cuenta, cambió su vida. Durante nuestra conversación, pregunta por varios artesanos llamándolos por sus nombres, y también quiere saber sobre las novedades y los cambios de determinados lugares y locales. Luego me entero que es la madrina del hijo de uno de los artesanos más prominentes de Chulucanas.

"Fue una de las experiencias más importantes de mi vida profesional", me cuenta. "Este tipo de fortuna es algo que uno no siempre encuentra en su vida profesional, esta suerte de encontrarte con las personas correctas en cada eslabón de la cadena". Menciona más de una docena de nombres del personal de USAID, exportadores de Lima, diseñadores de los Estados Unidos y artesanos de Chulucanas con quienes trabajó, que se volvieron parte de una "cadena que nos llevó a la libertad". Señala que para que la red funcionara como lo hizo, cada participante debía comprender qué parte y qué identidad definida debía llevar a cabo. Lo remarca para dejarlo claro: "Cada persona clave tuvo un rol y cada uno tuvo su lugar. De manera que fue a través de esta confluencia de todas estas profesiones y roles profesionales que surgió esta fortuna".

El proyecto identificó una serie de objetivos clave, incluida la necesidad de hacer "mejoras" en la calidad, diseño y precio de la cerámica chulucaneña para que se volviera exportable. Sin embargo, recuerda que no fue una tarea sencilla convencer a los artesanos de Chulucanas de participar en la sociedad orientada a la exportación o de asumir los roles que dicho modelo colaborativo les asignaba. "Te diré que en verdad trabajaba como hormiga. Se necesitó mucho esfuerzo. Tuve que ir tocando de puerta en puerta, hablando con cada taller y cada artesano acerca de los beneficios que este proyecto traería". La mayoría de artesanos con los que habló respondió con desinterés o con un marcado rechazo a su invitación. Un pequeño grupo (no más de cuatro, recuerda ella), a pesar de la resistencia de la mayoría de sus compañeros artesanos, decidió finalmente cooperar con el proyecto:

> Este pequeño grupo tenía mucha fe, y fue este pequeño grupo el que se volvió la fuerza impulsora de Chulucanas [...] Claro que hubo muchos que al inicio no estaban de acuerdo, pero no ahora. Ahora es otra Chulucanas [...] Los exportadores les dijeron: 'Chulucanas, ¡mejora tus diseños, tu producción, tu calidad, tus precios, y nosotros también nos comprometeremos!'. Es por eso que te digo que cada eslabón en la cadena tenía una fe muy firme. ¡Y nos lanzamos a esta maravillosa aventura! ¡[Una aventura] no porque no supiéramos a dónde estábamos yendo, sino porque lo sabíamos y tuvimos el valor de creer que todo iba a salir bien!

Rechazado en Chulucanas por sus reformas iniciales, el equipo para la exportación se podía considerar "atrevido" y "rebelde" precisamente porque se enfrentaba a tradiciones alfareras largamente respetadas y a las condiciones sociales que buscaban conservarlas. Si los reformadores para la exportación provocaban el desprecio del pueblo, era en gran parte porque su proyecto buscaba introducir transformaciones radicales que amenazaban con desestabilizar el mundo social de la elaboración de cerámica en torno al cual se habían formado la comunidad, las costumbres y la historia de las creencias colectivas. Pero el lenguaje de desafío adoptado por los exportadores supone tener el valor de "alejarse" y "rebelarse" contra un espacio compartido de tradición conservada. En otras palabras, es un lenguaje que los sitúa al lado de los artesanos de Chulucanas, como si los uniera una alianza compartida en el pasado. Los exportadores omiten el hecho de que dichas identificaciones nunca existieron en realidad, un hecho eclipsado más bien por la visión de un futuro construido con valentía y proyectado por sus propuestas de reforma. Y si suscribirse a la agenda de reformas proexportación demandaba que los artesanos participantes demostraran una "fe" que los exportadores pudieran reconocer, esto es revelador porque los artesanos debían rebelarse contra las normas establecidas por la comunidad antes de asociarse con la banda de extranjeros desconocidos cuyo llamado al cambio había perturbado al pueblo.

Uno de los cambios más controvertidos que exigía la asociación era que los artesanos bajaran radicalmente sus precios a la cuarta parte, reduciendo de forma drástica el costo de una pieza de cerámica que según Céspedes originalmente habría tenido el "inconcebible" precio de 30 dólares. Los precios se ajustaron a 7 dólares para la misma pieza de cerámica, un cálculo derivado del análisis del costo y disponibilidad de las materias primas necesarias para la producción. La arcilla, cuya fuente era la tierra local, se vendía barata y era un suministro abundante. Y esta evidencia se podía usar para persuadir a los artesanos de que las anteriores escalas de pago para la mano de obra estaban sobrevaloradas, lo cual generaba una nueva oferta de trabajo no remunerado. Céspedes recuerda:

> Nunca impuse nada a los artesanos. Les decía, "miren este estudio [económico] que estoy completando con ustedes. Hemos ido a las canteras de arcilla y hemos comprado arcilla juntos, y hemos visto que los precios [que ustedes piden] son muy altos. Ustedes están triplicando el precio de un producto que no es de calidad. ¿Por qué no revertimos este modelo y primero bajamos el costo de las cerámicas en un tercio? Tienen que ser conscientes de cuánto va a ganar el exportador [...] Tienen que saber cuánto es el porcentaje de ganancia para que puedan aprender a negociar y saber hasta cuánto pueden subir y bajar sus precios [...] Porque esto no se trata de que a mí me guste algo o no. Todo tiene una explicación técnica, una explicación matemática. Estas cosas no se hacen con el corazón, sino *con la razón*".

Si Céspedes tuvo que esforzarse en traducir la matriz de precios de los exportadores, fue porque en verdad buscaba desafiar el sentido común de los artesanos que estaba enraizado en la vida local y la producción tradicional. Los precios, según la lógica de los exportadores, no debían ser determinados por el apego "romántico" a una tradición artesana o una sobrevaloración sentimental de la cultura local entre ellos, sino que debían basarse en la razón, en evaluaciones técnicas de la dispersión externa de las ganancias. De acuerdo con dicho análisis, el potencial de mercado de la cerámica chulucaneña había estado "irracionalmente" inhibido por las tradiciones y sentimientos locales de producción. Para asegurar una distribución eficiente de productos locales y un reparto de ganancias que no se limitara a los artesanos de Chulucanas, sino que llegara a una serie de actores en todo el planeta, se requerían nuevas evaluaciones y formas expandidas de trabajo no local. Dichos análisis reevaluaron, de modo efectivo, el trabajo local de los artesanos, determinando qué formas previas de artesanías regionales y producción artesanal estaban excesivamente remuneradas, y reconociendo por primera vez las formas distribuidas de trabajo no local como mal remuneradas. Sería en estas nuevas extensiones de trabajo no local donde se podría captar las ganancias de la cerámica chulucaneña y en las que se debía basar el desarrollo del "potencial de mercado".

Céspedes dedicó mucho trabajo a dictar talleres para que estos artesanos conocieran este mecanismo del mercado global y las formas en que se debía deducir los precios de las mercancías y los márgenes de ganancia. "Tuvieron que aprender a pensar así [...] [Así que les dije] déjenme compartir esto con ustedes para que puedan usarlo, en lugar de protestar, porque les va a ayudar". También organizó a los artesanos en equipos que trabajarían con cada una de las tres compañías exportadoras principales –ALLPA, American Trading y Berrocal, Ltd.– en Chulucanas. Recuerda vívidamente que, al principio, sus sugerencias la volvieron objeto de agravios entre los artesanos chulucaneños. Sin embargo, ella insistió en que para progresar se tiene que tener una "mente abierta, profesionalismo, convicción en el producto", y sobre todo, el "valor" de adoptar el cambio radical, incluso contra el deseo popular.

Pero si los actores proexportación como Céspedes adoptaron una narrativa de cambio que apelaba a la valentía, es importante tener en cuenta que, desde el punto de vista de los artesanos de Chulucanas, su trabajo de reformas podría describirse no como valiente sino como brutal, no solo porque, con el fin de desarrollar nuevas extensiones de mercado, sus reformas orientadas a la exportación afirmaban que valorar las técnicas tradicionales era un error, sino porque también dichas reformas implicaban disminuir el valor real del trabajo local. Y si los reformadores proexportación encontraron una resistencia inicial por parte de los miembros de la comunidad de Chulucanas, que casi se oponían en general a su ingreso, era porque su trabajo implicaba que la elaboración de artesanías locales y las formas de producción rural estaban "sobrevaloradas". Según informes de los reformadores, estas eran las ineficiencias de mercado que intentaban corregir. Sin embargo, ese trabajo solo podía sostenerse con la colaboración local. Y Céspedes, que aún trabaja como consultora para proyectos de desarrollo rural y viaja por toda América Central y del Sur, afirma que ella se encargó de garantizar estos compromisos locales. "Al final, mis capacitaciones se volvieron tan importantes que primero, ¡todos [los que trabajaban en cerámica] querían ser capacitados! Los exportadores solo querían trabajar con los artesanos que habíamos capacitado, e incluso pedían certificaciones de nuestra capacitación".

Pero la popularidad que eventualmente ganaron los talleres de Céspedes y su prédica promercado muestra algo curioso en la lógica neoliberal y los mecanismos de reclutamiento de nuevos participantes. Si los reformadores enfrentaron una resistencia casi uniforme por parte de los miembros de la comunidad a su llegada inicial, los sucesos que tuvieron lugar en Chulucanas demuestran que combatir dicha oposición —y convertir a los opositores en aliados—, y luego garantizar la difusión continua de la lógica exportadora, eran metas alcanzables. Si el desarrollo del mercado de exportación de Chulucanas demostró ser audaz fue, quizás, porque logró socavar la resistencia y el desprecio acérrimos que los reformadores enfrentaron inicialmente. En el proceso, los reformadores se podían transformar a sí mismos discursivamente. Los que insistían en la sobrevaloración de la cultura local como un error del mercado podían después mostrarse como defensores de las posibilidades de una nueva riqueza para Chulucanas. E incluso si esas nuevas ganancias iban a dar principalmente a los actores fuera de Chulucanas —o al reducido grupo de artesanos que se "arriesgó" primero a unirse con los exportadores—, los reformadores podían hablar en términos populistas, insistiendo en que la posibilidad de adquirir riqueza estaba al alcance de cualquiera capaz de entender la lógica del mercado y que tuviera la disposición de pensar "más allá de su corazón".

Si los predicadores proexportación pudieron insistir en su naturaleza rebelde, fue en parte gracias a su habilidad para conciliar las tensiones en su evangelio y a su capacidad de convertir a sus críticos más mordaces en sus socios más determinados. En el proceso, los reformadores proexportación también pueden volver a convertirse en los más efusivos defensores y voceros de la vida comunal y la cultura local. En particular, Céspedes no esconde sus emociones cuando remarca que la cultura de Chulucanas está más viva que nunca. En un tono cuidadoso, me dice: "Hoy Chulucanas se ve como si fuera una ciudad llena de artesanos [...] La cultura vicus ya no va a morir. Es algo transcendental". Y no puedo evitar el deseo de creerle.

Una conciencia interconectada

En una tarde soleada de verano, de noviembre de 2006, Javier Escandón habla a una sala llena de artesanos en las oficinas del Centro de Innovación Tecnológica (CITE), dirigida por Mincetur, en Chulucanas. Su alta figura arroja una larga sombra sobre el brillo azul de la proyección en PowerPoint a sus espaldas. Su presentación tiene como objetivo preparar a los artesanos que escuchan la charla para la próxima exposición internacional de artesanías en Lima, Peru Gift Show. La exposición, organizada conjuntamente por Mincetur y Prompex, es *el* evento nacional del año para las ventas de arte popular. Atrae a miles de compradores extranjeros que vienen en busca de artesanías peruanas locales y sus proveedores.

Estos compradores llegan con la misión de elegir entre los cientos de artesanos y proveedores disponibles (ubicados en filas de *stands*), a uno con quien finalmente hacer negocios. Para los compradores, esta asociación significa repisas y salas de ventas llenas para los consumidores de Europa y los Estados Unidos. Para los artesanos, se traduce en meses de trabajo estable para ellos y su equipo de trabajadores contratados. El acceso a estas ferias es muy codiciado porque se trata de uno de los principales espacios que tienen los artesanos para asegurar contratos y construir nuevas relaciones con compradores internacionales. No obstante, ya que los vendedores pueden poner sus *stands* solo con invitación, al final, únicamente dos de los artesanos de la sala viajarán a Lima para participar. En realidad, los dos artesanos que viajen, de los pocos en todo Chulucanas que tienen un registro establecido para contratar y completar grandes pedidos de exportación, ya han viajado a la feria antes. Sin embargo, las aproximadamente dos docenas de artesanos restantes en la sala que han asistido para escuchar la presentación de Escandón saben que su consejo les servirá de todas formas. Después de todo, la historia del trabajo de Escandón en Chulucanas comenzó hace más de una década, cuando era director del proyecto de ADEX y Aid to Artisans en el lugar, e igual que Céspedes, mantiene vínculos con muchos artesanos que trabajan ahí. Y lo más importante, sus lazos con los exportadores en Lima, en particular con los tres mayores exportadores de cerámica de Chulucanas, todavía son fuertes.

La diapositiva que muestra Escandón proyecta la imagen de la moderna sala de un hogar de clase media de un consumidor final no especificado. Con el texto "vida, paz, tranquilidad, seguridad y naturalidad" escrito debajo, el hogar exhibido podría ser cualquiera de Lima, Nueva York o Londres. Para Escandón y los artesanos para los que está diseñado este taller, la especificidad geográfica importa muy poco. Su propósito es más proyectar una imagen del consumidor global, expresar los valores y la identidad del consumidor contemporáneo plasmados en el interior doméstico que se proyecta en la diapositiva, y orientar la conciencia de mercado de los artesanos locales de acuerdo con ello. Escandón les dice:

> Lo que uno busca es una sensación de paz, de tranquilidad, especialmente porque hoy vivimos en un mundo muy violento [...] y cuando miras el producto, no debe confundirse con algo venido de Estados Unidos o Europa. [Debe] capturar *nuestra* identidad [...] [y] aun así ser reconocido al otro lado del mundo, que inicie un diálogo global.

Una manera de entender lo que quiere decir es que los artesanos deben verse a sí mismos como responsables de la creación de "diálogos globales" con consumidores que son culturalmente distintos y se encuentran dispersos alrededor del mundo. Y busca subrayar que si los artesanos pretenden seducir al mercado global, sus productos "globalmente dialógicos" tienen que ser tradicionales y modernos a la vez. Tienen que ser capaces de entregar un bien tradicional y cultural y ser plenamente conscientes del "diálogo global" en el que el producto ahora debe operar. Y tienen que hacerlo cumpliendo además las demandas de producción a gran escala, así como las expectativas de "alta" calidad del mercado internacional. En otras palabras, deben ser capaces de dividir sus consciencias entre los deseos y ansiedades que fluyen en el mundo local de Chulucanas, los del importador extranjero que navega en el mercado de Lima buscando bienes exportables, y los del consumidor final anónimo al otro lado del mundo.

Los deja con un consejo fundamental:

> Cuando van a una feria internacional, lo último que tienen que hacer es confundirla con un mercado para turistas [...] Hemos visto que estas ferias requieren visión y capacidad de exportación, conocimiento de cada uno de los productos que serán enviados, de los precios de productos que ya han sido fijados según el análisis de mercado [...] Porque cuando estos compradores vienen, no vienen a pasear. Y es muy importante tener esto en mente porque es algo que los puede convertir a ustedes en potenciales socios de un importador, algo que los calificará como "personas con potencial" con las cuales es posible construir una relación sostenible en el tiempo.

Escuchando la presentación de Escandón en la que anima a los artesanos a considerar el "diálogo global" que sus artefactos deben estimular y a convertirse en "personas con potencial" a través de su participación en el mercado internacional, es fácil imaginar este discurso como parte de una clase universitaria acerca del consumo global. Si este es el trabajo de desarrollo y reformas del siglo XXI que se está llevando a cabo en estos talleres de formación de capacidades, ciertamente no comparte la misma misión condescendiente e iluminada de las escuelas del siglo XIX, que fueron proyectos del Estado moderno y neoliberal (Alonso 2005; Barry, Osborne y Rose 1996; Joseph y Nugent 1994b; Mallon 1994; Rockwell 1994; Rose 1999; Wilson 2001). Bajo la visión del mundo de la nueva élite gobernante del naciente Estado peruano, las poblaciones remotas, rurales e indígenas del país eran consideradas "ignorantes, defectuosas e incivilizadas" (Wilson 2001: 326). Dichas poblaciones podían ser incorporadas a la nación como ciudadanos modernos, pero solo después de haber sido transformadas por el primer proyecto educativo nacional de Perú. José Carlos Mariátegui, uno de los pensadores políticos de mayor renombre en América Latina, de tendencia socialista y que trabajó como periodista durante los primeros años del siglo XX, había señalado la naturaleza explícitamente "colonial" que se mantenía a través de la política educativa nacional y criticado a un sistema que consideraba a los indígenas como una raza "inferior", en lugar de ciudadanos "iguales", en su famosa obra *Siete ensayos de interpretación de la realidad peruana*, de 1928. Sin embargo, las palabas de Escandón, a diferencia del discurso civilizador que adoptaron las élites republicanas de los siglos XIX y XX, no son condescendientes ni pretenden elevar, iluminar o salvar a sus oyentes rurales a través de la razón. Su discurso está más bien cargado de la firme ética del "¡Tú puedes!", y conlleva una fe inquebrantable en que los individuos productivos y "personas con potencial" que tiene ante él (sin importar lo lejos que estén de los centros de transacción financiera y sus clases de conocimiento urbano), pueden ser responsables de mejorar sus propias condiciones, y que solo necesitan la oportunidad de competir libremente en el mercado para demostrar su capacidad de hacerlo.

Fiel a su propia fe, Escandón le otorga a los mercados el potencial de liberar a los sujetos y las zonas rurales de una condena a la eterna pobreza, presentando a los mercados globales como una opción "[...] que si es correctamente empleada, tiene la capacidad de transformar completamente el universo de los marginados y los vulnerables" (Comaroff y Comaroff 2001: 3). Los investigadores críticos del neoliberalismo han descrito esto detalladamente: la forma en que los defensores del libre mercado apelan al potencial salvador del capitalismo milenario cuando predican su evangelio (Comaroff y Comaroff 2001, 2005). Pero hay una diferencia crucial en este caso. Mientras que el capitalismo milenario se presenta como salvador de sujetos, en este caso, la redención depende del desarrollo de personas capaces de salvarse a sí mismas. Estas personas son abordadas por una lógica neoliberal que "[...] no busca gobernar a través de la 'sociedad' sino a través de elecciones reguladas de ciudadanos individuales, considerados ahora como sujetos capaces de elegir y con aspiraciones de realización y desarrollo personal". Al ser considerados como "sujetos capaces de elegir", los individuos son gobernados usando una lógica que persigue "[...] implantar en los ciudadanos la aspiración de buscar su propia civilidad, bienestar y progreso" (Barry, Osborne y Rose 1996: 40). Pero lo hace asumiendo que se dirige, no a salvajes defectuosos o ignorantes, sino a individuos emprendedores y competentes capaces de lograr la realización y desarrollo personales. En otras palabras, este es un capitalismo mesiánico hecho a medida del siglo XXI que no necesita venir al rescate, sino que ofrece a los sujetos las herramientas para rescatarse a sí mismos. Y que logra seducir precisamente por su promesa de permitir a los sujetos realizarse como individuos libres, modernos y optimizados.

De hecho, durante una conversación en su casa de Lima, Escandón insertaba la historia de desarrollo de Chulucanas en una narrativa de competencia geográfica exitosa:

> Has demostrado que Chulucanas puede hacerlo. En ninguna otra parte del Perú puedes generar la cantidad de exportaciones que ves aquí. Solo en Chulucanas [...] Lo importante es que con la organización productiva de Chulucanas, se demuestra que tiene la capacidad para la producción. Esto sirve *como tarjeta de presentación*

> que demuestra que puedes trabajar en grandes volúmenes en poco tiempo. Es algo que no se había hecho en ninguna otra parte del Perú.

Su descripción de Chulucanas como una experiencia que logró una productividad que aún no ha sido igualada en ninguna otra región remota de Perú, es una caracterización que he escuchado repetidamente acerca del pueblo y su poder de producción inigualable y optimizado. Me reúno con Escandón en su casa poco después del Peru Gift Show, que logró generar varios nuevos contratos de ventas para los artesanos de Chulucanas que asistieron. Aun así, para Escandón, hubo un defecto esencial en al menos un aspecto:

> El Estado estaba subsidiando a los artesanos para que pudieran venir a la feria. Esto a mí no me parece correcto y lo escribí en mi informe [a ADEX] [...] ¡Estás yendo contra las leyes del mercado! [...] Estamos hablando de lo que yo llamaría competencia desleal. Y yo no estoy de acuerdo con este tipo de trabajo. No creo que ayude al artesano.

En la sala de Escandón, un amplio espacio con techos altos e iluminación uniforme, aparecen colocadas, con buen gusto, una serie de piezas artesanales, reunidas durante décadas de trabajo con artesanos y exportadores del país. Escandón está sentado frente a mí, relajado, con sus largas piernas cruzadas de forma que uno de sus pies, que calza un mocasín, se balancea a centímetros del piso. Nunca deja de impresionarme la facilidad con la que su lenguaje corporal expresa una elegancia natural y sólida, incluso cuando algo le molesta. De hecho, semanas después de que terminara el Peru Gift Show, Escandón aún se ve molesto por la idea de los subsidios estatales que financiaban los gastos de viaje de los artesanos para el evento. Es como si esto ofendiera una profunda ética moral en él: "El artesano debería estar acostumbrado a pagar sus propias cosas, como cualquiera de nosotros".

Identidades diseñadas

Sin embargo, lograr ingresar a las ferias internacionales de artesanía era solo un indicador clave de que los artesanos rurales habían cultivado exitosamente sus propias competencias. Otro indicador era la capacidad de adquirir uno de los tan deseados contratos con las pocas compañías que exportan en grandes cantidades a cadenas minoristas internacionales. Competir por estos contratos y asociarse con los exportadores ha obligado a los talleres a asumir importantes transformaciones para poder cumplir con las demandas de producción. Y eso ha significado dejar atrás las técnicas de producción tradicionales en beneficio de modelos de producción modernos y a gran escala en los que las tecnologías recientemente incorporadas reemplazan gran parte del trabajo originalmente hecho a mano. En lugar de dar forma a las piezas de cerámica a mano o con una paleta, los talleres modernizados usan ahora tornos eléctricos y moldes. Y si antes la elaboración de cada pieza requería que un artesano desarrollara todos los pasos de la producción él solo o con miembros de su familia, ahora los talleres modernizados emplean equipos de trabajadores a los que se les asigna, por separado, tareas específicas.

Dichas transformaciones han aumentado el potencial de producción de los talleres, que pasó de unas cuantas docenas de piezas en fabricación tradicional a aproximadamente tres mil o más por mes. Pero para los artesanos dispuestos a comprometerse con esos esfuerzos de automodernización, se generan inmensas cantidades de trabajo nuevo. Ahora se debe invertir esfuerzo en asegurar no solo que los cambios requeridos sean implementados adecuadamente, sino también que los modelos de producción establecidos y las relaciones que los sostenían (que ahora serán desplazadas por los nuevos esfuerzos de transformación) sean también manejados de manera correcta. Los nuevos contratos de exportación traen nuevas obligaciones para garantizar que los talleres serán modernizados convenientemente y que las nuevas relaciones laborales se negociarán de manera satisfactoria. Sin embargo, manejar este trabajo adicional es más que una forma de reformular el espacio y demuestra las capacidades de un artesano para desenvolverse como empresario realizado y moderno. Si bien los talleres rediseñados hacen evidente la inversión realizada para transformar los espacios de producción, también demuestran la propia inversión del artesano en su transformación individual.

Antonio López es uno de los artesanos reconocidos en Chulucanas por haber logrado negociar exitosamente estas nuevas responsabilidades duales. Nacido en una familia de alfareros, López, de cuarenta años, fue uno de los primeros en Chulucanas en integrar tecnologías modernas de producción en su taller, lo que le permitió producir algunos de los primeros grandes envíos de exportación de cerámica de Chulucanas al extranjero. Y aunque la mayoría de artesanos de Chulucanas todavía tiene que asistir a una feria en Lima para darse a conocer, López ya tiene un extenso historial de exposiciones, no solo en Lima, sino en Brasil, México, Finlandia, Colombia, Holanda, Alemania y Chile. Recuerda que tuvo como mentor a Celestino Vera, uno de los ceramistas más distinguidos de Chulucanas y uno de los pocos que aún fabrica sus piezas a mano. Durante los años setenta, cuando la cerámica de Chulucanas recién empezaba a encontrar un mercado en algunas tiendas selectas a escalas nacional e internacional, Vera invitó al joven López a acompañarlo a algunas ferias a las que había sido invitado:

> Me pidió que fuera con él, y yo llevé mis propios productos, que se vendieron más o menos bien, y así fue como comencé [...] Pero Celestino no fue mi maestro. Yo aprendí solo, yo era *autodidacta*, porque yo creé mi propia línea de cerámicas, con un diseño que era totalmente diferente, con platos y jarrones, que se vendieron bien.

Durante nuestra conversación en su taller, un amplio espacio en donde el suelo aún es de tierra apisonada, López reitera haber tenido éxito por mérito propio. Como la mayoría de talleres de cerámica de Chulucanas, el de López se ubica dentro de la casa. Y por lo general, lo único que marca la división entre el taller y el resto de la vivienda (cocina y habitaciones) es un umbral sin puerta o una sábana colgada. Sin embargo, su taller es uno de los pocos en Chulucanas que tiene una oficina separada, con un codiciado piso de cemento. Mientras me habla, moldea una pieza de cerámica con un torno eléctrico, de los que ahora son usuales en la producción alfarera. El movimiento rápido y continuo de sus manos fluye como por instinto sobre la arcilla húmeda, formando la base y el cuello de un jarrón en cuestión de segundos. Me doy cuenta de que mientras lo hace, no mancha su camisa de manga corta, de color claro. Cuando vuelve a hablar, es para recordar la generosidad de Vera: "Celestino no era egoísta, por eso me invitó". Admite que esto fue esencial en el curso que su vida tomaría después, pero que no se ha quedado en ello.

Pero esas expresiones de generosidad y apoyo entre artesanos en Chulucanas se han vuelto algo extraño en estos días. López reconoce que Vera "no era egoísta", pero es una de las pocas veces en que he podido escuchar a un artesano expresándose amablemente de otro o decir que un colega fue gentil con él. Lo que comúnmente escucho cuando hablo con los artesanos son expresiones de desconfianza y una competencia exacerbada. Incluso después de que el Estado se esforzó por promover a Chulucanas como un sitio distinguido de expresión cultural (lo que se podría haber asumido suscitaría un sentido de orgullo colectivo y comunidad), las acusaciones de traición entre ceramistas, las denuncias de robo de diseños y de guerras de precios, y los rumores de explotación salarial abundan en el pueblo.

Josefa Nolte es una antropóloga que primero comenzó a trabajar con los artesanos de Chulucanas como directora de Antisuyo, una ONG orientada a las artesanías. Nolte y Antisuyo estuvieron presentes en Chulucanas cuando se implementaron las reformas del proyecto de USAID-ADEX. La sala de exposición de Antisuyo en Lima era conocida por vender cerámica de Chulucanas hecha a mano con unos de los precios más altos, y Nolte defendió el esquema de precios después de que USAID-ADEX comenzarán a abogar por sus ajustes de precios. Los artesanos con los que hablé recordaban con tristeza cuando, a fines de los años noventa, Antisuyo tuvo que cerrar sus puertas y dejar de exhibir cerámica chulucaneña. ("Creo que ya no era sostenible", me dijo López). Es evidente la tristeza de Nolte al explicar los desarrollos en Chulucanas y la competencia exacerbada que ahora es parte del entorno: "[La cerámica es] un recurso económico en un lugar donde no hay muchos recursos".

Adopta un tono acusador cuando habla de las compañías que desarrollaron el mercado exportador de Chulucanas, describiendo su relación con el pueblo casi en términos predatorios: "Todos los exportadores hicieron su fortuna en ese periodo [...] Se fortalecieron y crecieron en ese periodo, con sus ventas de exportación". Lo que más le ofende, sin embargo, es la falta de compromiso que los exportadores demuestran con los artesanos de cuyo trabajo dependen:

> Los más grandes exportadores ahora ya no se interesan en trabajar con pequeños artesanos. Solo están interesados en cualquiera que pueda ofrecerles los volúmenes más grandes, la mejor inversión, los que ya han crecido. Y eso me molesta, me da rabia [...] Quizás mañana decida ya no vender más artesanías, a pesar de que hice mi fortuna con esto. Mañana me voy y construyo un hotel. O vendo otra cosa, no importa. Ya hice mi fortuna, ya crecí y ahora ya no los necesito. Chau.

Sin embargo, lamenta que el hiperindividualismo y la falta de compromiso con la comunidad también se noten ahora entre los artesanos:

> Tenemos que trabajar duro con la población de Chulucanas, porque si *la población pierde su conciencia social*, si no están unidos, nunca van a lograr nada. Porque si me dices que me venderás [una pieza] por cuatro [dólares], yo iré al de al lado y él me dirá que me lo vende por tres. ¿Quién se beneficia? El agente a largo y corto plazo.

La crítica de Nolte al modelo exportador de Chulucanas (y su preocupación por cómo ha dividido al pueblo entre afortunados y desafortunados), trae a la memoria una observación que los críticos del neoliberalismo han hecho anteriormente. Junto con la rápida formación de zonas hiperproductivas en las ciudades globales, donde se concentran y acogen la riqueza y las comodidades para "los afortunados", han surgido nuevos sectores (a veces colindantes) de necesidad, descuido y abandono económicos, en donde se agrupan los individuos categorizados como subproductivos o no productivos (Atkinson y Bridge 2005; Biehl 2005; Klein 2007; Lees, Slater y Wyly 2007; Sassen 1991). Las poblaciones han sido divididas entre "[...] individuos que poseen capital humano [...] y los considerados como carentes de competencia o potencial negociables" (Ong 2006: 7). La aplicación de una "lógica de excepción" (Ong 2006) estratifica a las poblaciones según criterios de competitividad y rentabilidad, indicando qué sujetos merecen la exclusión y cuáles merecen ser objeto de inversión, atención y protección oficial. Considerados como individuos que crean valor, los sujetos emprendedores tienen acceso a más atribuciones sociales, que les permiten lograr no solo "beneficios ciudadanos" en los nuevos contextos no locales, sino también una movilidad espacial propia de "ciudadanos flexibles" sin una ubicación fija (Ong 1999). Sin embargo, en oposición a estas formas de vida hiperintensificadas, surgen zonas de abandono que sirven como sitios dedicados a la "muerte social" de los biológicamente vivos pero improductivos. En dichas zonas, "[...] uno enfrenta una condición humana en la que la voz ya no se puede convertir en acción [...] en donde el ser humano [...] sabe que nadie responderá, que nada llevará a un futuro [...] y donde la ausencia es lo más urgente y concreto" (Biehl 2005: 11). La lógica de la ciudadanía flexible asume que sus mayores atribuciones son privilegios ganados y construidos sobre la base de una serie de logros e individualismo competitivo, de la misma manera que la lógica del abandono asume que los olvidados y relegados son responsables de su propia ruina: sus condiciones de abandono han sido generadas por ellos mismos debido a su propia incapacidad o poca disposición de crear oportunidades cuando otros sí pudieron (Biehl 2005). En lugar de tratar a los ciudadanos como una entidad única y unida de sujetos que se merecen seguridad colectiva, los privilegios ciudadanos se calculan bajo una lógica de "ciudadanía graduada" (Ong 1999), en donde las poblaciones divididas pueden estar sujetas a "diferentes tecnologías de disciplina, regulación y orientación espiritual, y en el proceso [se asigna a cada individuo] distintos destinos sociales" (Ong 2006: 7).

Es el surgimiento de estas arquitecturas paralelas de cuidado y abandono lo que los investigadores señalan como uno de los más grandes espectáculos del neoliberalismo (Harvey 2006, Klein 2007). Ciertamente, es peculiar el hecho de que pueda mantener un desarrollo sostenido de zonas de hiperinversión simultáneamente con zonas de hiperdescuido, que incluso en ocasiones son adyacentes, porque obliga a preguntarse cómo es que dichos paisajes inhóspitos de vida dividida (de hipervitalización y creación de guetos) evaden la alarma y la indignación colectivas y son considerados como geografías cotidianas y propias del sentido común. La lógica de la ciudadanía flexible sugiere que la capacidad del actor competitivo de ganar acceso a la vida acelerada e intensa (con sus privilegios otorgados por el mercado y su movilidad flexible y espacial) es lo que sostiene dichos espacios. ¿Qué pasa entonces con el otro extremo?

Por lo menos, para aquellos que aún tienen oportunidades, dichos espacios de abyección pueden ser empleados para obtener una valiosa lección "pedagógica" impartida a los sujetos individuales por el poder gobernante (Biehl 2005): la de "usar" y "aprovechar" dichas oportunidades. Esos espacios de desconexión y exclusión, en otras palabras, cancelan la posibilidad de que el otro "[...] pertenezca [...] a una nueva población y economía subjetiva" (Biehl 2005: 65). Ese es, dicho de otra forma, el destino vital de los excluidos en el que se extiende la oportunidad explícita "por la vida" bajo el neoliberalismo. Y así, por medio del reconocimiento y la evidencia públicos de esta lógica, la vida, construida selectiva y reducidamente, se "logra a través de la muerte" (Biehl 2005: 66).

El lamento de Josefa Nolte de que "[la cerámica es] un recurso económico en un lugar en donde no hay muchos recursos", indica precisamente esto, porque reconoce que aunque sus operaciones son imperfectas y ponen en riesgo la vida colectiva en Chulucanas, optar por unirse al mercado exportador por lo menos evita a quienes lo hacen el destino de los que no tienen recursos ni habilidades; es decir, un futuro no solo de incertidumbre sino también de irrelevancia, un futuro sin futuro. Y no solamente promete evitar que sean señalados como irrelevantes y olvidables, sino también ofrece la oportunidad de tener logros y de luchar por la distinción entre sus colegas competidores, e incluso quizás de ser reconocidos entre sus miembros más exitosos, hábiles y relevantes. Las investigaciones han prestado más atención al surgimiento y los efectos de esta nueva dinámica de productividad y abandono en escenarios en donde los espacios urbanos y las zonas de hipermodernidad concentran privilegio, valor y mérito. Pero este caso debería demostrar que las zonas rurales son también con mayor frecuencia escenarios de dichas inversiones e impactos. Y aunque los escenarios urbanos cosmopolitas de las ciudades globales que concentran la riqueza dejan en evidencia lo que está en juego al ubicarse, de forma exitosa, entre los más productivos en el ámbito global, los escenarios rurales son los que presumiblemente hacen más evidente lo que está en juego al "ganarse un lugar" entre los que no lo merecen (o, lo que es peor, al elegir nunca competir).

De regreso a Lima, Luis Calderón del Mincetur me cuenta que los cambios en las técnicas de producción fueron parte del objetivo de las intervenciones del Estado en Chulucanas. Estamos sentados uno al lado del otro en su oficina en el decimosexto piso de un edificio de San Isidro, el distrito financiero de Lima, mirando la enredada matriz de avenidas, tráfico y torres que se extiende ante nosotros. Desde su ventana todas las impresiones de la ciudad se entretejen como una red luminosa. Calderón, que dirige el proyecto gubernamental en Chulucanas, recuerda que los directores de Indecopi comenzaron a planificar la estrategia de exportación de cerámica hace unos años, cuando se decidió que

> [...] lo que tenían que establecer eran reglas [que delinearan] temas técnicos, [especificando] definiciones y prohibiciones, de manera que el producto que desarrollaran cumpliera con las demandas del mercado, y que no solo representara una recuperación de técnicas, sino que también innovara, que les diera un lugar en el mercado, que pudiera venderse [...] Hay mercados que son muy exigentes. Uno puede usar todas las técnicas, los materiales ancestrales, pero el mercado seguirá viéndolos como algo burdo o rudimentario [...] Por eso es necesario buscar una respuesta a esto [...] optimizar plantas [...] [y] mejorar colecciones con asistencia técnica.

Pero en realidad, es difícil separar al artesano rural del trabajo de producción. Y si los esfuerzos de reforma del gobierno esperan modernizar la producción rural, tendrían que hacerlo modernizando a los artesanos y cultivando "individuos" emprendedores. Lo decisivo en estas iniciativas es la "capacitación" de individuos para que ellos puedan asumir la responsabilidad de sí mismos y de su nueva libertad económica. El trabajo clave del gobierno en este aspecto, como en otros planes de gobierno digital y de la sociedad de la información, no es servir a las poblaciones en general, sino servir a un grupo selecto de individuos que volverán a ser capacitados precisamente para que puedan asumir las responsabilidades que le correspondían al gobierno. Es decir, el trabajo del gobierno es ahora desplazar y distribuir responsabilidades y ver que los individuos "capacitados" se consideren a sí mismos responsables de la operatividad del proyecto, de manera que si los proyectos de la sociedad de la información fallaran, simplemente se reforzaría la convicción de que los individuos deben desarrollar mejor su potencial.

Ciertamente, en Perú ha sido difícil debilitar la actual fe en el mercado global, precisamente porque ha generado nuevas formas de productividad y sujetos productivos. De hecho, tiene una nueva importancia que va más allá del caso de Chulucanas en la actualidad. Además de requerir dos nuevos títulos de propiedad intelectual para las artesanías exportables por año, Perú también realizó consultas al Gobierno boliviano para optimizar su producción de artesanías. La promoción del plan nacional "Sierra Exportadora" para las exportaciones agrícolas y la aprobación de un acuerdo de libre comercio con los Estados Unidos fueron triunfos muy celebrados de la administración del presidente Alan García (2006-2011). Incluso, en 2006, el gobierno de García contrató al pensador neoliberal más importante de Perú, Hernando de Soto, para asegurar la aprobación de ese tratado con los Estados Unidos.

Si la lógica neoliberal ha logrado diseñar nuevas geografías de riqueza y productividad, esto ha tenido un costo, incluso para sus participantes más productivos y activos. La inquietud expresada por actores como Nolte acerca de la notable falta de "consciencia social" entre los artesanos rurales que sí logran contratos de exportación, es precisamente una muestra de ello. Asimismo, trae a la memoria una inquietud que otros investigadores críticos del neoliberalismo han expresado con anterioridad: en medio de estas transformaciones dinámicas y masivas en la "evaluación" y "valoración" de las poblaciones, ¿exactamente dónde queda la comunidad? O acaso, como han planteado antes Jean Comaroff y John Comaroff: si las "fuerzas que dan vida" al capital neoliberal son el impulso de

> [...] equiparar libertad con elección, especialmente para consumir, fabricar el yo, falsear identidades; de dar rienda suelta a las "fuerzas"de la hiper-racionalización; de *diseccionar* a los seres humanos en unidades de trabajo, mercancías, clientes, partes interesadas, extraños que flotan libremente, con subjetividades vertidas en conjuntos cada vez más deshumanizados de intereses, apetitos, deseos, poder adquisitivo [...] ¿[en] qué consiste lo social? ¿La sociedad? ¿La comunidad moral? (Comaroff y Comaroff 2001: 44)

En la competencia por obtener méritos, reconocimiento y relevancia contemporánea, y por asegurar un futuro de posibilidad individual, relevancia y trascendencia, ¿cómo se incluye un futuro de "relevancia común" y "trascendencia compartida"?

La adquisición de la denominación de origen por parte del Estado demuestra el reconocimiento de Chulucanas como un sitio excepcional de productividad cultural, que merece nuevas y rápidas inversiones, y como un lugar distinguible entre otras zonas rurales dentro de las fronteras nacionales. Pero también demuestra el deseo de convertir a Chulucanas en algo más: no solo en un sitio de productividad cultural (en donde el conocimiento cultural se comparta abiertamente entre los artesanos), sino en un espacio de innovación y autoría cultural en el que, por el contrario, el diseño y las técnicas sean cuidadosamente guardados. Y una parte clave del aseguramiento de la operatividad del nuevo título de propiedad intelectual de Chulucanas es el trabajo de promoción de nuevas relaciones (o lo que será definido como relaciones de promiscuidad) que maximizan el potencial y la empresa individual. Sin embargo, estas nuevas formas de asociación están entrando en un agudo conflicto con las formas que existían anteriormente y que eran mantenidas por las comunidades. Si el caso de Chulucanas nos ha enseñado algo, es que posiblemente las comunidades tengan que interesarse en el éxito de las nuevas iniciativas de desarrollo promovidas por el Estado tanto como en su fracaso.

Fotografía de la autora. Uno de los tantos puestos de exhibición construido por el CITE en el Peru Gift Show, muestra artesanías de Chulucanas alrededor de una torre de luces. Este evento anual, coordinado por el Mincetur en el Museo de la Nación de Lima, apunta a unir a artesanos de Perú con exportadores que llegan de otros países de América del Sur, los Estados Unidos y de Europa.

[illegible]
[illegible]
[illegible] en el Museo
[illegible] de la Nación [illegible] exportación
[illegible] los Estados Unidos de [illegible]

2

Escenificación de lo nativo: actos de piratería y lo complejo de la autenticidad

Aún no es mediodía y los fotógrafos y camarógrafos de televisión ya han montado sus equipos y estaciones en la concurrida plaza mayor de Chulucanas. Han llegado desde Piura, la capital provincial y regional, e incluso desde la lejana Lima, la capital nacional, para documentar el festival patrocinado por el Estado en el que se celebra la nueva denominación de origen de Chulucanas. Las celebraciones fueron específicamente planificadas en torno al reciente establecimiento de la junta de asesoría para la denominación de origen, llamado Consejo regulador, que administrará localmente el derecho a usar el título de propiedad intelectual. La exclusividad de este título será protegida por su cuerpo administrativo, determinando qué artesanos locales cumplen con los requisitos técnicos necesarios para utilizarlo en su cerámica y cuáles no. Y aunque gran parte del trabajo del Consejo es burocrático, el festival de cuatro días de duración en su honor brinda un estimulante banquete visual de cultura regional que los equipos de camarógrafos y fotógrafos han venido a registrar.

En la parte principal de la plaza se ha levantado un gran escenario en donde se presentarán danzas y música originarias de la costa norte del Perú. Parejas descalzas dan alegres vueltas bailando tondero, sacudiendo sinuosamente sus tobillos y dando golpes firmes con la planta del pie. A un lado de la plaza, los comensales prueban la versión piurana del ceviche, hecho con grandes trozos de pescado de la región bañados en jugo de limón cosechado en la localidad. Y los organizadores se mueven entre la multitud, entregando muestras gratuitas de clarito, una bebida dulce de la costa norte (y prima de la chicha) obtenida del maíz fermentado y servido tradicionalmente en un tazón de calabaza endurecida.

Por supuesto, los ceramistas de Chulucanas son lo que más resaltan en las actividades del festival. Los funcionarios del Mincetur y del Estado se pasean entusiastas entre los puestos de artistas locales colocados en la plaza. Se detienen para estudiar las piezas exhibidas en cada puesto y saludan a sus creadores, con amplias sonrisas y apretones de mano, mientras una fila de fotógrafos y espectadores los siguen detrás. En el centro de la plaza, un equipo de televisión de Lima inclina los lentes de sus cámaras para filmar a los artesanos que demuestran las técnicas de moldeado a mano y con paleta características de la cerámica de Chulucanas. Sentado en el suelo, un artesano presiona cuidadosamente un montículo de arcilla contra la base de su pie descalzo, sujetando el material húmedo con la curva de su pie, mientras que al mismo tiempo lo golpea pacientemente con una paleta y le da vueltas, con una piedra lisa ahuecada en una mano, hasta que toma forma de vasija redonda con superficie uniforme. Al otro lado, una docena de artesanos están inclinados sobre una mesa, cada uno trabajando muy concentrados para esculpir bloques de arcilla y convertirlos en diseños originales durante una de las diversas competencias de escultura en vivo realizadas durante el festival. Mientras los habitantes del pueblo se amontonan para ver a los artistas que trabajan, un funcionario del Mincetur se queda de pie al lado de ellos, esperando anunciar al ganador.

Generando visibilidad nacional y entusiasmo público en torno al proyecto estatal de propiedad intelectual rural y a las tradiciones nativas en las que se aplicará, el evento es, desde casi cualquier punto de vista, una rotunda exhibición de éxito para el Indecopi y el Mincetur, las dos agencias gubernamentales responsables de desarrollar la denominación de origen de Chulucanas. Estas diversas escenificaciones de "indigenidad" y resurrección de tradiciones nativas, con toda su extravagante parafernalia, buscan llamar la atención sobre el importante trabajo de conservación cultural que los ministerios y el Consejo prometen iniciar localmente en torno a las tradiciones del pueblo. Incluidas como características centrales del nuevo título de propiedad intelectual de Chulucanas, estas prácticas de producción son parte del hilo histórico que une a las cerámicas de Chulucanas en su forma moderna con las prácticas de las civilizaciones precolombinas en las que se originaron hace miles de años. Al considerar dichas técnicas como una parte esencial de lo que se debe tener en cuenta al momento de decidir qué artesanos recibirán el derecho de adoptar la denominación de origen para sus productos y cuáles no, el Consejo también busca preservar las tradiciones ancestrales de Chulucanas. Y por medio de la prominente escenificación de estas tradiciones, el Estado puede declarar y afirmar su mayor dedicación a la diversidad y pluralismo culturales.

Al menos, así es como las agencias gubernamentales peruanas pretenden que el público entienda su trabajo y el del Consejo en los eventos que celebran la iniciativa basada en la propiedad intelectual. Después de pasar los últimos meses en entrevistas y viajes con funcionarios del Mincetur e Indecopi responsables del desarrollo de la denominación de origen de Chulucanas, estaba acostumbrada a escuchar esa explicación y esa justificación; por ello, las noticias que escuché de los artesanos locales poco después del festival me resultaron increíbles.

En enero, apenas unos meses antes de que se programara el inicio del festival, se descubrió que el escándalo internacional que involucraba a una gran cadena norteamericana de decoración de interiores y cientos de miles de dólares por bienes de exportación tuvo su origen en Chulucanas. La compañía norteamericana descubrió que un embarque de cerámica tradicional proveniente de Chulucanas había sido falsificado. Miles de piezas de cerámica que se suponía debían haber sido ahumadas al horno para adquirir un color oscuro habían sido pintadas de negro. Las etiquetas que se debía colocar en cada pieza para dar cuenta de su autenticidad (y que describían las técnicas tradicionalmente aplicadas para la producción, incluidas el ahumado con hojas de mango y el modelado a mano y paleta) no estaban en su lugar. Sin embargo, era visible que la pintura negra se estaba pelando en la superficie y se adhería a las manos de quienes tocaban los ceramios. En el momento más álgido de la temporada de compras en los Estados Unidos, mientras las tiendas estaban llenando frenéticamente sus estantes con mercadería para ávidos consumidores, la cadena se dio cuenta de que tenía que descartar todo el envío y buscar una respuesta del exportador ubicado en Lima que había hecho el pedido.

Sin embargo, nada de esto se mencionó públicamente durante las festividades que se desarrollaron en Chulucanas unos meses después. No me lo contó ninguno de los representantes del gobierno a los que había comenzado a entrevistar meses antes acerca del trabajo para desarrollar la denominación de origen del pueblo, ni siquiera durante los viajes que hicimos juntos de Lima a Chulucanas. Tampoco lo mencionó ninguno de los artesanos que habían trabajado de cerca con el Estado en la iniciativa para la propiedad intelectual y con quienes estuve en contacto normalmente. De hecho, no fue sino hasta después del festival que escuché del engaño y supe de la dimensión de los intereses involucrados: no solo para los actores directamente implicados sino para toda la población de artesanos de Chulucanas. Un escándalo de esta magnitud sin precedentes ponía en duda la reputación del pueblo como un productor fiable de exportaciones globales y amenazaba la marca internacional de la región. Ponía en riesgo no solo un contrato en particular con los Estados Unidos sino también los futuros contratos de exportación. Y menos contratos significaban al final menos empleos para los habitantes. En medio de las celebraciones dirigidas por el Estado en torno a la producción ancestral de cerámica de Chulucanas, se había perpetrado, de alguna manera, el fraude más grande del pueblo en exportaciones tradicionales. Y mientras los detalles sobre la dimensión del escándalo y sus responsables aún se estaban revelando, los trabajadores del Estado se esforzaban, no en responder cómo pudo haber sucedido y cómo evitar que se repitiera, sino en animar las fiestas para celebrar al pueblo y su historia de distinguida tradición.

Por muy extraño que pueda sonar, resulta más confusa la idea de que los mismos representantes del gobierno que decían trabajar para preservar las artes locales de Chulucanas, evitaran al mismo tiempo condenar o reconocer públicamente el incidente. De hecho, nunca se hizo —no se habló de la violación de la tradición cultural, de la transgresión de las normas de la comunidad, ni del incumplimiento de contratos comerciales—. Fue como si este fraude cultural global hubiera consternado a todos, excepto a los funcionarios involucrados en la promoción y protección de la cerámica de Chulucanas. Fue como si esta estafa no fuera vista como una acción que merecía condenarse o siquiera mencionarse, o como si no se la considerara, en algún registro no muy distante, algo sobresaliente. O quizás, simplemente, era algo que se había esperado todo el tiempo.

Escenificando lo nativo

Un mes más tarde, en Lima, otra vez se llevó a cabo una prominente puesta en escena de la tradición alfarera de Chulucanas. Unas semanas luego de celebrar el festival en el pueblo, Mincetur inauguró una exhibición especial en la Sala de Arte Tradicional Peruano Joaquín López Antay, en el centro histórico de Lima, dedicada a esta cerámica. La muestra reunía una selección de piezas antiguas y modernas de algunos de los más reconocidos talleres de Chulucanas. Había un crucifijo hecho a mano del taller de Max Inga, uno de los primeros ceramistas chulucaneños en lograr el reconocimiento internacional, que falleció justo antes de que los grandes pedidos de exportación de Chulucanas comenzaran a producirse. Se presentó una escultura de gran tamaño de una chichera rodeada de recipientes de cerámica donde se almacena la tradicional bebida, figura que el taller de Gerásimo Sosa popularizó décadas atrás. Y en versiones más modernas de la cerámica chulucaneña, había piezas de los talleres de José Sosa y Santodio Paz, entre ellas jarrones que habían sido parte de los pedidos de exportación más recientes.

En la recepción ofrecida para inaugurar la muestra, me encontraba dentro de la atiborrada galería, entre la multitud de camarógrafos y fotógrafos, intentando distinguir a varios ministros que atraían la atención de los medios. La exhibición era uno de los acontecimientos principales de la Semana del Artesano del Mincetur, y los funcionarios del gobierno –entre ellos, la fotogénica Mercedes Araoz Fernández, entonces ministra de Comercio Exterior y Turismo– daban inicio al evento elogiando la cerámica de Chulucanas como representante exclusiva de la riqueza artesanal indígena del Perú. De hecho, como la primera artesanía tradicional en adquirir una denominación de origen y la primera en el país en ser condecorada como producto nacional, esta cerámica había logrado destacar en un país cuyas artes tradicionales lo convierten, tal como declara orgullosamente una placa de la exhibición, en uno de los "más ricos del planeta". Otra placa explicaba las técnicas de producción que datan del año 500 a. C. y que son conservadas por los artesanos chulucaneños; cómo el moldeado con paleta, el ahumado de la arcilla y la coloración negativa-positiva han sido utilizados desde tiempos precolombinos por los vicus y tallanes; y cómo estas prácticas otorgan a la cerámica de Chulucanas "una belleza singular" que la convierte en "marca registrada de nuestro país en el mundo".

Al parecer, con aproximadamente 40 millones de dólares en exportaciones anuales, la popularidad de la cerámica de Chulucanas entre los consumidores internacionales le ha otorgado el crédito de "marca registrada mundial". Ello, además del hecho de que las exportaciones de artesanías ya habían sido identificadas por el Estado peruano en su Plan de Exportación Estratégica Nacional de 2003-2013 como un sector clave para el crecimiento económico. Con un incremento aproximado de 62% en ventas entre 2009 y 2010 (Andina 2010), las artesanías sirvieron como un modelo ejemplar de la "cultura de exportación" que el Estado buscaba cultivar. Dichas proyecciones nacionales hicieron eco de tendencias globales similares que la Conferencia de las Naciones Unidas sobre el Comercio y el Desarrollo (UNCTD) había analizado recientemente. En su Informe de Economía Creativa de 2008, las artes y las artesanías fueron definidas como la industria creativa "más importante" para los países en desarrollo, pues creaban un área en la que las naciones en desarrollo tenían una posición líder en el mercado global y para la cual las exportaciones casi se duplicaron entre 1996 y 2005, de 7,7 mil millones de dólares a 13,8 mil millones de dólares (UNCTAD 2008). Y para explicar la valorización en Perú del concepto de "cultura exportadora" para el crecimiento económico en el "plan maestro de cultura exportadora", Alfredo Ferrero del Mincetur escribió:

> En cada eslabón de la cadena exportadora se encuentra siempre el trabajo vinculado a la cultura exportadora, es decir, eficiencia, competitividad y productividad. En el Mincetur hemos pretendido ir más allá y desarrollar un conjunto de lineamientos de políticas públicas a favor de la cultura exportadora [...] Una cultura de esta naturaleza debería llevarnos a considerar a la exportación como una actividad que marcará el destino económico de nuestro país. Ésta debe fundamentarse en un conjunto de valores, modos de vida, costumbres, conocimientos y grado de desarrollo favorables a la *competitividad*. (Gobierno del Perú 2006: 6 [énfasis de la autora])

Que un pueblo provinciano del norte rural del país fuera ejemplo de dicha competitividad, responsable de millones de dólares de exportaciones globales y capaz de ganarse los corazones (e inversiones) de los consumidores en todo el mundo, fue un logro que los asistentes limeños al evento de la Semana del Artesano consideraron muy loable. Que humildes artesanos de uno de los innumerables pueblos del país pudieran competir con gigantes de la exportación recientemente industrializados, como India y China, y generar una creciente demanda internacional por un objeto que, además, estaba fuertemente vinculado a los orígenes ancestrales e indígenas de la nación, despertaba el orgullo en cualquier compatriota, incluso si nunca había visitado Chulucanas, como era el caso de la mayoría de los asistentes del evento. Es en gran medida esta conciencia de la historia de las civilizaciones indígenas de la nación y el conocimiento general de que los artesanos de Chulucanas representan solo una pequeña parte de las innumerables poblaciones artesanas diseminadas en los territorios rurales del país, lo que aviva una palpable esperanza en los ceramistas de Chulucanas y en los nuevos desarrollos de la denominación de origen del pueblo. Si los artesanos chulucaneños pueden lograr que su arte nativo y sus artesanías tradicionales sean valorados por consumidores globales, entonces otras poblaciones rurales desperdigadas por todo el país también podrán hacerlo. Para los limeños que asistieron a la exhibición, el desarrollo económico nacional parecía estar al alcance de la mano; bastaba con lograr que tales recursos regionales de cultura indígena fueran visibles y accesibles internacionalmente.

A pesar de que la muestra del Mincetur era una celebración de los artesanos de Chulucanas, también era una celebración del mercado internacional que canalizaba este nuevo valor (no solo para los productos locales de Chulucanas o las diversas tradiciones culturales que aún se practican activamente en Perú, sino para el conjunto de la nación peruana moderna y multicultural). Eso es lo que se resalta en las inscripciones conmemorativas de la exhibición de cerámica tradicional de Chulucanas como una "marca registrada de *nuestro país*" recientemente reconocida por el mercado y valorada hoy en el mundo. Estas inscripciones demuestran que el mercado global actual ha otorgado a las artes regionales del Perú una nueva movilidad, circulación y visibilidad globales, y recuperado las artesanías nativas de la nación convirtiéndolas en objetos deseables. Después de todo, es este mercado el que ha proporcionado una nueva estima por las artes nativas del Perú, permitiéndoles acumular nuevas escalas de inversión que miles de años de existencia anclada y doméstica (y muy marginada) nunca pudieron darle. Y fue este mercado internacional el que finalmente había reconocido el valor intrínseco de las artes nativas del Perú, sacándolas de la oscuridad pública y otorgándoles nuevas escalas de intensa visibilidad internacional.

El mercado actual, a través de dichos marcos estatales, ciertamente posee un potencial salvador que los investigadores críticos del neoliberalismo ya han señalado. Con la promesa de brindar a los artesanos tradicionales la recompensa financiera que antes se les ha negado injustamente, el mercado no solo otorga reconocimiento a los artesanos para compensar las privaciones históricas pasadas, sino que también promete asegurar la reproducción de sus tradiciones para las generaciones futuras. Al hacerlo, los mercados globales demuestran una sorprendente capacidad de librar a los pueblos rurales de una eterna condena a la pobreza y evitar milagrosamente que se pierdan, para siempre, en la irrelevancia histórica.

Los estados neoliberales han sido promotores entusiastas del mercado global como camino a la salvación para la pobreza rural, pero han estado menos dispuestos a reconocer que también pueden beneficiarse de dichos actos de rescate y mitigar la complicada historia de sus gobiernos en la cultura poscolonial y pluricultural contemporánea. Los mercados globales pueden, supuestamente, ahora reconocer y recompensar el valor de las expresiones culturales de las poblaciones tradicionales y nativas que históricamente sufrieron el descuido del gobierno; además, otorgan a los estados la oportunidad de liberarse del legado de occidentalismo con raíces coloniales y de los prejuicios que este engendró. Si la lógica colonial de exclusión racial aún seguía muy presente en los estados poscoloniales, produciendo culturas indígenas devaluadas, poblaciones rurales marginadas y, finalmente, un proceso fragmentado y desigual de construcción de nación en América Latina (Dussel 2000, 2002; Escobar 2007; Quijano 2000, 2007 [1989]), entonces, unirse con los mercados globales que incorporaban la diversidad era una oportunidad de redimirse de ese pasado. Así, los mercados globales otorgaban a los estados la oportunidad de apartarse (al menos temporalmente) de la usual lógica excluyente cultivada bajo las formas previas de universalismos occidentales, y permitían restablecer vínculos con zonas locales y provinciales.

Además, ofrecían a los estados la oportunidad de renacer como gobiernos que finalmente reconocían el error de haber subvalorado a la cultura y las comunidades tradicionales; y así podían, por el contrario, acoger los valores modernos de ciudadanía, multiculturalismo y pluralismo neoliberales y democráticos. Sin embargo, es importante recalcar que si dichas resurrecciones contemporáneas permitían a los estados redimirse con un nuevo sentido de justicia e inclusión, lo hacían incorporando además un cálculo económico de eficiencia de la racionalidad. Al renacer como una encarnación mejorada, racionalizada por el mercado, el Estado neoliberal podía conceder sus beneficios de manera selectiva, recompensando la diversidad y valor culturales cuando fueran debidamente reconocidos, y negándole compensación a los que considere no merecedores de ella.

Pero en medio de toda la euforia del evento del Museo en Lima y el jubiloso reconocimiento del trabajo de recuperación cultural llevado a cabo bajo la valoración meritocrática del mercado contemporáneo, había algunas ausencias. Se había omitido los sorprendentes cambios en la producción alfarera ocurridos durante el *boom* de pedidos de exportación en el pueblo y que habían sido parte de la historia moderna de la elaboración de cerámica en Chulucanas. No se hacía mención de las nuevas tecnologías y técnicas de producción que los exportadores globales introdujeron en Chulucanas durante la última década para masificar y producir en serie artesanías para la gran exportación. Y ante los espectadores, no se hizo distinción entre los trabajos de los primeros ceramistas reconocidos de Chulucanas —piezas elaboradas de manera individual usando técnicas tradicionales—, y los que representan la producción para el mercado masivo de artesanos que ya no aplican los métodos del pasado y cuyo prestigio descansa en la exportación a gran escala de piezas producidas en serie.

Las omisiones resultan aún más curiosas si se tiene en cuenta que fueron estas transformaciones en la producción alfarera de Chulucanas las que llevaron a obtener el título de propiedad intelectual y denominación de origen. Son estos cambios en la producción lo que, según muchos actores testigos de ellos en las décadas pasadas, dio a la cerámica local una nueva vida global, haciéndola internacionalmente visible y reconocible, y convirtiendo a este producto, que en sus inicios fue vendido en mercados locales con una distribución urbana limitada, en un bien de circulación mundial cuya distribución ha crecido exponencialmente. Si hasta los años setenta, las objetos de cerámica de Chulucanas eran relativamente raros, y existían solo como piezas únicas, hechas a mano, vendidas a aproximadamente 150 dólares en tiendas de Lima, Europa y los Estados Unidos, a finales de los años noventa, ya no eran el mismo artefacto. La cerámica chulucaneña se podía encontrar en los mercados baratos y tiendas exclusivas de Lima, y también en cadenas de los Estados Unidos, como Neiman Marcus y Ten Thousand Villages, y en pocas décadas había pasado de la oscuridad pública a convertirse en una de las artesanías populares más conocidas de Perú.

Luiggi Castillo es una persona con un conocimiento detallado de cómo estas transformaciones en la producción alfarera han afectado la vida en Chulucanas. Como director del Centro de Innovación Tecnológica (CITE) de Cerámica Chulucanas, una agencia dirigida por el Mincetur, ubicada en el pueblo, se ha dedicado a manejar una institución con más de 20 años de historia de trabajo con ceramistas locales. En tiempos recientes, la principal actividad del CITE ha consistido en alentar a los artesanos a incorporar nuevas tecnologías en sus talleres como una forma de mejorar la "calidad" del producto y de elevar la competitividad de Chulucanas en el mercado global. Por ejemplo, él distingue entre la cerámica exportable, de "mejor" calidad, y la que se vende en mercados locales, atribuyendo el éxito de las exportaciones globales de Chulucanas a las mejoras en la calidad de la producción que el CITE ha promovido:

> La demanda de cerámicas en Chulucanas ha sido año tras año más grande. Entonces más gente se ha ido involucrando en la producción, en la elaboración de cerámica. Y lo que ahora estamos viendo es que esta cerámica de Chulucanas pueda tener los estándares de calidad requeridos para que el producto no se debilite en el mercado [...] Hay distintas calidades. Hay quienes trabajan muy bien y hay quienes justo trabajan para un tipo de mercado bajo [...] donde la calidad es baja [...] y no alcanza tampoco estándares de calidad buenos, óptimos. Y la cerámica de exportación que sí se exige al máximo una calidad más orientada a ese tipo de mercado.

Designado para trabajar como jefe del consejo regulador para la denominación de origen de Chulucanas, Castillo explica que es la promoción de estos estándares técnicos lo que unirá el trabajo de reformas del CITE Cerámica con la labor del Consejo:

> Esta es la razón por la que hemos propuesto la denominación de origen, por qué es importante su aplicación, que se establezca cuáles

> son las normas técnicas para la cerámica de Chulucanas, establecer manuales prácticos de buenas prácticas e implementar un consejo regulador que pueda administrar la marca y otorgar la denominación de origen, la autorización de la denominación de origen a los talleres que lo soliciten.

Castillo hace énfasis en que este "control de calidad" del Consejo otorga al nuevo título de propiedad intelectual de Chulucanas su verdadero poder, pues alienta a los artesanos locales a adoptar reformas técnicas como requisito para su uso:

> Para poder acceder a la denominación de origen, estos talleres deben de trabajar necesariamente bajo las exigencias de las normas técnicas que el consejo regulador supervisa, en qué condiciones [...] Si este taller cumple con una producción acorde a las normas técnicas, entonces el consejo regulador le otorgará la denominación de origen, la autorización de uso de la denominación de origen, y por lo tanto el taller podrá producir con el sello de Chulucanas.

Las explicaciones de Castillo, similares a las de las escenificaciones culturales del Estado, dan testimonio del trabajo de preservación que el proyecto de propiedad intelectual de Chulucanas supuestamente llevará a cabo. Estas explicaciones también están destinadas a dar cuenta del poder salvador de los mercados globales contemporáneos, los cuales pueden recompensar el valor de las tradiciones indígenas nativas que antes no eran apreciadas. Pero la narrativa de Castillo acerca de la transformación exigida a los talleres tradicionales enfatiza una tensión clave en la defensa de la denominación de origen y su atribución de preservar la cultura nativa. Aunque el proyecto estatal de propiedad intelectual y su promesa de desarrollo económico nacional y regional han sido públicamente celebrados por proteger y promover las tradiciones culturales nativas, su adaptación a los métodos de producción a gran escala y no tradicionales les permite promover otros intereses. Durante su implementación local, han subrayado que los talleres tienen que transformar técnicas y demostrar la "buena calidad" de su trabajo antes de poder usar el título de propiedad intelectual. En la práctica, los artesanos locales no recibieron el derecho a la denominación de origen por su historial de producción local en el presente o simplemente por mantener las técnicas tradicionales, sino por haber sido capaces de cumplir con las "normas técnicas" requeridas por el Consejo. Con el objetivo de optimizar la cerámica chulucaneña para la producción a gran escala y de comercializarla en el ámbito global, el título de propiedad intelectual de Chulucanas autoriza legalmente (y se puede decir que obliga) a recrear las artes nativas. Y aunque la protección de las tradiciones nativas es lo que más se publicita en la defensa de la denominación de origen y sus nuevos mercados, es el desplazamiento silencioso de la tradición nativa lo que ha dejado huella en Chulucanas.

Pero si la narrativa del mercado global salvador enmascara una realidad local, solo lo hace parcialmente. Contra las narrativas explícitamente públicas y las escenificaciones que celebran un nuevo mercado salvador y un Estado redentor y multicultural, que recompensa a la cultura tradicional, tenemos a las calmadas pero críticas contranarrativas de los artesanos locales. Dichas narraciones cuestionan la supuesta preservación cultural obtenida por el proyecto estatal de propiedad intelectual, criticando la producción contemporánea de cerámica en Chulucanas y recalcando la degradación de las condiciones reales que sostienen la expresión tradicional del pueblo. Es importante darse cuenta de que estas contranarrativas demuestran que los vínculos sociales que han ayudado a mantener la tradición local e indígena se han visto comprometidos durante el fomento de las redes de exportación.

Estas narrativas dan voz a la imperfección del poder persuasivo del mercado global y de las políticas neoliberales que lo promueven. Aunque los promotores neoliberales insisten en la fuerza liberadora de los mercados globales y su capacidad de revalorar y recompensar la cultura local, los relatos de desintegración social narrados por los artesanos apuntan más bien a su capacidad destructiva. Aunque los actores proexportación, con una fe casi religiosa, apelan al poder redentor del capital global y su capacidad de corregir errores del pasado para reclutar a la gente, los artesanos denuncian una traición a la ética y tradiciones que rodean la producción para prevenir este tipo de asociaciones. En las críticas de los artesanos, las escenificaciones de indigenidad promovidas por el Estado no son expresiones auténticas de un deseo de preservar la tradición, sino esencializaciones estratégicamente diseñadas, cuyo propósito apunta más a la exclusión de los socios no merecedores que a la inclusión de las grandes poblaciones.

Así, contra las historias de salvación en torno al mercado global surge una serie de relatos hípermoralizantes. Estos testimonios narran la economía global como algo que no solo cultiva relaciones de cultura en red, sino también relaciones flexibles en las que diversas partes (incluso con intereses opuestos) se unen en alianzas estratégicas. Es esta red de relaciones la que invita a la cultura y la tradición a representarse en una nueva versión de sí mismas, una versión capaz de producirse y circular globalmente con eficiencia y sin fricciones.

Pero incluso a los socios más entusiastas del mercado global, dispuestos a proporcionar artículos indígenas que demuestran que la tradición puede ser captada y valorada con autenticidad a través de la exportación global, les resulta imposible dar un testimonio consistente de esa eficiencia perfecta, una eficiencia similar a la de los relatos salvadores del capital global. Según estos relatos individuales que los artesanos hacen circular a escala local, infracciones como la del envío de cerámica pintada no solo han amplificado el potencial para cometer delitos culturales, sino que tienen cada vez más espacio en Chulucanas. Lo que antes podía ser un error de producción aislado y poco común, en una distribución que se limitaba a la venta local, hoy adopta proporciones globales. Las transgresiones evidencian la promesa no cumplida del capital salvador. Estos relatos resaltan el deseo persistente de los productores locales de dar voz al impacto producido por los desarrollos orientados a la exportación en su localidad, un impacto que nadie menciona. La persistencia de tales revelaciones demuestra que los artesanos condenan las prácticas de fraude cultural que, de manera silenciosa, se han expandido e incorporado en lo cotidiano; las cuales, increíblemente, han pasado desapercibidas para el público. Nos recuerdan también que bajo la tranquila superficie pública de las promesas de redención y salvación del capital global y el Estado multicultural, existen profundas fisuras a donde van a parar las narrativas de los no reconocidos y no valorados, acumulándose discretamente hasta que las rupturas ya no pueden contenerse.

La exclusividad de lo indígena

Los teóricos culturales han señalado que los orígenes de la indigenidad como representación moderna y estratégica se encuentran en los últimos años del siglo XX, en los que la *cultura* se utilizó cada vez más como un "recurso" para resolver problemas de conflicto y desarrollo social que una vez fueron el área de políticas económicas y sociales nacionales (Yudice 2003). Aunque la cultura y los problemas de integración socioeconómica fueron alguna vez responsabilidades del Estado que demandaban el gasto de recursos del gobierno, las valoraciones cambiantes en torno a la diversidad (y sobre todo en torno a la identidad indígena) redefinieron la cultura como un recurso contemporáneo que podía desplegarse para capturar los valores del nuevo mercado o potenciar la construcción de la nación. Los investigadores han indicado que la publicación de la Declaración Universal de los Derechos Humanos de las Naciones Unidas (1948) contribuyó al posicionamiento de la diversidad y el pluralismo como intereses internacionales claves que se debe adoptar universalmente (Goodale y Merry 2007, Keck y Sikkink 1998). Dichos valores, junto al imperativo internacional de promover la diversidad cultural del mundo y de proteger a las minorías en peligro, fueron difundidos a través de una serie de convenciones después de la Segunda Guerra Mundial, entre ellas, el Pacto Internacional de Derechos Económicos, Sociales y Culturales (1966) y de Derechos Civiles y Políticos (1966) de las Naciones Unidas, y el Convenio 169 de la Organización Internacional del Trabajo (OIT 1989). El interés internacional en la conservación se expandió hasta alcanzar no solo la diversidad humana, sino también todas las formas de diversidad biológica y genética cuando se publicó el Convenio sobre la Diversidad Biológica en 1992. Estos documentos políticos fueron poderosas herramientas discursivas para avergonzar a los gobiernos que tenían a sus poblaciones indígenas sujetas a siglos de discriminación y marginación política (Jackson 2007, Niezen 2003, Speed 2007).

Los investigadores de movimientos sociales contemporáneos han señalado también cómo los movimientos indígenas han aprovechado esas herramientas discursivas en una serie de luchas políticas en la última mitad del siglo XX. Lidiando por resolver problemas que han persistido desde la época colonial, como la pérdida de territorios nativos, la violación de tratados legales y la imposición de políticas de asimilación social y culturalmente destructivas (Bebbington et ál. 2007, Niezen 2003), los actores colectivos han aprovechado estratégicamente los valores "universales" del pluralismo neoliberal occidental para lanzar sus críticas. Sin embargo, al estar circunscritas a la obligación especial de los estados de proteger a los pueblos tradicionales y sus "diferentes formas de vida" que los distinguen "de otras secciones de la comunidad nacional" (OIT 1989), estas declaraciones internacionales imponían a las poblaciones la responsabilidad de demostrar su autenticidad y "distinción" para poder hacer reclamos de derechos o privilegios políticos (Graham 2002, Jackson 2007, Montejo 2002, Povinelli 2002, Turner 2002, Warren 1998, Warren y Jackson 2002). A pesar de que buscaban empoderar a los pueblos tradicionales, estas doctrinas cultivaron las condiciones en las que se exigía la práctica y reafirmación de diferencias culturales (aunque estas fueran esencializadoras y románticas) como requisitos para dirigirse a los estados. La representación efectiva de una naturaleza indígena heredera de una identidad antigua y primordial (incluso cuando no es reconocible para los miembros de la comunidad) surge entonces como una condición para recibir reconocimiento y beneficios institucionales. Elizabeth Povinelli (2002) escribe de manera convincente acerca de lo imposible que es cumplir con dichas representaciones:

> En estos campos culturales desiguales, ¿cómo diferenciarán los juristas y otros ciudadanos no indígenas a un sujeto indígena real de un sujeto "más o menos" diluido? ¿Basta con que las personas indígenas

afirmen que conocen las creencias tradicionales o deben demostrar alguna fidelidad interior a dicha creencia? ¿Cómo se mide una fidelidad interior? (2002: 4)

Recientemente, los investigadores han señalado que los recursos indígenas y las culturas tradicionales han recibido un nuevo valor gracias a las fuerzas del mercado contemporáneo (Bellman, Dutfield y Meléndez-Ortiz 2004; Brown 2003; Comaroff y Comaroff 2009; Coombe 1998a; DeHart 2010; Dutfield 2000; Hayden 2003; Posey y Dutfield 1996; Riley 2004; Shiva 1997; Suthersanen, Dutfield y Chow 2007; Yudice 2003). Como guardianas de un conocimiento y una cultura que podrían satisfacer las crecientes demandas de los consumidores de todo el mundo por productos tradicionales, las poblaciones nativas han sido alentadas por varios actores privados —desde compañías farmacéuticas que buscan nuevos tratamientos a partir de medicinas tradicionales (Hayden 2003), hasta compañías de *marketing* que usan símbolos nativos para la publicidad (Coombe 1998a)— a asociarse con actores comerciales con el fin de mercantilizar sus tradiciones. Esas relaciones "cooperativas" prometen recompensas financieras de las ventas globales a grupos nativos aislados que pueden ser identificados como autores o propietarios "legítimos" de la tradición. Estas compensaciones otorgadas por el mercado obligan a los grupos nativos a aceptar la autoridad del derecho propietario del Estado moderno y el establecimiento de derechos exclusivos para los dueños y autores auténticos, incluso aunque la forma tradicional en cuestión haya sido conservada colectivamente o adoptada ampliamente por varios pueblos nativos (Shiva 1997).

Aunque se afirme que la nueva valoración de indigenidad beneficia a los intereses políticos y económicos de los pueblos indígenas, en realidad, ha operado fetichizando la "autenticidad", lo que puede servir para arrebatar derechos a los pueblos nativos. Al establecer una prueba de fuego objetiva y verificable de "autenticidad" en la cual basar el reconocimiento político, la negación de derechos y beneficios a las poblaciones nativas puede asumir una apariencia fríamente racional. Definida como un recurso naturalmente escaso, la autenticidad puede ser vista como un medio para excluir a las partes que reclaman, de modo fraudulento, derechos políticos y beneficios económicos. Además, la reificación de nociones anticuadas de identidad y cultura nativa junto con la certificación de autenticidad han promovido la adopción de lo que los investigadores de movimientos sociales llaman prácticas de esencialización estratégica, en las que se muestra representaciones contradictorias e inseguras de identidades "tradicionales" para reclamar derechos a los estados. Pero la misma lógica ha puesto a estas declaraciones de indigenidad de los pueblos nativos bajo un mayor escrutinio, creando una justificación con la cual derechos históricamente no concedidos a estos pueblos pueden ser denegados de "forma legítima" desde un nuevo punto de vista.

Sin embargo, no son solo los pueblos nativos los que enfrentan el dilema de representar autenticidad. Ante la posibilidad de que estos pueblos, tanto tiempo marginados, se vean otra vez despojados de sus derechos, los voceros académicos y activistas de grupos nativos, que han trabajado con ellos como colegas y socios, se han visto obligados a representarse fraudulentamente, manipulando un lenguaje de indigenidad y cultura "auténticas" en prácticas paralelas de esencialización (Povinelli 2002). De la misma manera, los investigadores globales que buscan atribuir orígenes locales a plantas medicinales tradicionales para utilizarlas en la elaboración de medicamentos también deben esforzarse de forma efectiva para producir dichos sitios y "autores" originales (Hayden 2003). Y lo que resulta más problemático, quizás, es saber cómo se puede distribuir beneficios equitativamente a través del cálculo de autenticidad empleado para otorgar derechos. Al seguir la lógica de que existe en realidad un beneficiario nativo legítimo, el fetiche de la autenticidad genera condiciones en las que los grupos nativos deben competir para ser reconocidos como beneficiarios "verdaderos" de manera exclusiva, lo que ocasiona condiciones en las que los beneficios colectivos y la potencial solidaridad se debilitan.

El propio interés del Estado en producir escenificaciones nativas, y en beneficiarse de su propia práctica de esencialización estratégica de la indigenidad, resulta crucial para sus iniciativas en torno a la sociedad de la información. Justificando sus mecanismos de condicionalidad para entregar derechos con base en la capacidad de los ciudadanos de usar y desplegar productivamente los recursos de la economía de la información, los estados convierten los derechos en sí en disposiciones contingentes y exclusivas. Libres de la obligación de generalizar los recursos, los estados pueden más bien conservar beneficios para aquellos que considere merecedores. Dicho mecanismo transfiere las obligaciones del Estado a los grupos que buscan beneficios, que deben ahora demostrar por qué las inversiones deben ser legítimamente canalizadas hacia ellos dejando de lado a otras partes. Pero esto no se limita a la conservación y distribución eficiente de recursos en las escenificaciones nativas diseñadas por los estados. Las escenificaciones del Estado peruano (integradas en las conferencias globales patrocinadas por las Naciones Unidas y en las muestras de arte nacional televisadas) reflejan que son producidas para maximizar la exposición pública y la visibilidad internacional.

Y no es de extrañar, pues también está en juego el desempeño de los estados como actores políticos que pueden defender de manera efectiva valores "universales" de multiculturalismo e inclusión en la sociedad de la información. Para Perú, así como para muchos estados poscoloniales en América, demostrar un compromiso con los valores neoliberales de inclusión pluralista y social (particularmente de poblaciones rurales e indígenas antes excluidas) fue esencial para su proyecto de formación de nación en el siglo XIX (Joseph y Nugent 1994a, Nugent 1997). Al contraponer los valores neoliberales e igualitarios de los nuevos estados independientes al régimen opresivo de los poderes coloniales, los nuevos gobiernos encontraban una manera de diferenciarse de los antiguos gobernantes, de ganar legitimidad entre la población fragmentada y de exigir la categoría de Estado oficial.

Incluso hoy en día, el creciente número de incidencias y reclamos por parte de las poblaciones tradicionales en todo el planeta demuestra que la práctica del pluralismo sigue siendo problemática. Frente a dichos conflictos, la capacidad de brindar evidencia pública de la aceptación del multiculturalismo como un valor nacional oficial (aunque sea una "aceptación" parcial) se vuelve cada vez más imperativa para los estados modernos. Así, usar del poder emotivo incorporado en actos de pluralismo selectivamente diseñados, es un elemento esencial para dichas escenificaciones. A través de ese trabajo, los estados pueden, astutamente, brindar al público nacional pruebas objetivas y evidencia empírica de su buena voluntad hacia diversos actores. Al hacerlo, también afirman su capacidad de actuar en nombre de la nación "auténticamente" moderna y multicultural y a la vez vuelven a obtener la autorización del público para actuar en su nombre. O como dice Elizabeth Povinelli sobre las prácticas multiculturalistas del Estado australiano:

> A medida que la nación extiende la mano al antiguo derecho aborigen, los sujetos indígenas son llamados a demostrar algo que los diferencie como indígenas a cambio de los buenos sentimientos de la nación y la legislación reparadora del Estado. Pero este llamado no solo produce un buen espectáculo, sino que inspira deseos imposibles de ser este objeto imposible y de transportar sus antiguos significados y prácticas pre-nacionales al presente sin importar qué lenguaje y marco moral predomina al momento de la enunciación. (2002: 6)

Aunque la autenticidad de las prácticas de indigenidad de los grupos nativos, como forma de distribución equitativa de beneficios, continúa bajo escrutinio, la autenticidad de las prácticas de inclusión pluralista llevadas a cabo por el Estado no ha sido objeto de un escrutinio similar. La autenticidad de las prácticas y la forma en que los actos multiculturalistas contemporáneos de los gobiernos modernos lograron escapar del escrutinio público merece su propio análisis, pues esto no ha sucedido con las prácticas indígenas. En un Estado realmente pluralista, ¿por qué los grupos nativos recurren a dichas prácticas para obtener seguridad económica y política? ¿Por qué los usos estratégicos de una cultura esencializada se han vuelto necesarios, si la supervivencia real de estos grupos no está en juego? ¿Y por qué, en el giro más extraño de toda esta historia, grupos tradicionales tienen que competir entre ellos para legitimar su autenticidad, como si la autenticidad en sí fuera realmente un recurso escaso?

Redimirse a través de la exportación

En la foto de María del Carmen de la Fuente que aparece en un artículo publicado en *El Comercio*, la vemos sentada dignamente, con las manos recogidas sobre su regazo, en una sala con paredes llenas de cerámica de Chulucanas. Es una imagen adecuada. A sus 59 años, la fundadora de la compañía exportadora ALLPA ha dirigido durante más de 20 años una empresa cuya historia es inseparable de la cerámica chulucaneña. ALLPA fue la primera compañía de exportación en reconocer el potencial de estas piezas en el mercado global, dedicada a promover las transformaciones necesarias en la producción local para que el producto tradicional pudiera convertirse en mercancía para la exportación. Y fue ALLPA quien demostró por primera vez, a mediados de los años noventa, que Chulucanas podía alcanzar ese potencial, después de firmar exitosamente el primer contrato del pueblo para un pedido de gran volumen (12.000 piezas) de la cadena de tiendas de decoración Pier One en los Estados Unidos.

El titular de la entrevista a la exportadora, publicada en la sección de negocios de *El Comercio*, hace énfasis en esta conexión heroica que une a ALLPA con Chulucanas. Al lado de la sonrisa ganadora de De la Fuente, aparece el texto: "Dedicada a la producción a gran escala, tiene alianzas con miles de artesanos. Al inicio, su proyecto fue criticado. Ahora ella y sus artesanos representan un desafío para los productores chinos". Es un tono apropiado para un artículo que busca narrar el triunfo del libre mercado en llevar progreso a los artesanos pobres de Chulucanas, quienes, a pesar de alguna resistencia inicial, lograron transformarse en sujetos productivos, capaces de competir en el mercado global, incluso contra la formidable competitividad china.

Desde el éxito de ALLPA con las exportaciones de Chulucanas, la compañía se ha expandido a otras zonas rurales conocidas por su trabajo artesanal. Pero De la Fuente cita a Chulucanas como la historia de éxito original (y más grande) de la empresa, en la que se basaron sus primeras fortunas y crecimientos y la que proporcionaría el modelo para reproducir éxitos de mercado similares en las otras comunidades con las que ahora trabaja. No disimula su orgullo al hablar de Chulucanas, del trabajo que ALLPA llevó a cabo ahí para desarrollar un mercado de exportación, y particularmente, del "milagro" que, según cuenta, ocurrió después de las inversiones de la compañía. Haciendo énfasis en que el poder salvador de los mercados globales podía no solo redimir a los artesanos y mercados empobrecidos de Chulucanas, sino que también podía hacerlo con un poder mágico e inimaginable, me dice: "El milagro se produjo casi el primer año o el segundo año [...] ese milagro que trajo pedidos monstruosos que nunca en su vida habían soñado [los artesanos]". El marco en el que De la Fuente coloca al "milagro" exportador de Chulucanas conlleva una importante narrativa evolutiva. Si el potencial salvador del capital global pudo "redimir" a los productores de Chulucanas, fue implícitamente debido a sus propios fracasos y malos rendimientos constantes: faltas que quedaban claras en su incapacidad de aprovechar correctamente el potencial de mercado que, al parecer, siempre tuvieron, pero que nunca alcanzaron hasta la intervención de compañías de exportación como ALLPA.

En la entrevista de *El Comercio*, De la Fuente destaca el nivel de estas inversiones, refiriéndose a los diseñadores e ingenieros del producto a los que ALLPA ayudó a llevar a Chulucanas durante años para identificar las ineficiencias existentes en la producción e introducir reformas que la amplificaran para la exportación. Una de las primeras y más graves ineficiencias detectadas en la producción, fue que los artesanos usaban la paleta y la piedra para dar forma a la arcilla cruda. Dicha técnica daba como resultado piezas únicas e individuales que, aunque eran aceptables para ventas por unidad, se consideraban errores de producción en un mercado masivo que demandaba grandes cantidades de artículos idénticos en forma y tamaño. Lo más importante era que las técnicas de producción tradicional requerían que un artesano gastara cerca de una hora de trabajo cuidadoso y calculado con la paleta antes de poder darle a la pieza su forma final, un proceso que limitaba los potenciales de producción de los artesanos a no más de unas cuantas docenas de piezas a la semana.

Para corregir estos problemas, o lo que De la Fuente llama el estado tecnológico "primitivo" de Chulucanas, ALLPA propuso reemplazar el tradicional moldeado con paleta y piedra por un torno eléctrico. Un cambio así aseguraría no solo más consistencia en las formas cerámicas, sino que también aceleraría enormemente la producción, permitiendo que un solo taller pasase de fabricar algunas docenas de piezas por semana a varios cientos de ellas. Fue una propuesta radical, no solo porque la mayoría de ceramistas en Chulucanas nunca había visto, mucho menos utilizado, un torno eléctrico, sino porque eso también significaba trasgredir las tradiciones compartidas entre todos los artesanos vivos del área, tradiciones que los vinculaban a siglos de generaciones pasadas de alfareros locales. De hecho, ALLPA no pudo comenzar sus planes de reforma hasta que llevó a Chulucanas a trabajadores que ya estaban capacitados en el uso del torno eléctrico para la producción en serie de cerámica. Traídos de ciudades de todo Perú (desde Lima hasta Cusco y Arequipa), este nuevo grupo de trabajadores del conocimiento fue trasplantado al pueblo con el objetivo específico de enseñar sus habilidades a los productores de la localidad y de permitir la creación de una nueva clase local de trabajadores competentes en las técnicas de producción en masa.

Aunque De la Fuente hable positivamente en público de las posibilidades del mercado de exportación, recuerda que los artesanos reaccionaron con indignación, acusando a las reformas promovidas por ALLPA de ser un "pecado" contra la tradición. Recuerda incluso que tuvo que citar el Antiguo Testamento como prueba de que el torno se usaba en la cerámica desde "tiempos bíblicos", con el fin de convencer a los artesanos:

> Cuando nosotros llegamos con un torno que nos prestamos, miraban el torno y pensaban que era una máquina rara porque daba vueltas [...] Tuvimos muchos problemas con la gente más tradicional porque pensaban que era un pecado, una herejía [que iba a] desplazar la técnica de la paleta que se había utilizado desde la época

> preincaica por el torno. Y les dijimos el torno es una herramienta que se usa desde la época de la Biblia, porque en la Biblia se cita, mencionan que los alfareros trabajan con torno.

De la Fuente cuenta que la resistencia de los artesanos se acentuó después de que el primer taller modernizado de Chulucanas empezara a ocuparse de los primeros pedidos para exportar en gran volumen. La situación se puso tan tensa que el pueblo se dividió entre los que apoyaban la exportación y los que estaban en contra:

> Al comienzo hubo una reacción un poco desagradable por parte del pueblo, de parte de los competidores que no eran parte del "milagro", porque vieron que los pedidos eran muy grandes, que los compradores empezaban a llegar, que las compañías llegaban pero que no era posible trabajar con todos. De manera que los que no se beneficiaban de los pedidos desarrollaron una especie de guerra contra los exportadores.

Pero el relato aparentemente contradictorio de De la Fuente (en el que señala que los opositores de la exportación representaban a todo "el pueblo", pero que en realidad solo eran los artesanos "que no se habían beneficiado" de los pedidos de exportación) es interesante precisamente por su precisión contraintuitiva. En su relato, los que critican a ALLPA pueden incluir a casi todo Chulucanas y a la vez referirse solo a aquellos que no se favorecieron del primer pedido de exportación debido a su limitado número de beneficiarios. Y la confusión de De la Fuente al momento de describir a sus oponentes como todo "el pueblo", y a la vez como solo un grupo de artesanos, demuestra que sabe que los beneficios se concentraron en el único taller que la compañía eligió modernizar al comienzo.

De la Fuente recuerda que estos artesanos siguieron condenando el proyecto de ALLPA, haciendo circular un discurso moralizador que presentaba a las reformas de producción como un ataque a la vida colectiva de Chulucanas, en su forma pasada y presente:

> Estuvieron atacando durante un tiempo a los exportadores [...] Porque decían que esa máquina [era] maldita. Decían eso, es una máquina maldita. Que es un robot, que va a automatizar la producción y con eso se va a generar desempleo en Chulucanas. [Que] gracias a la presencia del torno, se va generar desempleo [y que] hay que mantener la técnica tradicional de la paleta porque así lo han hecho todos nuestros antecesores.

A pesar de esas resistencias tan pronunciadas de parte de los productores locales, De la Fuente mantuvo su fe en que más adelante podrían cambiar de opinión. Al explicar que la firme creencia en el potencial de exportación no explotado y desatendido del pueblo reforzó su compromiso con el trabajo, me dijo:

> Lo que pasa es que Chulucanas está muy atrasado. [Pero] nosotros pensábamos que la cerámica de Chulucanas tenía un potencial inmenso y que había que modernizarla, modernizarla en la parte de la tecnología, modernizarla en el diseño [y] en la organización de la producción. Y eso fue lo que hicimos los primeros años y seguimos haciendo.

De hecho, el trabajo de ALLPA en Chulucanas continúa hoy en una versión mucho más amplia. La compañía sigue invirtiendo en modernizar talleres y en organizar cursos de capacitación impartidos por expertos en diseño y fabricación de Lima, Estados Unidos y Europa, en los que se presenta a los artesanos las nuevas tecnologías y técnicas que les ayudarán a incrementar su potencial de producción. En ese entonces, la compañía estaba asociada solo con un taller; hoy lo está con siete u ocho talleres. Y si bien su primer pedido de exportación importante fue de tan solo unas 12.000 piezas, para el nuevo milenio, sus pedidos aumentaron a cinco veces esa cantidad. Sin embargo, para De la Fuente, la aceptación de su compañía por parte de la localidad es lo que indica, de manera reveladora, el grado en que Chulucanas se ha transformado y la evolución exitosa de los artesanos. Aunque una vez fue objeto de insultos y de condena por parte de la comunidad, hoy la compañía recibe incontables solicitudes de los artesanos locales para asociarse con ella. Orgullosa, De la Fuente señala: "Mucha gente nos criticaba. Ahora no".

Sin embargo, a pesar de sus años de rentables inversiones en Chulucanas y del exitoso reclutamiento de varios nuevos artesanos como asociados, De la Fuente recalca que su trabajo de optimización de los métodos de producción tradicional del pueblo aún no ha terminado. Varias semanas después de la celebración del reciente contrato por 70.000 piezas de cerámica para Pier One, De la Fuente ya está ocupada en cómo subsanar las imperfecciones e ineficiencias que considera aún evidentes en los actuales talleres. Dice:

> Siempre hay tantas ineficiencias. Casi no existen talleres artesanales donde se funcione óptimamente. Siempre hay ineficiencias [...] Sobre todo cuando trabajas en un volumen mayor, cuando se trabaja en volúmenes pequeños, no hay grandes problemas. Pero han quedado en un nivel tecnológico muy atrasado. Entonces [...] no están preparados para atender pedidos grandes en los estándares que son cada vez más exigentes. Porque ahora ya no es como hace diez años. Ahora, por ejemplo, en este pedido de Pier One, piden un montón de requisitos que no pedían hace cinco años. El mercado es más exigente. Entonces los artesanos siguen siendo personas con bajo nivel de instrucción.

De la Fuente enfatiza la dimensión de estas inversiones en su entrevista con *El Comercio*.

> Aquí hay mucho esfuerzo y la dedicación de un equipo de trabajadores. Somos 26 personas que trabajan 11 o 12 horas al día, porque invertimos mucho en participación en ferias, en diseñadores, en consultores. Porque no es solo que tenemos que mejorar el producto, tenemos también que ver cómo alcanzar un precio competitivo.

Pero, curiosamente, es justo todo este trabajo para optimizar y transformar la producción y los precios de la cerámica lo que no se percibe en la sala de exhibiciones. En ella, las inversiones de los exportadores están destinadas a ser canalizadas en el producto exhibido para mostrarlas en una escenificación final y muy importante. Definido para los clientes como un artículo nativo que revive las tradiciones indígenas del Perú, el producto debe ser capaz de ocultar el desplazamiento de las técnicas tradicionales de producción, un hecho por el que los exportadores se han esforzado mucho. El producto debe ser asimismo capaz de demostrar su autenticidad natural con la validación de especialistas en exportación dedicados a la búsqueda de dichos artículos nativos y a su comercialización en el mercado. En esas escenificaciones nativas orientadas a las ventas, los productos nativos son definidos como artefactos que aparecen de manera natural, como si hubieran sido encontrados y no transformados, y como objetos que fueron "descubiertos" y no "fabricados" por los exportadores. O como lo describe De la Fuente:

> En la sala de exhibiciones, nuestros productos casi se venden solos [...] Hemos realizado un enorme esfuerzo para ofrecer un producto que sea bonito y con buen precio, un producto respaldado por una compañía seria. Por eso es que digo que nuestro producto se vende solo. En una feria, describo al cliente cómo está hecho el producto, y que tenemos 20 años en este negocio [...] Lo que tienes que hacer es *transmitir autenticidad*.

Complejo de autenticidad

Me encontré por primera vez con Miguel Pachas en su casa en Chulucanas. Llegué al final de la jornada laboral y vi a algunas de las personas a las que daba trabajo en ese momento (unas 25 aproximadamente) saliendo del taller que funcionaba en un espacio al lado de la vivienda. Estaban a mitad de un gran pedido para ALLPA, con quien —según me contaron los trabajadores—, la empresa exportadora había firmado un contrato después de estallar el escándalo de la cerámica falsificada en el que estaba implicado la compañía que era su competencia, Berrocal, Ltd. El área de ingreso de la casa de Pachas está llena de cientos de piezas idénticas de cerámica preparadas para su envío, apiladas cuidadosamente y cubiertas con grandes lonas para protegerlas. Pachas se disculpa por el desorden y me invita, gentilmente, a tomar asiento en la sala de al lado. Mientras me abro paso entre el laberinto de lonas extendidas sobre las piezas de cerámica, no puedo evitar recordar los comentarios entusiastas y encendidos de De la Fuente sobre Pachas, diciendo que era uno de los artesanos con los que ella y sus socios se sentían más a gusto, un verdadero "caballero" que sobresalía entre los demás productores del pueblo por su reserva y su tacto.

El ceramista de 44 años es por muchas razones uno de los más exitosos de Chulucanas. Su taller, considerado uno de lo más productivos del lugar, se distingue como uno de los pocos que han alcanzado los niveles de producción que demandan los pedidos de exportación más grandes que llegan ahora al pueblo. Junto con otros talleres preparados para la producción en serie de grandes cantidades, el taller de Pachas ayuda a completar pedidos que alcanzan hasta las 75.000 piezas, y que son sin duda los más grandes que el pueblo ha visto. También es importante que Pachas haya logrado mantener relaciones con las dos compañías exportadoras internacionales que contratan la producción de los envíos más grandes de Chulucanas para cadenas de tiendas de los Estados Unidos. Esto es lo que ha permitido a su taller ser uno de los pocos en Chulucanas que pueden mantener ciclos de producción de un año completo, lo que le otorga uno de los historiales más consistentes al momento de garantizar a los trabajadores un empleo estable.

El éxito de Pachas es todavía más especial (y quizás más sorprendente) porque ni él ni nadie de su familia son oriundos de Chulucanas. Él fue uno de los varios trabajadores especializados que dominaban la técnica de moldear arcilla usando un torno eléctrico de alfarería y a quien la compañía exportadora ALLPA trasplantó desde una provincia lejana de Perú para presentar la técnica a los artesanos de Chulucanas. Pachas nació y creció en la provincia de Cusco, una región andina del centro sur del Perú, conocida por albergar el santuario de los incas, Machu Picchu. Aunque su familia había producido cerámica que vendía en los mercados turísticos de Cusco, aprendió las técnicas artesanales de Chulucanas solo cuando llegó a la costa hace más de una década. Todavía habla cariñosamente de su pueblo en los Andes, recordando el clima y las costumbres de la sierra, que la hacen distinta a los desiertos costeros de Chulucanas. Recordando las tradiciones de la sierra, me cuenta, hablando suavemente: "En Navidad, en el Cusco, no es celebrarlo en la calle, sino con la familia. Pero acá no. Acá salen a bailar [...] Entonces, hay diferencias. [Pero] el hombre está para acostumbrarse a cualquier momento".

Cuando lo reubicaron en Chulucanas, se mudó solo, dejando atrás a su esposa y sus dos hijos pequeños, en un viaje por tierra de más de un día de duración. Contratado para trabajar como parte del equipo de producción para el primer gran envío de exportación de ALLPA a los Estados Unidos, no estaba seguro de cuánto tiempo se quedaría, si sus "servicios" serían necesarios después del pedido inicial, y si el riesgo de reubicarse valdría la pena. Además, descubrió rápidamente que estaba en medio de la lucha de los artesanos locales por mantener las técnicas tradicionales de moldeo con paleta, y de su oposición colectiva a las reformas que la producción en serie había llevado a las costas del norte del Perú por primera vez. Recordando las divisiones locales que comenzaron con su llegada, cuenta que fue el periodo inicial en Chulucanas el más difícil para él: "Había cierta resistencia [hacia mí], no había esa amabilidad, la amistad [...] En la calle no era yo bien visto. Los demás artesanos no me veían con buenos ojos. [Así que] salía muy poco. [Pero] con el tiempo, las cosas fueron cambiando".

A pesar de su papel central en el radical cambio en la producción alfarera de Chulucanas, Pachas habla con seriedad sobre su profundo respeto por las técnicas tradicionales que definen a la cerámica chulucaneña. Aunque insiste en que el torno eléctrico de alfarería trajo "progreso" a Chulucanas y le ayudó a "evolucionar", habla con reverencia de las técnicas tradicionales que los artesanos locales lucharon por preservar. Aún recuerda la primera vez que vio a artesanos de Chulucanas moldeando con paleta, y recuerda el inesperado asombro que sintió. Años más tarde, sigue convencido de que esa sensación es parte de lo que conecta a los artesanos íntimamente con su trabajo como una forma de expresión creativa y personal:

> Podría decir que hay algo mágico [en eso] [...] Cuando yo llegué a Chulucanas al ver el paleteado, al ver el acabado de la cerámica, recién es que le doy valor como un arte y que me nace a mí mismo. Pero en Cusco, era algo así comercial, de dinero, más económico que por arte [...] Es acá donde ya lo valoro como arte. Yo creo que a través de la cerámica de Chulucanas, he logrado que emocionalmente me sienta más lleno. ¿Cómo le puedo explicar? Como una persona realizada.

La respetuosa descripción que Pachas hace de las técnicas tradicionales de Chulucanas y sus sentimientos de gratitud personal son uno de los pocos casos en que he escuchado al dueño de un gran taller expresar una devoción genuina e irrestricta por las tradiciones artesanales del pueblo. Su testimonio es sorprendente para mí, no solo porque fue parte de la fuerza que desplazó a las técnicas tradicionales chulucaneñas o porque era una persona de fuera que sufrió injurias por promover ese cambio, sino también debido a un rumor que circulaba entre los productores locales y que escuché mientras visitaba algunos talleres durante las celebraciones patrocinadas por Mincetur en el pueblo.

Según este rumor, el reciente escándalo de falsificación de cerámica involucraba solo al puñado de talleres modernizados que eran capaces de producir las grandes cantidades exigidas por los pedidos de exportación. Y se decía que el taller de Pachas estaba entre ellos. Él no niega ni confirma explícitamente las acusaciones; por el contrario, me explica la forma en que las condiciones de producción actuales pudieron permitir que algo así ocurriera. Describe el proceso tradicional de oscurecimiento de la cerámica de Chulucanas, un proceso calculado que demanda mucho tiempo y que se logra a través de varios ahumados en hornos de arcilla, que por lo general se calientan quemando hojas de mango que se obtienen en la región. Con cada ahumado, la resina de las hojas quemadas se asienta firmemente en el exterior de la cerámica, permitiendo que una superficie pálida se oscurezca gradualmente de tonos amarillos y ámbar a tonos marrones y negros. A veces se necesita hasta ocho ahumados y enfriamientos por separado antes de adquirir un buen tono negro, por lo que el proceso es lento; además, casi siempre se producen ligeras variaciones en la coloración, dependiendo de dónde cae y se pega la resina. Sin embargo, los exportadores internacionales no le otorgan mucho valor ni al trabajo requerido para oscurecer la cerámica ni a las piezas únicas que se producen a través de ese proceso. Pachas me dice:

> Este color negro viene del [proceso de] humo natural. No siempre es una cosa que es perfecto. No es perfecto. [Pero] la empresa lo exigía perfecto [...] Y cuando hacemos producción de mil piezas, o dos mil piezas, todas igualitas con el mismo tono, va a haber diferencias. Así como en ese trabajo, hubo. Pero [el exportador] no aceptaba que hubiera esas diferencias. Quería a todas igualitas. Y no, pues. Este trabajo es un trabajo natural, donde el humo hace un efecto. Ese efecto se produce dentro del horno, el ahumado. Y no se puede controlar. Y eso no se entendía.

Pachas dice que las compañías exportadoras lo animaron antes a "echar un poco más de pintura negra" para producir rápidamente una superficie consistente y uniforme en todas las piezas de cerámica. Cuando explicó que las superficies negras se adquirían a través de un proceso gradual de ahumado y no de la aplicación instantánea de pintura, le dijeron que "algo tendría que ser falsificado" o el envío correría el riesgo de ser rechazado por la cadena de los Estados Unidos que lo había pedido. Sin embargo, los artesanos señalan que aunque esa falta de respeto por las técnicas tradicionales no siempre es tan descarada, la producción tradicional ha sido de todas formas desplazada a medida que crecían los mercados de exportación de Chulucanas. El mismo Pachas me cuenta que lamenta ver cómo se deteriora la calidad de la cerámica con el paso del tiempo, como si lograr reducciones de "precio" y maximizar los resultados se hubieran convertido en las nuevas medidas de competitividad para los talleres. Explica cómo la calidad del producto se ha visto inevitablemente afectada con la producción acelerada para mercados globales. Aunque los pedidos de exportación han crecido exponencialmente, a los talleres se les da el mismo tiempo para cumplir con los encargos que cuando estos eran mucho más pequeños: "Es [una] cuestión de precios y por la demanda que hay. Y cada vez nos dan muy poco tiempo. [Pero] toda esta cerámica no se puede hacer en poco tiempo, porque requiere todo un proceso". Continúa, levantando la voz de repente: "Es como [cuando] una persona que no conoce va a decir que esta es una pintura color amarillo, ¡cuando no lo es! ¡Es humo! Va a pensar que este negro es una pintura que hay que pintar, ¡y no! ¡Es humo!".

Lo que parece ofender más a Pachas es precisamente esa falta de aprecio de los exportadores por el trabajo y la técnica invertidos en la producción tradicional, y no tanto la idea de que las técnicas fueron "falsificadas". Aunque en la mayor parte de nuestra conversación su voz se mantiene tranquila, su tono sube cuando habla sobre lo que considera la devaluación de las técnicas tradicionales por culpa del mercado exportador y sobre la forma en que este ha afectado (casi contagiado) la percepción que los artesanos tienen de sí mismos y su relación con el arte. Describe varias veces las tradiciones nativas que encontró cuando llegó por primera vez al pueblo y se le nota visiblemente preocupado cuando cuenta la pérdida de orgullo entre los productores que antes "se retaban a sí mismos" por su trabajo artesanal. Pachas considera que esta falta de orgullo entre los artesanos y la mengua en la dedicación y vínculo personal con su labor son producto de una devaluación real del trabajo:

> Si en ese tiempo torneaba 100 piezas diarias, ahora los torneros quieren hacer 200 piezas diarias. Entonces ya no hay esa misma calidad [...] Si le pagabamos a una persona por pulir esta pieza tres soles, ahora le pagamos un sol. Entonces la calidad cambia [...] por la demanda. Y eso genera que baje la calidad. Y aparte, las empresas exportadoras ven que se pueden producir 200 en un taller y dicen hay que bajar el precio. ¡Está mucho! Y no debería ser así. Se deben mantener en 100 piezas diarias, mantener los precios y mantener la calidad. Eso es lo que se debería hacer [...] Porque eso *nos perjudica a nosotros mismos*, a los artesanos. Y hacia el futuro, no llegamos con buen destino.

También habla de las crecientes "obligaciones incumplidas" de los propietarios de talleres que como él se han adaptado a estos cambios, y de que los trabajadores laboran bajo tiempos de producción muy demandantes, pero con bajos salarios por pieza y con menos estabilidad. Circulan muchos rumores sobre un trabajo mal pagado, sobre tiempos de producción acelerados e incluso sobre condiciones de explotación laboral que hay que soportar cada vez que hay un gran pedido en Chulucanas. Sin embargo, de todos los dueños de talleres grandes con los que hablé y que contratan a productores locales, Pachas es uno de los pocos que reconoce cierta responsabilidad por permitir estas condiciones. Y quizás es el único que habla directamente de sus "obligaciones" con los trabajadores y que parece entender realmente las dificultades cada vez mayores que enfrentan en su labor:

> La gente que trabaja conmigo ahora se siente descontenta. Y no trabajan con el mismo deseo que tenían antes [...] No tienen vacaciones, no hay seguro, en caso que no hay más pedido [...] no hay ningún beneficio [...] nos sentimos mal. Yo particularmente me siento mal porque no puedo cumplir con ellos. Lamentablemente, yo solo puedo hablarles y decirles que no se puede. Porque el margen de ganancia no da.

No es sino hasta el final de nuestra conversación que Pachas me confiesa que está pensando cerrar su taller. Me sorprende que lo considere después de más de una década de producción en el pueblo, luego de haber vencido el desprecio y la exclusión por importar el torno de alfarería y de haberse hecho un nombre como dueño de uno de los talleres más exitosos del lugar. Los rumores sobre la participación de su taller en el reciente escándalo del envío falsificado no impidieron que otras compañías exportadoras lo buscaran para hacerle pedidos. Y sus hijos, que serán los primeros en su familia en tener un grado universitario, representarán a una población única del pueblo con educación gracias a la industria de la cerámica. Si a Pachas le complace esta situación o si disfruta de su éxito y sus "contribuciones" a la modernidad de Chulucanas, parece que solo lo siente en privado. Esta satisfacción o incluso el más ligero indicio de orgullo personal permanecen ocultos, al menos para mí. Al final de nuestra conversación, habló con la misma resignación que en todo nuestro encuentro, con la voz de un hombre derrotado, o quizás, mejor dicho, de un hombre destruido por una profunda culpa:

> No se puede continuar así. No solo es [una] empresa, son *todos* los exportadores [...] En vez de vender volúmenes grandes, deberían vender lo que se pueda vender, manteniendo la calidad, y tratando también de mantener los precios. Y de esa manera, nosotros, los pequeños empresarios, poder cumplir con nuestros trabajadores. Lamentablemente, no se puede. No es posible.

Sobre innovación y adulteración

Carlos Flores, de 33 años, era solo un jovencito cuando la cerámica de Chulucanas comenzó a impulsar un mercado estable e internacional. Por ese entonces, se la vendía como piezas únicas, hechas a mano, y empezaba a encontrar un lugar en los estantes de un selecto grupo de tiendas de arte en Europa y los Estados Unidos, vendiéndose en cantidades pequeñas pero sostenidas. Su tío, Eduardo Flores, era del grupo de artesanos que habían aprendido a dar forma a un trozo de arcilla, moldeando la tierra gradualmente, en pasos lentos y progresivos, usando una paleta y una piedra, cuando él también era solo un muchacho. Había aprendido su arte en los talleres de alfareros locales, que empleaban sus técnicas para fabricar vasijas de arcilla para cocinar o macerar la chicha, una bebida tradicional hecha a base de maíz fermentado. El mercado local de cerámica se había mantenido por generaciones gracias al intercambio de estos utensilios, usados para preparar y almacenar comida y bebida según costumbres que tenían sus orígenes en las civilizaciones precolombinas asentadas en la región hace miles de años. Este mercado solo creció cuando una monja estadounidense, Gloria Joyce, que trabajaba en la diócesis de Chulucanas en los años sesenta, alentó a los alfareros a dedicarse a las esculturas de arcilla y a las piezas decorativas que fabricaban, pero que nunca habían intentado vender.

Cuando Flores aún era un escolar, los artesanos de la comunidad habían comenzado a descubrir la limitada pero estable demanda internacional por sus piezas. Algunos de estos artesanos, entre ellos, el tío de Flores, recibieron pedidos individuales para tiendas del extranjero que se dedicaban a la venta de cerámica o se les solicitó ocasionalmente viajar fuera del país para asistir a ferias y exposiciones de arte. Flores recuerda pasar sus tardes después del colegio en el taller de su tío, mirando cómo preparaba sus piezas, y ayudándole a empacarlas cuidadosamente antes de viajar al extranjero. A veces, sus hermanos, primos o compañeros de clase se reunían ahí también para experimentar con las piezas desechadas de arcilla bajo la guía e instrucción del artesano mayor, aprendiendo poco a poco las técnicas de la artesanía: "De muy niñitos, nos íbamos a verlo, a ver qué es lo que hacía. Y nosotros nos creíamos, pues, ceramistas. Nosotros nos sentíamos orgullosos [...] Porque realmente veíamos que los artesanos de esa época viajaban fuera del país. Eran como embajadores de nuestro pueblo fuera. Y ser ceramista era un orgullo porque era un representante de tu pueblo".

La tarde en que conversamos, estábamos sentados en dos bancas bajo la parte sombreada de su taller, un área abierta bañada por el sol que se extiende desde la parte posterior de su casa. Mientras conversábamos, el fuerte sol de la tarde en Chulucanas se elevó sobre nosotros, calentando el aire y lanzando sus brillantes y enceguecedores rayos sobre la tierra. Cerca de nosotros, varias piezas de cerámica recién moldeadas se secaban bajo un charco de luz blanca. Justo frente a ellas, el hijo de Flores jugaba sentado y descalzo sobre la tierra, con la mirada hacia abajo amasando objetos de arcilla con sus pequeñas manos. Aunque apenas tiene cinco años, sus dedos ya reconocen la consistencia correcta de la arcilla maleable y moldean hábilmente un campesino sentado sobre un burro. El papá Flores sonríe viendo a su hijo, visiblemente complacido por la demostración que el niño hace de su destreza y por la habilidad con que su imaginación capta de forma detallada, la vida cotidiana de los habitantes de Chulucanas, hasta en sus más pequeños detalles, en las piezas de tierra húmeda. Me pide después que tome varias fotos de su hijo posando con su creación, y noto entonces que el niño ha completado su figura del campesino con una versión en arcilla del sombrero de paja de ala ancha que los hombres de Chulucanas usan en los campos bañados por el sol.

Además, Flores sostiene una de sus esculturas de arcilla sin terminar durante nuestra conversación. Cuando comenzamos a hablar, tomó con cuidado el cuerpo curvo de la pieza, pasándolo entre las palmas de sus manos por varios minutos antes de dejarlo en su lugar. La escultura, la representación abstracta de un caballo, es una de las piezas únicas hechas a mano con paleta que hacen conocido a su taller. Aunque ocasionalmente trabaja con un torno eléctrico, que le ayuda a completar pedidos para talleres más grandes cuando sus propios pedidos son escasos, es sin duda uno de los pocos artesanos de Chulucanas que ha podido mantener una base de clientes internacionales para sus piezas fabricadas siguiendo la tradición.

Sabiendo que los artesanos de su clase son cada vez más escasos, lamenta que se privilegie las piezas producidas en serie que el mercado de exportación alentó en Chulucanas, y lo que él llama la "enorme disminución" de ceramistas tradicionales que comenzó con la llegada del torno eléctrico:

> Mucha gente ha dejado de mantener sus técnicas. Porque realmente más se ha dado énfasis a lo industrial, a producir en masa, en cantidades y que realmente le ha quitado el valor a la cerámica Chulucanas. Ahora a la cerámica, el comerciante no la ve ya como un tema tradicional, cultural, sino la ve más como un tema utilitario, decorativo. Como una artesanía más. Y no es así. La cerámica Chulucanas tiene todo un contexto ¿no?

Pero durante las varias horas en las que conversamos, no hizo ninguna defensa específica de las técnicas tradicionales cuya pérdida Pachas lamentaba cuando habló conmigo. Flores, por el contrario, enfatiza el cambio que percibe en la interpretación y la relación del pueblo en general (especialmente de la juventud) con las costumbres que han observado durante tanto tiempo en la producción de cerámica. Durante la mayor parte de nuestra conversación, mantiene una palma sobre la forma curva y redondeada de la escultura de arcilla, como si estuviera canalizando sus palabras a través de la pieza, pidiéndole que evalúe su testimonio o que quizás sea su testigo:

> Antiguamente, pues, los mismos niños, jóvenes de esa época, admiraban mucho al que era artesano. Lo que es ahora diferente. Ahora los hijos de artesanos ya no quieren ni ser artesanos. Porque realmente ven el sufrimiento de los artesanos. Ven el cómo sus padres se sacan la mugre trabajando para tratar de darles alimentación, vestido. Pero es un sacrificio para ellos, es un sacrificio porque realmente lo único que logran es tratar de sacarlos adelante a ellos, pero más no desarrollan.

También se quedaba maravillado por la política de puertas abiertas que su tío y otros artesanos del pueblo practicaban, lo que permitía que cualquier persona interesada en aprender el arte entrara a sus talleres. Y recuerda la camaradería que los artesanos mantenían entre ellos: "En ese entonces, cuando Chulucanas no tenía este especie [de artesanos negociantes] [...] toditos se reunían para salir a tomar una chicha. La mayoría son compadres. Y todo empezó [...] no sé. Empezaron a tener rivalidades entre ellos mismos, celos. Yo creo que fueron las consecuencias de toda esa competitividad que hubo entre artesanos". Flores considera que la sospecha que surgió entre los artesanos del pueblo y la pérdida de confianza entre ellos se debía a esta rivalidad. "Conmigo, casi todos se llevan bien. Yo nunca tengo problemas, pero [...] [a veces] encuentro que hay un rechazo. [Alguien que dice] que no quiero que entres a mi taller, que porque vas a copiar mis diseños. No era así antes".

Pero la narración de Flores repentinamente se vuelve directa cuando comienza a hablar del escándalo de la cerámica falsificada enviada del pueblo al extranjero hace unos meses. Lo señala como un evento vergonzoso que podría amenazar la imagen de toda la producción chulucaneña. No obstante, cuando explica las razones que llevaron a los productores más grandes de Chulucanas a participar en la farsa, a romper con los modos tradicionales de producción y a intentar pasar cerámica falsificada como piezas "hechas tradicionalmente", evita hacer referencias románticas sobre la tradición nativa o ancestral. Describe secamente que los contratos de exportación han venido pagando cada vez menos a los talleres por sus pedidos y dice: "Mire, diré que eso es el resultado de un producto que ellos dicen quieren baratísimo. Entonces no pueden reclamar mucho porque realmente quieren tan barato el producto que realmente no es posible".

Me cuenta que los tiempos de producción acelerada y la reducción de tarifas de pago para pedidos internacionales ya no permiten a los talleres preservar los estándares técnicos o de calidad usuales. Habla de cómo las técnicas de producción inadecuadas, desde las incorrectas hasta las abiertamente fraudulentas, ahora han sido integradas como parte usual en el escenario de la producción local. E insiste en que casi todas las piezas de cerámica que ahora se envían para la venta en el extranjero como parte de los grandes pedidos de exportación, antes habrían sido descartadas por los artesanos, por no cumplir con los estándares necesarios. Considera ingenua la idea de los compradores internacionales de que la demanda de una producción "optimizada" permite que el producto permanezca intacto, y señala: "No te das cuenta, pero compras un producto fallado. Todos exportan ese mismo producto [...] Mira, me pasó a mí. La vez pasada cuando yo tuve control de calidad [antes de ir a una feria] [...] te diré que para mí ninguna pieza servía. Pero porque la exposición querían que de todas maneras se haga, ¡se llevaron toditas las piezas! ¡Y toditas las piezas estaban falladas!"

Aunque habla cínicamente sobre la insistencia de los compradores en recibir productos de "calidad" a pesar de la creciente presión en la producción, surge en él un sorprendente idealismo cuando describe la relación del artesano con su arte. Y en verdad, si hay algo por lo que parece estar intranquilo, es precisamente por la idea de que los artesanos comiencen a asumir como algo normal las condiciones que los exportadores exigen para la producción.

Recuerda que los artesanos, preocupados al ver que los exportadores insistían en que sus talleres produjeran piezas de cerámica defectuosas, mantuvieron de todas formas sus propios estándares de calidad e invirtieron independientemente el tiempo necesario para corregir errores. No obstante, le preocupa que poco a poco desaparezcan estas prácticas, así como el sentimiento de afrenta que alguna vez despertaron los estándares de los exportadores. Y teme que los mismos artesanos consideren, con mayor frecuencia, las técnicas de producción distorsionadas como una forma "legítima" o al menos "aceptable" de fabricación de artesanías:

> Antes no. Antes lo que hacíamos era volverlos a quemar y volver a ahumar. Ahora no ya, no se puede perder tanto, dicen ellos. En grandes cantidades ellos dicen que no se nota. Nosotros lo notamos, pero el cliente no nota. Y tampoco sabe que es una falla. Y no debería ser así [...] yo voy al hecho de que acostumbras al artesano a venderte un producto de mala calidad y acostumbras al artesano a que la pieza fallada sea parte de su cultura.

Flores admite que alguna vez tuvo una idea más favorable de los estándares de producción de los exportadores, orientados al mercado global y a los gustos urbanos de los consumidores internacionales. Aún recuerda que los exportadores insistían permanentemente en que los artesanos locales fueran más cuidadosos y atentos con el estado de sus productos, y lo persuasivos que fueron al convencerlo de que sus estándares era más estrictos que los de los artesanos rurales. Flores rápidamente aceptó la idea de que si se encontraba algun defecto en el producto, se debería a los talleres y a las herramientas simples y rudimentarias con las que trabajaban los artesanos, una idea constantemente repetida en los proyectos propuestos por los exportadores internacionales para reformar los talleres y en las demandas de modernización tecnológica de los funcionarios estatales del CITE. Recuerda, además, el momento en que dejó de idealizar los altos estándares del mercado de exportación internacional:

> Yo pensaba que como exportaban tanto y ellos hablaban mucho de un control de calidad, [que] para exportar necesitaban un control de calidad A-1. Yo, pues, dije es A-1 [...] [Pensaba que] para entrar a exportación, dije voy a tener que hacer un producto [...] verificarlo al máximo para ponerlo ahí. Pero resultaba que entre los artesanos y entre los exportadores, éramos *los artesanos* que más respetaban [la calidad].

Suena casi sorprendido por haber creído alguna vez en el mensaje de los exportadores sobre los exigentes estándares del mercado global y la correspondiente necesidad de mejorar la producción local. Cuenta que, en privado, los exportadores admitían que sus estándares se veían superados por los que se aplicaban tradicionalmente. Y aunque estos estándares tradicionales deben dejarse de lado durante el proceso de adaptación a los mercados globales, los exportadores siguen promoviendo la imagen de que incorporan técnicas tradicionales a sus productos:

> El trabajo de nosotros lo respetan por la calidad, por el diseño. Pero nosotros pensábamos lo contrario. Pensábamos que su producto era para exportación, era el producto mucho mejor que el de nosotros [...] [Porque] siempre los empresarios les han dicho que averigüen nuestras técnicas, que aprendan nuestras técnicas [...] [Pero] siempre han vendido la imagen del paleteado para exportar.

Por mucho que Flores espere que salten a la vista las contradicciones entre la imagen de una revitalización de la cultura a través de los mercados de exportación y la adulteración cultural que se produce al adaptarse a estos mercados, igual se incomoda cuando habla de la creciente aceptación local —se puede decir, incluso, la normalización— de esas contradicciones. Me pregunto si no sería más fácil para él, simplemente asumir la nueva lógica del mercado global y la rápida y cambiante economía de la información, y dejarse guiar por esas normas, sin ningún remordimiento por el costo de estas transformaciones o por lo que se perdería; si no sería más sencillo para él, permitirse disfrutar de lo que se produce ahora de forma tan espectacular.

Aumentar la experiencia

Al otro extremo del pueblo, Víctor Caminos, de 33 años, es uno de los propietarios más jóvenes de los talleres de gran producción de Chulucanas, y ha estado lidiando con las nuevas presiones para exportar. Igual que otros talleres de producción masiva, el suyo estuvo implicado en el reciente escándalo de la cerámica falsificada. E igual que muchos talleres que han alcanzado esa capacidad de producción, el suyo se ha vuelto objeto de los rumores sobre explotación laboral que circulan en el pueblo. Sin embargo, a diferencia de otros dueños de talleres con los que hablé, Caminos no parece sentirse afectado por el escándalo o por las acusaciones contra él, y se le ve abiertamente animado cuando visito su casa.

Y no es de extrañar. A pesar de que su reputación profesional se vio perjudicada por el escándalo, su taller seguía recibiendo pedidos de gran volumen. Y a pesar de la deshonra y el riesgo de ruina que tal escándalo podía significar para su carrera, Caminos mantenía un vínculo activo con las dos compañías de exportación internacionales que hacían los pedidos más grandes para cadenas de tiendas extranjeras. Además, lejos de verse afectado por las acusaciones, el taller de Caminos había sido recientemente reconocido como uno de los seis calificados y promovidos por el Estado para recibir el derecho de usar la denominación de origen. Una vez otorgada la aprobación, Caminos sería uno de los primeros artesanos locales cuyos productos estarían autorizados por la marca de un título de propiedad intelectual y recibiría la visibilidad global que esa distinción ofrece. Caminos sabe lo que se dice de él y de otros grandes productores en el pueblo, pero no hace caso de las acusaciones. Me explica que los artesanos se han quejado por el impacto que han tenido las reformas para la exportación sobre las costumbres locales. Además, me dice que la progresiva visibilidad del pueblo, el creciente número de habitantes que ahora se dedica a producir cerámica, y las nuevas escalas de producción de artesanías, antes imposibles, son hechos irrefutables: "Yo pienso así. Chulucanas ha evolucionado mucho económicamente a raíz de la artesanía. Y si no hubiesen pedido de esta magnitud, no hubiese trabajo para tanta gente. De todos los pedidos la mayoría de la gente de Chulucanas se ha beneficiado". Menciona su inicial deseo de trabajar con el torno eléctrico de alfarería y las críticas que recibió de sus vecinos y otros artesanos locales, una dinámica que no podría haber ocurrido en "ninguna otra parte": "Cuando llegó el torno, las personas alfareras, lo vieron como nos va a quitar trabajo [...] Mejor con el paleteo. Eso es más ancestral, más técnica. ¡Pero mire ahora cómo estamos!". Reconoce que los artesanos "ganaban bien" cuando empleaban las técnicas tradicionales, pero que sus ventas se limitaban a "pequeñas cantidades". Y dice que las nuevas condiciones de producción y el mayor número de productores incluidos en ella son un desafío para que los artesanos tradicionales continúen mejorando sus técnicas. "Yo pienso que hay una relación muy buena entre los artesanos modernos que quieren crecer cada vez más, y los maestros, los iniciadores. Eso hace que la competencia sea cada vez más creciente, que cada vez haya más personas con quien competir".

Caminos señala que estas condiciones le dieron el impulso necesario para desarrollarse como un artesano moderno y propietario de taller, y es lo que lo inspira a expandir continuamente su productividad. A diferencia de la generación anterior de artesanos de Chulucanas, Caminos aprendió su arte no a través de relaciones familiares o de una producción casera, sino ayudando a completar pedidos para la exportación en el primer taller moderno de Chulucanas hace una década. Confiesa que nunca se había imaginado que se dedicaría a la producción alfarera, y me cuenta que estaba desempleado antes de eso. El fallecimiento de su padre y su nueva responsabilidad como principal proveedor de la familia lo impulsaron a buscar cualquier empleo y, así, se volvió parte de la primera generación de ceramistas de Chulucanas que aprendió su arte en talleres diseñados para la producción en serie.

Después de aprovechar los contactos comerciales para la exportación que se le presentaron en ese taller, abrió uno por su cuenta, lo que lo convirtió en competidor del artesano que le había dado empleo antes. Recuerda la primera vez que su propio taller, que en ese entonces empleaba a 25 personas, fue contratado para un pedido grande de 6000 piezas que debían entregarse en cinco meses: "Como se dice, me puse las pilas y pude cumplir con todo el pedido". Me cuenta orgullosamente que ahora su equipo está conformado por el doble de personas y que atiende pedidos tres veces más grandes. Continúa hablando animadamente: "Le cuento una experiencia. El año pasado, tuvimos un pedido de cuatro meses por una cantidad de 16.000 piezas. Tuvimos que trabajar alrededor de 55 personas, trabajando día y noche. Y fue un reto que logramos cumplir. En algunas veces, yo vigilaba en las noches". Aunque dice que ese pedido le costó horas de sueño y pudo haber comprometido su salud, recuerda la experiencia con emoción y piensa que le cambió la vida:

> Fue un logro *que ha aumentado la experiencia*. A raíz de eso, puedo satisfacer otros pedidos de esta magnitud [...] Inclusive llegué a un reto de trabajar día y noche, tres noches seguidas y tres días seguidos sin dormir. Yo mismo. Claro que después que terminó el pedido, terminé como un palo, matado [...] [Pero] al final, contento cuando salieron todos los contenedores y cumplimos. Como le digo, ¡un reto! ¡Una experiencia muy bonita, muy importante en lo que es la cerámica!

La convicción de Caminos es sorprendente, tanto porque especifica que cumplir con ese pedido le proporcionó una "experiencia aumentada", como por su seguridad de que hacerlo le permitió descubrir que era el tipo de persona capaz de obtener una vida mejor y de vivir esa "experiencia aumentada". Además, está convencido de que la producción tradicional nunca le facilitará ese tipo de vida, debido a sus costumbres entrampadas y sus técnicas tan pacientes. También es importante que Caminos se atribuya explícitamente haber logrado producir una experiencia de vida aumentada. Si el mercado de exportaciones globales le dio la oportunidad de competir por una vida mejor, concretar esas aspiraciones solo dependía de la entrega de bienes a ese mercado. Y si los sacrificios fueron grandes (y seguramente cada vez mayores) a lo largo del camino, era solo porque la recompensa, aun siendo incierta, también podía serlo. Eso, por lo menos, es lo que Caminos me dice que llegó a descubrir cuando comenzó a producir para exportadores. De hecho, convencido de que la producción tradicional nunca podría cubrir del todo sus necesidades, me dice que jamás sintió una estima particular por la cerámica durante su juventud en Chulucanas. Que ahora la cerámica le proporcione una fuerte sensación de empoderamiento personal es algo que aún le asombra: "Aprendí mucho de eso [...] Por eso es que le digo que me siento con capacidad de recibir cualquier pedido. Es el ritmo de vida que uno se implanta, ¿no? Se implanta y se adecua al pedido".

Sin embargo, su éxito, así como el reconocimiento que ha recibido no solo de los exportadores sino también del Estado por medio de la denominación de origen, es notable precisamente por su indiferencia hacia la autenticidad cultural. Él no dice sentir afinidad con la producción tradicional. Y de hecho, parece que no siente necesidad de decirlo. Si el taller de Caminos ha sido reconocido por el Estado entre los primeros considerados con derecho a usar la denominación de origen de Chulucanas y que sus productos se beneficien de ello, eso quiere decir que no es porque pueda reivindicar una identidad nativa, sino por una forma de identidad distinta que se convierte en real. Ciertamente, el testimonio entusiasta de Caminos sobre la "experiencia aumentada" que la producción acelerada le otorgó y su ansiosa expectativa de recibir otro gran pedido demuestran que no idealiza la producción artesanal indígena.

El Estado y el mercado contemporáneos que buscan autorizar y autentificar la producción "indígena" ya no exigen mantener las prácticas de producción tradicionales de las generaciones anteriores. En la lógica del mercado global actual, esa diferencia puede definirse como una percepción relativa y no puede considerarse "realmente" que un acto ha sido realizado de manera falsa o fraudulenta. En el mercado global descentralizado e híperdisperso, lo que importa en un producto tradicional es que pueda ser "presentado como nativo" y que mantenga la apariencia de autenticidad (o en palabras de De la Fuente, que pueda "transmitir autenticidad") ante los consumidores internacionales; que bajo las luces blancas de una tienda, pueda aún señalar una conexión "verdadera" con una tradición primordial y antigua practicada a miles de kilómetros de distancia y que, ante los ojos extranjeros, ese producto pueda pasar como auténtico.

La denominación de origen tiene la capacidad legal de darle un valor oficial a esas prácticas y se presta perfectamente a estas representaciones flexibles de "autenticidad" nativa, permitiendo que los productos no tradicionales, fabricados en serie, sean autorizados, junto con los tradicionales, para públicos lejanos, urbanos e internacionales. En el proceso, surge el Estado neoliberal como el principal héroe posmoderno y multicultural. Tras su reciente evolución, ya no se aferra a la idea anticuada de indigenidad como algo nacido de una imposible identidad primigenia y, por el contrario, puede recompensar a las representaciones nativas estratégicas solo con el fin de atraer la inversión del consumidor global. Al permitir que las recompensas financieras del mercado se canalicen hacia actores "nativos" que participan en él, opera con la lógica de mejorar el reconocimiento: no para todos los nativos "auténticos", sino solo para los que mejor se muestran como productores "optimizados" en la cambiante economía de la información.

Mutaciones auténticas

De regreso a Lima, en el distrito de Surco, de clase media, Sonia Céspedes, una socióloga y consultora de desarrollo que ha ayudado a los artesanos de Chulucanas en el proyecto de modernización de talleres para el primer gran pedido de exportación del pueblo, me cuenta del éxito de las transformaciones orientadas a vender en otros países. Durante varios años, viajó constantemente de Lima a Chulucanas, haciendo un recorrido de un día por carretera en la costa norte del país, para trabajar con los artesanos. Ella también hace artesanías y trabajó estrechamente con los artesanos para identificar las "ineficiencias" de producción en sus talleres, aprendiendo y adoptando muchas de sus técnicas de diseño en su propio trabajo. Me describe, de forma detallada, la asombrosa intensidad de la vida artesanal de Chulucanas hoy en día y cómo el pueblo ahora parece haberse transformado en una "ciudad de artesanos". En verdad, es el mismo tipo de narración sobre el mercado democratizador del que habla María del Carmen de la Fuente, de ALLPA, en la entrevista publicada por *El Comercio*. Es precisamente el aumento exponencial del mercado exportador lo que ha obligado a expandir la población productiva del pueblo y lo que ha permitido que nuevos actores (incluidos los que nunca antes se habían interesado en la producción de artesanías o nunca antes habían tenido una historia personal con ella) se conviertan en beneficiarios de la nueva demanda de artesanías en el mundo.

Durante nuestra conversación, le cuento a Céspedes, una persona normalmente efusiva, las noticias sobre el escándalo de artesanías falsificadas que se difundieron en el pueblo durante la temporada de fiestas. Se queda con la boca abierta y sin poder articular palabra alguna durante un buen rato. Cuando vuelve a hablar, expresa una sorpresa absoluta y hasta incredulidad, afirmando que actos tan vergonzosos como ese nunca hubieran pasado en el Chulucanas que ella conoció, que los artesanos que ella frecuentó nunca lo habrían permitido. Cuando se entera de que los protagonistas del fraude fueron los talleres de producción más grandes del pueblo, propiedad de muchos de los artesanos con los que ella había trabajado de manera estrecha, se pone casi a la defensiva y me dice que seguramente estoy equivocada.

No obstante, Céspedes sabe muy bien que son estos grandes talleres los que hoy representan la historia de éxito de Chulucanas. Y también sabe que la tradición que ella recuerda con nostalgia ha ido desapareciendo de esos lugares, según cuentan los propios artesanos. De hecho, esta es la historia de éxito que varios actores institucionales (Mincetur, Indecopi, empresas exportadoras de Lima y trasnacionales minoristas que reciben los productos locales) cuentan una y otra vez como testimonio de sus esfuerzos a favor de las reformas y de la certeza de un resultado feliz. Cuando Mincetur anunció cuáles eran los seis talleres autorizados para comenzar el proceso de adopción de la nueva denominación de origen del pueblo —varios meses después del escándalo—, la noticia se celebró con una conferencia y una ceremonia patrocinadas por el Estado. A pesar de que en esos eventos se hizo énfasis en el rol protector del título de propiedad intelectual sobre las técnicas tradicionales de

Chulucanas, ninguno de los artesanos nombrados las practicaba, y cuatro de los seis talleres producían casi la totalidad de los pedidos a gran escala y en serie. De hecho, tres de los talleres nombrados estaban entre los acusados de haber participado en el envío de artesanías falsificadas que escandalizó al pueblo.

Artesanos como Carlos Flores saben que, aunque el escándalo puede haber dañado la reputación de los productores locales frente a actores externos como Céspedes, tuvo pocas consecuencias para los grandes productores que, según se decía, estaban involucrados en él. Aunque en el pueblo ahora se indica que el exportador que contrató el envío de artesanías falsificadas viajó al pueblo desde Lima, y llegó a enfrentarse a los artesanos implicados, diciéndoles con lágrimas en los ojos cómo habían podido traicionar su confianza, los grandes talleres no solo siguen trabajando sino que supuestamente son más productivos que nunca. Los artesanos locales me cuentan que esos grandes talleres que aparentemente participaron en el fraude no solo se salvaron de la vergüenza pública, sino que fueron casi inmediatamente contratados para otro pedido de exportación de la compañía ALLPA, de María del Carmen de la Fuente. Incluso el exportador que estuvo implicado de forma directa en el escándalo continúa operando, si no normalmente, sí con el deseo de recuperar lo perdido. Flores me cuenta que hace poco el desafortunado hombre se le acercó, impresionado por sus diseños, y le preguntó si consideraría asociarse con él. Me dice que no pudo evitar sentirse tentado por la oferta, pero que finalmente la rechazó.

Fotografía tomada por la autora. Piezas de cerámica preparadas en un taller de Chulucanas para su envío al extranjero.

3

Narrando neoliberalismo: relatos de asociaciones promiscuas

Una tarde de los últimos días de abril, finalmente, pude hablar con Julio Campos acerca de su trabajo. Lo había visto varias veces en Chulucanas —donde ha laborado como artesano desde su juventud— durante mis continuas visitas al pueblo. Varios meses después de que le pidiera hablar con él y al poco tiempo de que me fuera de Chulucanas, inesperadamente recibí una llamada suya. Para mi sorpresa, me decía que estaba en Lima y que se comunicaba desde un teléfono público, parado en una esquina cerca del parque Kennedy, en Miraflores. Antes de que Campos terminara de decirme que tenía menos de una hora disponible para encontrarnos, yo ya había empezado a reunir mis cosas, pidiéndole que se quedara ahí y que me esperara.

Campos había formado parte del primer grupo de artesanos de Chulucanas que comenzó a desarrollar activamente un mercado internacional, en una época en la que todo el moldeado se hacía a mano. Este grupo era la última generación de artesanos que había trabajado exclusivamente con esas antiguas técnicas que exigían demasiada dedicación y que producían piezas únicas con lentitud. En los días más activos de su profesión había sido uno de los artesanos más reconocidos de Chulucanas. Pero ahora había ganado fama en el pueblo por ser uno de los críticos más visibles y persistentes

—algunos dirían terco— de la producción moderna de artesanías. Antes de que los exportadores globales llegaran de Lima a mediados de los años noventa, trayendo nuevas tecnologías a los talleres para la producción en serie a gran escala, él estaba entre los pocos artesanos cuyas piezas fabricadas de manera tradicional circulaban y se vendían fuera de Chulucanas. Esto hizo que fuera muy respetado en el pueblo, y lo diferenciaba de otros alfareros tradicionales, cuyas ventas rara vez iban más allá del mercado local.

Reconocido por sus colegas como un maestro en su oficio, Campos había servido cabalmente como representante de los intereses de los ceramistas locales durante la etapa más activa de su carrera. Por más de una década, fue uno de los participantes líderes en el primer colectivo de artesanos del pueblo, la Asociación Vicus, llamada así por la cultura precolombina que llevó la alfarería a los desiertos del norte del Perú hace miles de años. Y cuando se formó una red interregional de artesanos, Renapla, a inicios de la década de 1990, para promover políticas de apoyo a los artesanos de todo el país, él fue uno de los tres ceramistas de Chulucanas elegidos para representar a los productores locales. Mantuvo su vínculo con esta asociación incluso después de que su actividad como ceramista empezara a declinar, a medida que la producción moderna a gran escala desplazaba a las técnicas tradicionales en Chulucanas. Precisamente, su rol como delegado en Renapla lo había traído a Lima aquel día. Durante los próximos días, la organización reuniría a sus miembros de todas las zonas rurales y urbanas del país para considerar nuevas propuestas legislativas, con el fin de crear políticas de desarrollo orientadas a los más de dos millones de artesanos de todo el Perú. Campos se quedaría en la capital solo para esas reuniones, y luego regresaría a Chulucanas en bus.

Cuando lo encontré, media hora después, estaba de pie junto al mismo teléfono del que me acababa de llamar, exactamente donde dijo que me esperaría, a unos pasos del parque Kennedy. Este parque de cuidados jardines —un punto referencial de Miraflores, distrito cultural y comercial de Lima— muestra hoy un atractivo desorden que probablemente no fue intención de quienes lo diseñaron. Rodeado de tiendas, restaurantes, galerías chic y cafés para turistas, y con taxis siempre ávidos de pasajeros transitando a su alrededor, todo ello le brinda extrañamente una coherencia estructural. Entre las cadenas de tiendas nacionales y extranjeras y el mar de letreros en español e inglés, avanza de forma frenética, un flujo imparable de turistas y consumidores "respetables" de la clase media limeña. Un grupo de compradores conversa y pasa a mi lado, y diviso la figura estática de Campos esperándome, solo, con los hombros ligeramente tensos y las manos sujetando fuertemente su mochila.

Nos sentamos en una mesa del café más cercano, el Café Suisse, un local que, como tantos otros en los alrededores del parque Kennedy, tiene un nombre extranjero. He esperado meses para poder hablar con Campos sobre su trabajo, su carrera y los hechos que lo convirtieron en uno de los más tenaces críticos del mercado de artesanías de Chulucanas, después de haber sido uno de sus miembros más representativos. Invito a Campos a escoger algo del menú, asegurándole que es lo mínimo que puedo hacer para agradecerle por su tiempo. Pero él duda y solo pide un jugo de naranja. Su incomodidad no desaparece ni siquiera cuando llega su orden; como si esperara reconocer a alguien, lanza miradas a las mesas cercanas, donde los clientes comen tranquilamente sus sándwiches y *mousses* de chocolate entre educadas risas.

Mantiene las manos tensamente recogidas sobre el regazo y comienza a hablar, explicando por qué decidió abandonar la artesanía después de tantos años de trabajo:

> [Ahora] algunos no quieren crear porque les copiaban [...] Empezaron a copiarse los modelos de nosotros y ya, pues, para qué crear [...] Mientras tú lo vendes [a algún precio], el otro lo va a vender [a la quinta parte] [...] Llegó un momento que a uno le daba miedo hasta mostrar las piezas porque inmediatamente se las copiaban [...] Ya no hay respeto por el autor. Ahora todo el mundo hace eso.

Comparando el "respeto por el autor" que antes promovían los artesanos con la denigración y contaminación creativa que trajo la producción moderna en serie, señala:

> Antes, definitivamente no era así. Cada uno tenía sus modelos, sus clientes y los vendía. Los clientes llegaban a nosotros. Pero luego llegaron unos malos clientes que empezaron a *prostituir* la cerámica. Digamos que llegó a una situación tan *descabellada* de venderla a mucho menos precio. Y eso trajo como consecuencia que ya no valoraban la cerámica. Ya no existía el valor. Solo la plata.

La tendencia de Campos a no callarse nada y la intensidad moral de sus palabras son la razón de que se haya ganado esa fama de crítico inflexible de la cerámica de Chulucanas orientada a la exportación. De hecho, varias personas a favor de exportar me habían comentado que esto era característico de él, aconsejándome tener cuidado con sus afirmaciones y asegurándome que era un "amargado" al que le gustaba hablar mal de los demás. Es difícil conciliar esa imagen de Campos con la del artesano cortés que ayudó a iniciar el comercio internacional de la cerámica chulucaneña décadas atrás. Y más teniendo en cuenta que alguna vez contó con la estima del pueblo y que ahora es uno de los únicos artesanos de los de su época que mantiene un fervor moralizador contra la producción en serie de artesanías.

Sin embargo, si sus detractores buscaban socavar su credibilidad, lo que han logrado es que Campos mida sus palabras al hablar de su relación con determinados actores. Repite varias veces durante nuestra conversación, que él "no está en contra" de ninguno de los que ayudaron a desarrollar el mercado de artesanías de Chulucanas para la exportación: ni contra los exportadores, ni contra Indecopi, ni contra Mincetur y su centro administrativo local, CITE, ni contra sus colegas artesanos que ahora colaboran con la exportación. Pero la acusación explícita en su tono, aunque débil, es difícil de disfrazar por completo. Y me cuenta, moderando su indignación, con algunas salvedades:

> *No estamos* en contra del desarrollo [...] Todo pueblo tiene derecho a desarrollarse, pero con ciertos parámetros. Nosotros no nos oponemos. Pero hubo empresas que empezaron a exportar cantidades enormes. Y eso hizo que bajaran los precios y que se devaluara el valor de nuestro trabajo de la cerámica.

Y se inclina ligeramente hacia adelante cuando comienza a describir las supuestas traiciones entre artesanos y la presunta —aunque no confirmada— guerra de precios entre ellos por los contratos de exportación. Con voz tranquila, me dice: "[Se dice que] a veces recibe modelos y los lleva a otros talleres. No lo he comprobado, pero eso es según lo que me comentan miembros".

Sin embargo, incluso con sus reservas, Campos no se contiene y varias veces rompe el tono de diplomacia civilizada de su relato. Y no se disculpa por la desgracia o la vergüenza que se revela en lo que cuenta. Es esta opinión inflexible acerca del mercado exportador de Chulucanas (actualmente conquistado por otros artesanos locales) lo que lo ha convertido en una figura controvertida entre sus colegas en los últimos años. Pero si bien condena, de modo firme, la producción para exportar, muestra una evidente y marcada incertidumbre sobre los intereses de sus colegas artesanos y las alianzas acordadas entre ellos. Se ve muy reticente cuando empieza a hablar de las relaciones entre los productores de Chulucanas y de su compromiso declarado de preservar la cohesión social:

> A mí, me gustan hacer críticas constructivas, no destructivas. Creo que me dijo que yo estaba mal al decirle eso. [Pero] a mí, me gusta conversar [...] y creo que las cosas se arreglan hablando [...] Ahora hay un entorno [que vemos], no exactamente una persona [que] es la mala de la película [...] La idea es que trabajemos juntos y unidos. Pero eso no importa [ahora].

Dice esto, y la dureza e indignación desaparecen de su voz. Lo escucho y no puedo evitar pensar que quizás sea su figura conflictiva entre los artesanos, a los que alguna vez consideró sus colegas y a los que dedicó mucho de su trabajo, lo que explica en parte su incomodidad e inseguridad generales, rasgos que noté en él incluso cuando lo vi en Chulucanas.

Es esta relación irregular con el grupo de productores cada vez más grande y diverso de Chulucanas lo que se preocupa por explicar antes de que nos despidamos. Agregando que hizo las paces con los nuevos desarrollos en su pueblo y con las tensiones que ahora marcan sus relaciones con otros artesanos, me dice: "Son cosas que pasan. [Y ahora] no tengo rencor con nadie". Baja los ojos por un momento con una pena callada que creo solo haber visto en aquellos que han amado algo durante mucho tiempo y que sufrieron un rechazo. Cuando vuelve a hablar, lo hace aún con la mirada baja y contemplativa, como si ya no importara que estuviese hablando con alguien o para sí mismo: "Conozco a mi gente de Chulucanas. Y entiendo también que no siempre te llevarás bien con [todo el mundo]".

Aunque anteriormente había escuchado mucho acerca de Campos, nuestra reunión me dejó con una fuerte impresión. Luego de pasar varios de los últimos meses hablando con diversos actores involucrados en el desarrollo de la denominación de origen de Chulucanas, entre ellos, por supuesto, los artesanos que manejan los talleres más grandes de exportación y que representan a la mayoría autorizada a usar el título de propiedad intelectual, ya había oído a varios otros artesanos hablar del deterioro de los lazos comunales. Los testimonios de acciones irrespetuosas en la comunidad y de infamias sociales entre colegas artesanos, de lealtades y confianzas locales rotas para construir lealtades y confianzas globales, y sobre la degradación del respeto al autor, se habían repetido tan frecuentemente y de tantas maneras, que en unos pocos meses ya se me hacían inesperadamente familiares. Cuando llegué por primera vez a Chulucanas, tomé esas señales de relaciones sociales rotas como una curiosidad desconcertante. Dada la nueva distinción global del pueblo por haber recibido un título de propiedad intelectual por su producción alfarera tradicional y por haber sido elegido para recibir nuevas inversiones privadas y estatales, yo esperaba encontrar una comunidad en celebración o alguna forma de expresión pública que mostrara una conciencia colectiva renovada entre los artesanos. A los funcionarios del Mincetur y de Indecopi y a los exportadores internacionales con los que hablé en Lima, solo les escuché rotundos elogios por los diversos esfuerzos públicos y privados que habían ayudado a garantizar la incorporación de Chulucanas en una economía de mercado moderna. Casi de manera uniforme, y como un testimonio casi inequívoco del poder integrador y salvador de los mercados globales para los productores tradicionales, me habían asegurado que Chulucanas era un ejemplo de desarrollo rural.

Llegar al pueblo y descubrir una serie de narraciones totalmente distintas fue como un rompecabezas para mí. A pesar de los apasionados testimonios sobre la transformación rural que circulaban en Lima, los productores de Chulucanas mostraban poco entusiasmo colectivo o ánimo celebrador por las transformaciones que había experimentado la localidad. Y aunque me hablaron muchas veces de los éxitos civilizadores de la exportación internacional, había muy pocas señales de que los artesanos locales de verdad se reunían para reconocer, celebrar o disfrutar un momento placentero por los resultados prometidos. Algunos artesanos (principalmente los que operaban los talleres más grandes del pueblo), aduciendo que tenían plazos de entrega y que no podían interrumpir la producción, se negaron al inicio a hablar conmigo, manteniendo las puertas de sus talleres cerradas a personas ajenas al pueblo y a quienes no eran trabajadores. Cuando los productores comenzaron a conversar conmigo, lo hicieron de forma privada, contando cada uno historias de traición cultural, de robo de diseños, de guerra de precios, de explotación salarial y hacinamiento y de precariedad laboral, como prácticas que se habían expandido abiertamente entre los artesanos en los últimos años.

Generalmente, los artesanos me contaban estos testimonios en privado: en caminos aislados, en conversaciones cara a cara o en sus casas. Esperaban, por ejemplo, que estuviéramos a una distancia segura de los espacios públicos del pueblo, y solo entonces empezaban a expresar su desconfianza en las instituciones del Estado y en las asociaciones civiles que no solucionaban esos abusos. Y me contaban estas historias como si fueran un secreto, en voz muy baja, como si hablaran de un tabú. Había una común y evidente falta de seguridad, colectividad y confianza. Expresadas en conversaciones privadas, estas narraciones sobre el deterioro de las relaciones locales generalmente son ignoradas por los promotores de la exportación e incluso por algunos residentes del pueblo, que las consideran simples "chismes". Asegurándome que son solo habladurías o lamentos irracionales de productores fracasados que no pudieron ir más allá de su mercado primitivo, los actores que rechazan los rumores dicen que es necesario tener cautela con lo que se intenta pasar como "testimonio" objetivo, evaluación confiable y conocimiento fidedigno sobre los desarrollos locales. Incluso otros artesanos, especialmente los responsables de grandes pedidos de exportación, condenan la creciente incidencia de testimonios que generan sospechas entre sus colegas. Disculpándose por los problemas que causa la "afición" local por el chisme, algunos artesanos explican que esos rumores son una desafortunada reacción a un éxito profesional que los murmuradores no pudieron alcanzar. Uno llega rápidamente a la conclusión de que ese discurso malicioso en realidad no es más que simple celos, ambición y rencor entre artesanos.

Pero enfocarse solo en el chisme y evaluarlo sobre la base de su capacidad de describir adecuadamente la verdad, pasa por alto un punto esencial de su función. A pesar de los intentos de resaltar la nula credibilidad de su contenido, el hecho de que haya que hacerles frente revela que en realidad no son "simples chismes" y que sí tienen una fuerza social. (El hecho de que los investigadores de diversos contextos históricos y culturales, provenientes de distintas disciplinas académicas, se hayan topado con rumores y relatos increíbles y que hayan tenido que lidiar con ellos, parece evidenciar la persistencia y resilencia de las voces que corren entre el público como una característica de la sociedad.) De hecho, los antropólogos, historiadores y científicos de la comunicación han desarrollado la idea de que el rumor y el chisme son más bien actividades profundamente sociales que buscan concretar lazos sociales y afirmar valores colectivos, condenando el comportamiento que se aparta de las normas de la comunidad (Darnton 1999, Gluckman 1963, Taussig 1991, White 2000). Al delimitar las fronteras de la acción individual potencial, ese discurso sirve para dar forma y construir espacios socialmente compartidos. O como dice Luise White (2000): "El chisme y el escándalo servían para disciplinar a las personas, tanto a las personas que chismoseaban como a las víctimas de los chismes: ambas afirmaban valores y definían los estándares de la comunidad".[1] Los investigadores han remarcado además que los chismes pueden evidenciar la historia personal de vida y aprendizaje dentro de una comunidad, creando vínculos y límites en torno a aquellos de los que se habló y a los que se habló. Si "parte importante de ganar la pertenencia a un grupo es enterarse de sus escándalos"[2] (Gluckman 1963), ser capaz de reconocer, estar de acuerdo y participar de la condena sobre dichos escándalos permitiría a los individuos concretar su inclusión como miembros de la comunidad.

Las constantes referencias de Campos a una condena colectivamente compartida de las nuevas prácticas de la exportación y su uso de la palabra *nosotros* cuando hablaba conmigo son cruciales, precisamente por la forma en que se ve a sí mismo hablando a nombre de otros miembros y en representación de ellos. Al invocar e imaginar la fuerza de una comunidad existente (incluso si es invisible), y al denunciar el deterioro de la confianza, la explotación de los trabajadores y la hípercompetitividad que ahora definen a las actuales relaciones con respecto a la cerámica, dichas narraciones buscan conservar y defender los vínculos sociales que las transformaciones para la exportación parecen haber socavado en el pueblo. Por supuesto, la función del chisme para expresar las trasgresiones comunes de las normas de la comunidad es crucial, pero también lo es para denunciar las trasgresiones extraordinarias. Su surgimiento y circulación como forma de discurso y el contenido particular de su lenguaje pueden estar especialmente vinculados a momentos de grave crisis, cambio radical y transformación en las comunidades —es decir, a momentos en los que la invasión social, la inseguridad y la amenaza no solo son inminentes sino que ya han comenzado con toda su fuerza. Así, los antropólogos han indicado que la transmisión de rumores, chismes y relatos insólitos era especialmente prolífica entre las poblaciones esclavizadas durante la etapa colonial, cuando la amenaza constante e impredecible de

1. Esta y las demás citas de White 2000 en el capítulo son una traducción para este libro.

2. Traducción para este libro.

violencia producía historias de vampiros, de avistamiento de demonios e innumerables relatos de terror (Comaroff y Comaroff 2005, Taussig 1991, White 2000). Con el fin de expresar el impacto y la condena psicológicos en condiciones de agitación, esos relatos morales "[...] brindaban una vía poderosa para hablar sobre ideas y relaciones que necesitaban ser descritas [...] [y que] eran tan importantes que eran narradas en un nuevo lenguaje" (White 2000: 30). Frente a las fuerzas de mutación global, que demuestran estar más allá del control local y que atacan a diversos intereses de un lugar, esa forma de establecer y concretar vínculos locales (y de demostrar qué es lo que permanecerá inmutable y constante, a pesar de las condiciones de rápido cambio), surge como un valor nuevo y más intenso.

Es relevante, entonces, que artesanos peruanos como Campos hablen en un lenguaje explícitamente directo y moralizante de promiscuidad, describiendo la "prostitución de la cerámica", la "falta de respeto por los autores" tradicionales y la época "deshonrosa" que vivieron los artesanos de Chulucanas cuando la producción en serie llegó al pueblo. Al narrar la promiscuidad, los "chismes" locales buscan resaltar críticamente varios aspectos de las condiciones transformadas que ahora definen la elaboración de artesanías en el pueblo. En primer lugar, los mercados orientados a la exportación promueven relaciones en las que la obligación y fidelidad se minimizan. La lealtad se practica en la medida en que sea conveniente y beneficie a un actor determinado, y es un acto que se espera sea breve y altamente contingente al momento de ser expresado. Y los socios (como lo son para las compañías de exportación, por ejemplo) pueden ser diversos y flexibles, dependiendo de qué tan bien cumplen con las demandas específicas de un solicitante. En segundo lugar, dichas relaciones pueden ser vistas como promiscuas en la medida en que sean consideradas como algo excesivo o que violen la ética de la comunidad y amenacen las nociones de confianza social, salud y seguridad. En tercer lugar, esas relaciones finalmente pueden ser consideradas como promotoras de la competencia entre actores que buscan el afecto, atención y los favores limitados de un solicitante. En este caso, la competencia entre los artesanos genera ventajas (al menos temporales) para los exportadores, a quienes se les puede prometer precios más bajos o plazos de producción acelerados para asegurar contratos de exportación. Y, por último, dichas relaciones funcionan para disolver espacios de solidaridad, seguridad colectiva y confianza del público. Los intereses se vuelven a centrar en la necesidad individual y el egoísmo. Como si se tratara de un romance ilícito, tales relaciones vienen envueltas en un velo de acusaciones sin confirmar contra los artesanos en competencia, que sirve solo para erosionar aún más los lazos sociales.

Y si dichos testimonios de promiscuidad y el lenguaje vívido o adornado que se les atribuye poseen fuerza y dramatismo, es en parte porque esa contundente forma de expresión se percibe como necesaria. Esas enérgicas descripciones se emiten para defenderse de la oposición externa percibida y de las narrativas dominantes establecidas, y para contrarrestarlas. Si las narrativas dominantes acerca de Chulucanas surgidas en la capital y que circulan a escala nacional celebran el desarrollo orientado a la exportación en los pueblos rurales y predican el cultivo de relaciones civilizadas y modernas a través de los mercados globales, las contranarrativas de los chismes rurales describen las relaciones locales como moralmente comprometidas, radicalmente individualizadas y cada vez más promiscuas. Al insistir en las capacidades desorganizadoras del libre mercado y no solo en su supuesto potencial civilizador, dichas narraciones resaltan la ausencia radical de espacios públicos compartidos y la pérdida de colectividad en Chulucanas. En otras palabras, afirman una serie de testimonios profundamente morales y considerablemente moralizantes en un esfuerzo por preservar la vida comunal y exponer lo difíciles que se han vuelto las relaciones civiles y el espacio público.

Mientras los promotores neoliberales de la exportación insisten en el poder emancipador y civilizador de los mercados globales, los testimonios de los artesanos locales sobre la desintegración social subrayan su capacidad destructiva y "descivilizadora". Aunque para reclutar a la gente, los actores proexportación apelan a la evidencia racional de la promesa civilizadora del mercado moderno y a la fe casi religiosa en el potencial salvador del capital global, los artesanos denuncian una traición a la ética de la comunidad y condenan el aumento de abusos intercomunales con el fin de evitar dichas asociaciones. En oposición a las historias de salvación neoliberal y a las narrativas de desarrollo dominantes sobre el progreso rural, surge otra serie de relatos hípermoralizantes. Estos testimonios redefinen a los actores interconectados globalmente para el desarrollo de la exportación y a sus socios neoliberales como partes involucradas en relaciones de promiscuidad con diversos participantes, incluso con algunos que tienen intereses opuestos al desarrollo de la comunidad. Y si bien no logran destruir la narrativa dominante por completo, al menos sirven para desestabilizar su legitimidad y autoridad, convirtiéndose en un recordatorio constante e inconveniente de lo que se ha sacrificado en nombre del progreso neoliberal y su red orientada al libre mercado.

Pero estos relatos de promiscuidad no pueden considerarse completamente heroicos. Por mucho que se atribuyan la representación o defensa de los intereses y la estabilidad de la comunidad "original", estas historias surgen como respuesta explícita a los rápidos cambios que son consecuencia de la integración global. Y aunque estas transformaciones locales sean percibidas como impuestas desde fuera, dichas narrativas se dirigen y castigan principalmente a actores de la comunidad. Por tanto, al reivindicarlas, pueden efectuar sus propios cambios en las relaciones intercomunales, declarando y polarizando divisiones sociales locales ya existentes, y produciendo nuevas narrativas morales acerca de artesanos auténticos y ajenos, nativos y foráneos, y pureza y promiscuidad (Comaroff y Comaroff 2005; Nugent 1997, 2001).

Sin embargo, antes de estas historias "sobre el origen", había un conjunto de historias previas que tienen que volver a contarse.

Civilización e historia oficial

En la oficina comercial de ALLPA en Lima, Nelly Cánepa y María del Carmen de la Fuente intentan explicarme su uso de la palabra *criollo*. Las dos mujeres que dirigen ALLPA han usado ese término para describir a algunos de los artesanos de Chulucanas a quienes han conocido durante los años en que han trabajado en el pueblo, y evidentemente lo utilizan para expresar algo más específico que la aplicación común y moderna de la palabra en el Perú. Empleado en expresiones de la terminología cotidiana, como en *música criolla* o *comida criolla*, el término se aplica muy frecuentemente en el Perú a un rango de formas culturales identificadas a escala nacional (incluidos bailes, tradiciones musicales y artes culinarias) que han estado en práctica desde que se obtuvo la independencia de España. Haciendo énfasis en la innovación cultural producida por la mezcla de europeos, esclavos africanos y poblaciones nativas durante la época colonial (y no en la opresión), en la actualidad el término intenta captar y celebrar la identidad nacional independiente de los peruanos como un pueblo de razas y culturas diversas, cuyo patrimonio compartido surgió de las mayorías que han pasado a la historia. Al ser un término que técnicamente se refiere a la población de sangre española nacida en el Perú durante la Colonia, da origen a una diversidad de asociaciones; desde la idea de una élite europea en la época colonial, pasando por los descendientes de europeos nacidos en América que eventualmente traicionaron a la Corona española durante los movimientos por la independencia del siglo XIX, hasta la promesa de pluralismo cultural e integración nacional. Ciertamente, el proyecto de unificación nacional que los libertadores del siglo XIX intentaron llevar a cabo y la promesa de crear un solo conjunto de ciudadanos con intereses comunes e iguales derechos todavía persigue al Perú, así como a muchas otras naciones americanas, en el siglo XXI. Esa promesa rota se traduce en la ambivalencia, confusión e incluso en la controversia que puede provocar simultáneamente el uso de la palabra *criollo* hoy en día. En otras palabras, es un término cuyo significado no está para nada establecido y casi siempre necesita una explicación, un debate y una profunda reflexión (De la Cadena 2000; Mazzotti 2008; Morana, Dussel y Jáuregui 2008).

"*Criollito* es ser... ah claro, el que quiere sacar ventaja de una situación", explica Cánepa, buscando el significado exacto. "Vivo... De hacerse el pobrecito, de hacerse como el provinciano que no sabe, pero la verdad sí sabe", insiste De la Fuente. "¡Sí sabe y bastante! Eso sería hacerse el criollito. Es criolla porque la palabra es como el mestizo que aprendió, que aprendió de las dos culturas. [E] hizo su combinación para sacar la mejor ventaja", interrumpe Cánepa. "Un criollo *no es un caballero*. Es una persona que trata de jugar contigo [...] [Como cuando] nos dice: 'No tengo plata para devolverte tu préstamo'. Eso indica que no eres una persona seria, que no eres alguien que *cumple su palabra*... Entonces, no todos son caballeros, algunos son un poco vivos", señala De la Fuente, hablando esta vez con más soltura. Hay un breve silencio y casi pienso que ambas han terminado ya su explicación, cuando Cánepa finalmente agrega: "[Y] es una forma de defensa también. Es como una respuesta a lo que han recibido antes, [a] una dominación".

Aunque ni De la Fuente ni Cánepa hacen énfasis en el origen histórico del término o en su referencia específica a las clases dominantes con ascendencia europea nacidas en América, aún se siente que esta palabra está asociada con la doble obligación hacia sitios globales, los vínculos rotos y las conductas deshonrosas. Y por lo menos en su descripción de las disposiciones del mercado del siglo XXI, las dos socias de ALLPA se han ganado el derecho de hablar con esa convicción. Al ser operadoras de la compañía de exportación líder que hoy en día envía los pedidos de artesanías más grandes a cadenas extranjeras como Target y Pier One, ALLPA es responsable de gran parte de la presencia y circulación global de los productos artesanales de Chulucanas. Aunque los artesanos locales ya habían estado distribuyendo sus artesanías de fabricación tradicional a un pequeño grupo de vendedores extranjeros en los Estados Unidos y Europa en la época en que los socios de ALLPA llegaron por primera vez al pueblo, hace más de dos décadas, sus productos se vendían en pequeñas cantidades a tiendas y galerías. Reconociendo inmediatamente su atractivo en el mercado y su potencial no aprovechado para la producción a gran escala y su comercialización internacional, De la Fuente y Cánepa se convirtieron en el primer equipo exportador que comenzó a organizar a los artesanos para una producción que prepararía el camino para obtener la propiedad intelectual de las artesanías. Con el diseño de un conjunto de transformaciones y la inversión en tecnologías orientadas a acelerar y amplificar la producción de los artesanos, hicieron que los talleres locales pasaran de ser talleres de producción manual a pequeña escala a ser talleres de fabricación masiva. Y aunque varios otros empresarios han seguido su ejemplo y han establecido una nueva base de exportadores que compiten en el mercado artesanal de Chulucanas, resalta que ALLPA haya mantenido su condición de líder en este campo.

Para los socios de ALLPA, también es importante el hecho de que haya sido una compañía dirigida por mujeres la que forjó el mercado de exportación, particularmente porque entendieron muy bien que lo crucial en su trabajo de modernización de Chulucanas era lograr que los artesanos pasaran de sus tradiciones de intercambio "criollas" a nuevas formas civilizadas de relación empresarial. Sentada detrás del escritorio, rodeada de papeles cuidadosamente apilados, Cánepa explica: "Es todo un tema el pequeño productor artesanal en el Perú. Es todo un tema convertir al artesano en un empresario, es un reto complicado. Son mentalidades, es más que un tema de infraestructura y de tecnología. También es mentalidad".

De la Fuente elabora un poco más la idea: "Lo que nosotros buscamos con los artesanos es el líder, el líder que pueda ser la *excepción* [con] esa *mentalidad*. Cuando encontramos un líder, entonces por ahí empujamos, invertimos, lo capacitamos". Remarca que lo que diferencia a un artesano en el que vale la pena invertir no es su capacidad como artesano, sino que tenga una mentalidad empresarial apropiada. Dicha orientación significa ser un hombre de negocios serio, capaz de reconocer una oportunidad de mercado y de aprovecharla. Indica también que estas actitudes son escasas entre los artesanos rurales, sin importar cuán hábiles sean:

> No es fácil, es muy difícil [...] Pueden ser muy hábiles con las manos, pero digamos mentalmente son parejos, son limitados [...] Bajo las mismas condiciones no todos reaccionan de la misma manera. Algunos saben cómo aprovechar mejor las oportunidades y tienen una mentalidad más empresarial, una mentalidad más seria. Eso quiere decir que se esfuerzan más. Porque *ser hombre de palabra*, ser *serio*, es difícil. Es mucho más fácil decir algo y luego no hacerlo.

Agrega que trabajar con los artesanos de la costa norte del Perú, donde algunas costumbres locales, como la siesta y el consumo de chicha, están muy arraigadas, fue un desafío especial: "[Chulucanas] es un pueblo que tiene costumbres de pueblo de la costa [...] y nos costó mucho luchar contra esas costumbres, la de tomar, la de cumplir con un horario de trabajo [...] porque es otra cultura. Y cuando tú montas una empresa que quiere atender el mercado de exportación, la limpieza, el orden, la eficiencia son valores muy importantes".

De la Fuente y Cánepa conversan conmigo en el piso más alto del edificio en el que ALLPA conduce sus operaciones en Lima. Es un espacio acogedor, bañado por la luz del sol, ubicado sobre la sala de exposiciones principal de la compañía, donde se exhiben elegantemente varias muestras de sus actuales colecciones de exportación, a modo de galería, en estantes y mesas iluminados con luz tenue. Cuando ambas empezaron a trabajar con los artesanos de Chulucanas, pasaban la mayor parte del año en el pueblo, supervisando el desarrollo de las nuevas tecnologías de producción y llevando a cabo personalmente sesiones de capacitación con los artesanos en sus talleres. Hoy, ambas aún visitan ocasionalmente el desértico pueblo en el que la compañía inició su negocio. Sin embargo, el éxito ahora les permite emplear a un equipo administrativo que coordina la mayoría de las operaciones locales con los talleres asociados actualmente en Chulucanas. De la Fuente y Cánepa conducen su negocio la mayor parte del año en este cómodo ambiente de la sede de la compañía en Lima, y es ahí donde generalmente se reúnen con los artesanos chulucaneños que viajan a la capital para definir los detalles de sus contratos.

De la Fuente vuelve a insistir en que aprender las normas de las negociaciones comerciales actuales, así como respetarlas, es un rasgo poco común entre los artesanos, incluso entre aquellos de la generación más reciente que se hicieron adultos durante el *boom* de la exportación: "Es también la mentalidad, la actitud". Señala que el artesano que logra asociarse con su compañía posee unos rasgos particulares de "modernidad", "honestidad" y "honorabilidad": "[Es un artesano que] busca modernizarse. Es abierto, sabe comunicarse [...] Es lo que nosotros llamamos un *caballero*. Es una persona muy formal, que dice una cosa y la cumple, busca *cumplir lo que dice*. A veces eso no es frecuente [...] Dicen una cosa y después hay alguna A, B, C razones y no cumplen".

De la Fuente también señala que su trabajo consiste en fomentar la transformación total de los productores rurales hasta convertirlos en hombres de negocios que puedan honrar y respetar las normas de la economía moderna. Dicho cambio, asegura ella, es especialmente radical, ya que implica básicamente redefinir los términos bajo los cuales los productores rurales se entienden a sí mismos. Al hablar de esta evolución de la identidad como un proceso civilizador, De la Fuente señala que esto implica no solo adoptar la identidad de un emprendedor sino también eliminar y deshacerse completamente de la identificación como artesanos y trabajadores manuales. "Es importante para nosotros que *ya no es un artesano* [sino que] es un empresario," señala. Agrega además que un artesano puede demostrar su transformación en emprendedor moderno precisamente "respetando" los préstamos financieros y las inversiones de ALLPA. Y especifica que esas características y valores, aunque no están naturalmente presentes entre los artesanos rurales, pueden fomentarse en ellos a través de la participación en la economía de mercado. "Pensamos que no es bueno que reciban todo como una donación. Porque al final las inversiones es dinero que no les cuesta. Entonces pensamos que siempre el empresario debe tener la costumbre de usar un capital ajeno y devolverlo. Esa es una forma de educarlo dentro de su proceso de crecimiento empresarial. Debe respetar devoluciones, pagar intereses, es parte de su formación".

De la Fuente vuelve a insistir en que había pocos hombres de "honor" e "integridad" en Chulucanas antes de que compañías como ALLPA llegaran y comenzaran a promover una nueva ética de exportación global en el pueblo, y detalla la forma poco civilizada con la que los artesanos acostumbraban dirigir sus talleres. Se lamenta de lo que considera la persistencia de una conducta poco ética, ordinaria y hasta salvaje entre los dueños de talleres en Chulucanas: "No valora el trabajo de su gente. No paga bien, la gente se va, [y] no le desarrollan lealtad". Añade que la lealtad entre los artesanos locales ha perdido valor, lo cual se evidencia en la ausencia general de expresiones de compañerismo y apoyo:

> En Chulucanas, como en muchos lugares había mucha desconfianza. Si un artesano avanza, los demás están mirándolo con celos. Y si uno aprende algo, después no quiere compartirlo con el colega, con el vecino. Y nosotros sí, nosotros llevamos una tecnología para todos los que quieran [...] No sentimos que haya suficiente interés de parte de los artesanos en beneficiar a su pueblo. Sentimos que son un poco egoístas.

Señalando explícitamente que el egoísmo es común entre los artesanos rurales y sugiriendo que estas costumbres, hábitos y naturaleza locales están muy arraigados, De la Fuente insiste en que el interés personal prevalece, a pesar de las indicaciones de los exportadores de que desarrollen relaciones más cívicas: "Pensamos que deberían involucrarse más en la vida de su comunidad, participar más en las actividades que se llevan a cabo en Chulucanas para ver de qué manera ellos pueden colaborar para un mayor beneficio [pero] no les interesa mucho".

Niega con la cabeza, como enfatizando lo mucho que lamenta el persistente egoísmo entre los artesanos rurales y su aparente disposición natural a ir en contra de las relaciones modernas y cívicas, a pesar de los supuestos intentos de los exportadores por promover mentalidades modernas y de colaboración: "Pensamos que deberían involucrarse más en la vida de su comunidad [...] [pero] están más metidos en sus talleres, acumulando dinero y no pensando en que tienen que compartir más con su comunidad".

Modales de mercado

Las empresarias de ALLPA señalan que la conducta vulgar y rebelde es un problema persistente en los pueblos como Chulucanas, y que el mercado global es capaz de corregir esos comportamientos poco corteses a través del desarrollo de una nueva ética y de modales supuestamente más confiables y civilizados; esto es esencial para la narrativa dominante que circula acerca del desarrollo rural. Y aunque solo es un testimonio sobre los recientes desarrollos en Chulucanas, el poder persuasivo de su narrativa no debería subestimarse, particularmente fuera de las fronteras del pueblo. Si ha logrado convencer, ha sido en parte porque no es novedad y ya ha tenido resonancia a través de fórmulas occidentales universalizantes. Los Estados-nación modernos desarrollaron y aseguraron distintas formas de participación cívica de diferentes pueblos gracias a la promesa (o "mito", según Blom Hansen y Stepputat 2001) de hacer realidad una sociedad "civil" compartida (Blom Hansen y Stepputat 2005; Nugent 1997, 2001; Rama 1996). Mucho antes de los proyectos de construcción de un Estado democrático en el siglo XVIII, según investigadores de la ciencia, las nociones de "civilidad" y credibilidad regían las relaciones sociales particulares que se extendieron gracias al patrocinio de las primeras investigaciones científicas que realizaron las Cortes de la época barroca.

El historiador de la ciencia Mario Biagioli, por ejemplo, señalaba que el rediseño de la identidad y la adopción de conductas respetables y "discursos educados" fueron esenciales para el éxito profesional de Galileo como cortesano y científico natural del siglo XVI. Precisamente, debido a que "la nobleza y credibilidad individual eran percibidas como algo relacionado" (Biagioli 1993: 14), los científicos naturales tenían que preocuparse por "encajar en la cultura de los príncipes, los patrocinadores y los cortesanos", como parte esencial de su legitimación como hombres que buscaban una verdad objetiva e imparcial. Los historiadores Steven Shapin y Simon Schaffer (1985) escriben también que cultivar una conducta "modesta", mesurada y caballerosa era algo básico para demostrar que uno era un miembro digno de la sociedad de filósofos naturales de Europa y un contribuyente valioso de la comunidad del conocimiento en el siglo XVII. Haciendo énfasis en cómo la práctica y "la demostración de cierto tipo de moralidad era una técnica en la creación de los hechos" (Shapin y Schaffer 1985: 65), cuentan que los filósofos naturales de la época se esforzaban por adoptar "posturas morales y modos adecuados de discurso" (1985: 66) como una forma de desarrollar audiencias civiles y elegantes para su trabajo y de establecer su propia credibilidad profesional. Una particularidad de esas tácticas para crear confianza era mostrarse como un hombre de "carácter noble", interesado más en el "avance de la verdadera filosofía natural" que en la reputación y progreso personales o la "celebridad individual que podrían nublar el juicio" (1985: 66). Esa casta de hombres "sobrios y modestos" se distinguía no solo de otros filósofos naturales, sino también de la población en general, y se podía confiar en ellos por ser más creíbles, precisamente porque su equilibrio interno, su civilidad y su prudencia presumiblemente "evitarían que afirmaran más de lo que podían demostrar" (1985: 65).

Por supuesto que hay algo distinto en la narrativa de los exportadores. Si se tratara de una fuerza civilizadora que pudiera otorgarse a las personas privilegiadas en general (y a las personas de la ciencia, especialmente), sería aún un poder que podría ejercerse a través de una sola entidad política soberana. Era ese poder soberano (no un amplio público democrático o un mercado global) el principal protector de las relaciones civiles y en cuyas manos descansaba el ascenso de la civilización, con su promesa de orden, paz y estabilidad. Antes del crecimiento de las economías modernas, controlables y reguladas por la ley, el mercado se percibía como opuesto a las fuerzas civilizadoras del poder soberano y el gobierno. "Gobernados" por la perfidia de los piratas y de las masas revoltosas, los mercados eran imaginados como espacios populares y comunes en donde la hipocresía, la falta de legitimidad y de credibilidad podían fluir libremente. Su espacio podía leerse como un territorio no gobernado que no vigilaba la conducta de los irrespetuosos y que alimentaba las actitudes excesivas y extralegales de los no virtuosos (Philip 2005).

El advenimiento de los Estados-nación modernos y neoliberales permitiría que la promesa de civilización se extendiera más allá de los círculos exclusivos de confianza constituidos exclusivamente por nobles y aristócratas, a una población de ciudadanos comunes con una concepción más amplia (Anderson 1983; Mallon 1994, 1995; Nugent 1997, 2001; Rama 1996). Los Estados neoliberales modernos, se aseguraba, buscarían en verdad integrar a los sujetos rurales y generalizar el comportamiento civil, extendiendo las relaciones ordenadas y legales a través de la construcción de instituciones públicas, escuelas, cortes y hospitales (Mallon 1995; Nugent 1997, 2001; Wilson 2001, 2007). Por medio de la administración de estos centros, los Estados modernos recién formados podrían encargarse de la asimilación de distintos sujetos, la creación de una nueva entidad de ciudadanos ordenados y el desarrollo de capacidades cívicas comunes en todas esas poblaciones. Si el mercado había sido desde hacía tiempo un obstáculo para el trabajo civilizador de la soberanía real y el emergente Estado-nación moderno, ahora sería resarcido. Ya no sería considerado un espacio donde se cultivaban actos de sedición y que traficaba con las fuerzas de los que se oponían al trabajo de los Estados; el mercado podría hoy volverse parte de la fuerza central de redefinición de artesanos no capacitados y rurales. De hecho, según los testimonios de los exportadores, solo a través de la recuperación local promovida por el mercado global los artesanos remotos y rurales pueden convertirse en hombres de honor, virtuosos, confiables y modernos, y como tales, puede otorgárseles la oportunidad de ser incorporados en la sociedad civil.

Esto es lo que explica por qué las exportadoras de ALLPA describen a los artesanos poco confiables y deshonestos como *criollos*, y la razón por la que sorprendentemente no vinculan el término con la independencia nacional del Perú. Con el fin de desplazar al gobierno como la fuente central de relaciones civiles y de reafirmar en su lugar al mercado (global), los exportadores vuelven a un momento en que la "civilidad" criolla atravesaba una marcada transición. Al tener vínculos biológicos con la metrópolis española, pero encontrándose alejada de ella física y culturalmente, la población de terratenientes criollos que ostentaba el poder local constituía un desafío histórico constante para las autoridades coloniales, siendo a la vez "cruciales para el poder del soberano y una amenaza para este" (Anderson 1983: 59). En otras palabras, era una población cuya lealtad a la Corona española era siempre necesaria para la administración colonial, pero cuya distancia física, cultural y política ponía esa lealtad en permanente cuestionamiento (Mazzotti 2008).

Y ciertamente, dirigiendo los movimientos emancipadores del siglo XIX, las élites criollas se levantarían contra la Corona española y harían realidad los más grandes temores de rebelión de la metrópolis, antes de heredar las naciones independientes latinoamericanas como clase neoliberal y gobernante. Con la promesa de desarrollar una nueva comunidad nacional, gobernando con la mano inclusiva del neoliberalismo, promovieron una identidad "mestiza" universal, posterior a la Independencia, con el fin de unificar a las poblaciones heterogéneas fragmentadas entre clases aristocráticas y clases esclavizadas, con divisiones rurales y urbanas y diversos linajes raciales (Alonso 2005; De la Cadena 2000; Mallon 1994, 1995; Poole 1997; Stepputat 2005). Los orígenes neoliberales del término *mestizo*, con su afirmación y ambición de crear una comunidad cívica, buscaban romper con las jerarquías biológicamente determinadas y con las divisiones socialmente esencializadas de las que dependía el gobierno colonial español; sin embargo, claro está, esa visión no llegó a plasmarse completamente en la realidad.

Es significativo que las socias de ALLPA hicieran tanto énfasis en los orígenes de las poblaciones "criollas" previas a la Independencia (cuando el término estaba marcado por una identificación ambigua, una lealtad incierta y el potencial de traición a la Corona española). Trae a la memoria el privilegio colonial de los gobernantes españoles y su lectura de las identidades híbridas criollas como amenazas y perturbaciones a la visión particular de "civilización" que dicho privilegio buscaba establecer. Era una atribución que se tomaban los gobernantes para enfatizar la interrupción del desarrollo de la civilización en el Perú y que atribuía dicha interrupción a los líderes criollos de la rebelión. Por tanto, su narración desvincula lo *criollo* de los libertadores latinoamericanos del siglo XIX y sus deseos de crear "civilizaciones" poscoloniales a través de modernos Estados-nación neoliberales. Al resaltar la condición de los criollos como serviles pero desleales y miembros de doble cara de la colonia española, la narración de los exportadores podía insistir en que las prácticas "criollas" y "mestizas" de deshonra y deshonestidad eran en realidad problemas persistentes y contemporáneos. Según su narración, la rebelión "criolla" no solo había fracasado en llevar a cabo la "civilización" peruana en el periodo inmediato después de la colonia española, sino que continuó siendo el principal obstáculo para el surgimiento de la civilización en el siglo XXI. Sin embargo, sus testimonios deben desvincular lo *criollo* de las definiciones hechas por historiadores e investigadores poscoloniales, que subrayaron las promesas inconclusas de las élites neoliberales criollas, quienes obtuvieron amplio apoyo de las comunidades provincianas en la lucha por la Independencia gracias a la promesa de extender la igualdad a todos los ciudadanos de una nueva república, pero acabaron reproduciendo las mismas jerarquías conocidas de raza y clase (Quijano 1993, 2007 [1989]).

Ciertamente, los promotores de la exportación global pueden afirmar que el mercado es capaz de asumir el rol de guardián de la "civilización" hoy en día, gracias a que dicho proyecto (y promesa) nunca se cumplió en manos de los modernos Estados-nación. Si la construcción de estados modernos y la creación de una entidad nacional de ciudadanos unidos por los mismos derechos compartidos y acceso al gobierno dependían del ideal de inclusión democrática y universal, dicha promesa sigue, obviamente, inconclusa siglos después (Mallon 1995; Nugent 1997, 2001; Steputtat 2005). Expresar el compromiso de garantizar los ideales de las democracias neoliberales emergentes (libertades individuales, derechos ciudadanos y limitación del poder gubernamental) permitió al nuevo Estado peruano independiente comparar su gobierno con el de la Corona española y extender su régimen, incorporar nuevos territorios y unificar a poblaciones dispersas (entre ellas, varios pueblos rurales e indígenas), que nunca antes se habían imaginado como parte de una comunidad compartida de "nación" (Anderson 1983). Sin embargo, la contingencia del Estado-nación neoliberal moderno, la desigualdad con la que se repartieron sus garantías, disposiciones y protecciones, y la exclusividad (en lugar de la "inclusividad") de la aceptación de la civilización, continúan persiguiendo al Estado moderno y posindependiente del Perú actual.

El proyecto inacabado de nación se experimenta de forma más aguda en las comunidades rurales como Chulucanas. Y aunque el mercado exportador internacional puede ahora atribuirse el trabajo de desarrollo rural e integración global, resalta que lo haga con una lógica y perspectiva de "civilización" radicalmente diferentes a las que aplicarían los modernos Estados neoliberales. Sin embargo, por mucho que los mercados globales en Chulucanas aumentaran su velocidad para alcanzar su capacidad distributiva, no se esforzaron en lograr la inclusión general de todos los ciudadanos ni fingieron que buscaban civilizar a todos los productores locales. Los artesanos pueden competir por ganarse los favores del mercado y por obtener la preferencia de los exportadores, incluso redefiniéndose como trabajadores de la información del siglo XXI y productores de propiedad intelectual, pero el alcance civilizador del mercado es condicional, parcial y siempre es fácil de anular, no importa cuándo ni en qué circunstancias se realice. La precariedad de la civilización y la negación de los recursos y garantías cívicas ya no necesitan mostrar evidencia de la negación de derechos o la marginalización de poblaciones, sino que pueden llegar a ser vistas como algo completamente natural. Si a las mujeres, las masas cobrizas y los hombres de carácter rebelde se les negaba universalmente los privilegios, gracias y protecciones otorgados por las coronas reales, ello se consideraba una exclusión basada en las deficiencias de sus propias naturalezas incurables, biológicamente preestablecidas (más que fallidas) y determinadas, su naturaleza esencial y sus disposiciones internas, mas no en las limitaciones del espacio "civilizado", sin importar cuán atados y retenidos estuvieran en dicho espacio (Haraway 1997).

Racionalizar lo inevitable de la precariedad en la civilización es un desarrollo discursivo crucial para la modernización en las condiciones neoliberales contemporáneas. Es precisamente esa lógica la que permite a De la Fuente y sus socios exportadores continuar operando como lo hacen, sin disculparse. Su categórica exclusión de los artesanos que no tienen la "mentalidad adecuada" y su proclamada inversión en solo aquellos "excepcionales" que demuestran efectivamente sus capacidades empresariales (y no sus habilidades artesanales), pueden ser consideradas no solo justificables sino totalmente necesarias. En la narrativa contemporánea sobre la capacidad civilizadora del neoliberalismo, no cabe lamentarse por aquellos a los que se les niega (ahora abiertamente) estos limitados recursos. Esta precariedad no solo se termina asimilando, sino que puede convertirse en el ideal mismo de dicha narrativa. Al redefinirse como una fuerza productora de eficiencia, que garantiza la "justa" distribución de recursos a quien realmente se los merece, negándosela a los que no son dignos, confiables, racionales o civilizados, la precariedad racionalizada de la civilización en el teatro neoliberal contemporáneo figura como un elemento que otorga derechos al que ahora se le puede atribuir la evolución social. Recuperada, precisamente, como una fuerza que motiva el mejoramiento y el progreso individual, mantiene a raya la tragedia de la precariedad de la civilización, invirtiéndola, convirtiendo más bien lo que podría ser causa de malestar o indignación en potencial romántico.

No debería sorprendernos que no todos los actores estén convencidos de las afirmaciones románticas de la narrativa neoliberal de civilización, por empoderada que esté gracias a sus autores o por deslumbrante que sea su desempeño. Un análisis tan estrecho sobre la distribución de interés, como lo demuestra la visible y sorprendente lógica contemporánea de abandono (Biehl 2005), se hace cada vez más difícil de esconder, sobre todo para aquellos que ya están íntimamente acostumbrados a los márgenes de la vida, como es el caso de las personas pobres y rurales de una nación. Los historiadores de la ciencia, de forma inmediata, nos recuerdan que se podía asegurar la participación voluntaria de los filósofos naturales supuestamente más instruidos de Europa gracias al sistema de patrocinio de las cortes reales del periodo barroco, incluso a pesar de sus severas condiciones o sus implacables términos de inclusión. Tal como señala Mario Biagioli cuando describe el patrocinio que buscaban Galileo y sus contemporáneos filósofos, no participar en el sistema, "no comprometerse con él, era cometer un suicidio social" (Biagioli 1993: 15). Era como rechazar el beneficio que la inclusión en los espacios compartidos de interacción civil podía proporcionar, y era dejar registro de dicho rechazo de forma tan absoluta que la invisibilidad y la irrelevancia social serían inevitables.

Sin embargo, en Chulucanas, lo que se teje es un relato aleccionador distinto. Desde el punto de vista de los talleres del pueblo, va cobrando forma una narrativa alternativa a la creada por los promotores neoliberales. Y entre las miradas furtivas y susurros de los artesanos, circula otra serie de testimonios diferentes a los de la civilización contemporánea y su presunta deuda con el mercado global. Dichos testimonios se alzan contra una devastadora promiscuidad promovida a través de la exportación global y advierten sobre una nueva condición en la que el suicidio social es algo garantizado, algo que la participación en el mercado global no puede evitar.

Chismes sobre la perversión civil

Llego al taller de Arturo Silva para hablar con él y veo que ha comenzado a hacer trabajos de construcción. Se trata de un amplio espacio en la parte exterior, con más de una docena de hornos para cerámica y diversas áreas de producción separadas para los equipos de trabajadores; su taller ya era reconocido como el más grande y más productivo de Chulucanas antes de que el proyecto de construcción comenzara. Silva me cuenta que durante las épocas de producción alta, en el taller (con un área de más de 1200 metros cuadrados) se puede fabricar más de 5000 piezas de cerámica mensuales y alojar a equipos que superan los 50 trabajadores que mantienen la producción en curso todo el día.

Existe una buena razón para que su taller destaque actualmente entre otros espacios de producción en el pueblo. Silva fue el ceramista de tercera generación a quien ALLPA escogió como socio para su primer gran contrato de exportación a los Estados Unidos, un pedido de unas 20.000 piezas de cerámica que requirió que la producción diaria se acelerara y multiplicara por diez. Silva me cuenta que sus padres y abuelos habían trabajado en la fabricación tradicional de cerámica, produciendo piezas en sus hogares y manteniendo en parte a sus familias gracias a sus ventas locales. Él fue el primero de la familia en comenzar a producir piezas para la venta internacional, después de haber aprendido nuevas técnicas de diseño de otros artesanos (entre ellos, sus primos, Julio Campos y Celestino Vera, quienes estaban recién comenzando a obtener reconocimiento como maestros en su rubro). Sin embargo, la producción de cerámica para todos los artesanos locales, incluyéndolo, había sido exclusivamente a pequeña escala y basada en técnicas manuales tradicionales hasta ese momento. La producción se llevaba a cabo en las casas, solo requería la ayuda ocasional de miembros familiares adicionales, y nunca superaba un volumen de más de 12 piezas por día. Cumplir con el contrato de ALLPA de 20.000 piezas (un pedido que se debía producir y enviar en menos de seis meses) requeriría modificaciones físicas drásticas a las condiciones de producción.

"Mi casa era muy pequeña para [un pedido de] esa dimensión, por eso tuvimos que alquilar un local más grande", recuerda Silva, hablando desde un rincón alejado de su taller, desde el que podemos observar el nuevo proyecto de expansión en desarrollo. Mientras vemos pasar varios sacos grandes de concreto, me cuenta que las transformaciones iniciales del taller, así como esta, habían requerido un financiamiento importante de parte de la compañía exportadora. "Nos dimos cuenta [de] que el local donde trabajaba era muy pequeño. Entonces alquilamos otro local y ahí acondicionamos todas las áreas para hacer todo el proceso. Y ahí entra a tallar ALLPA, ya que ellos nos enseñan a saber ordenar y distribuir bien las áreas". ALLPA también sugeriría, desde luego, reemplazar las técnicas tradicionales basadas en el trabajo manual por tecnologías modernas de producción, entre ellas el torno eléctrico, para adaptarse a la producción en serie a gran escala. Silva me explicó los cambios requeridos:

> Nos sugirieron utilizar la técnica del torno y no de la paleta y la piedra, ya que nos iba a tomar demasiado tiempo en elaborar 20.000 piezas en seis meses. ALLPA tuvo que traer torneros de Lima, esa idea partió de él, no fue mía. Un tornero realiza aproximadamente entre 100 y 150 piezas en un día, mientras que un maestro paletero se hace 10 piezas en el día. Y ese fue el gran cambio que se dio para los artesanos de Chulucanas.

Recuerda que los cambios que inicialmente exigía la compañía exportadora parecían tan drásticos a los artesanos locales que la mayoría creía que no podrían hacerse cargo de toda la producción de cerámica. "Era la primera vez, [y] nadie podía dormir. Ni los de la empresa [ALLPA], ya que para ellos era una novedad. Se ponía en discusión si se iba a cumplir o no con ese pedido porque era un pedido inmenso. Además, en Chulucanas no estaban preparados para un pedido tan inmenso". Silva describe cómo se le pidió a su taller producir 20 veces más volumen de lo que había hecho antes, y cómo los trabajadores (que por primera vez estaban divididos en equipos de producción y asignados a una tarea única y repetitiva) se quedaban trabajando hasta la medianoche.

Para mi sorpresa, Silva no menciona haber sentido ningún cansancio cuando comenzó esta tarea. Y a pesar del dramático nuevo rumbo y de su magnitud para la experiencia de Silva como ceramista, lo que él recuerda con mayor claridad es la hostilidad de otros artesanos por haber aceptado cumplir con el primer gran pedido de exportación del pueblo. Me cuenta que cuando comenzó esta producción:

> Al principio, la comunidad de Chulucanas pensaban que se iba a romper la tradición que se tenía en la elaboración de las cerámicas [...] [Había] la idea de que se rompería la tradición porque era una técnica industrializada [...] Para nosotros era una preocupación, porque nosotros realizábamos 10 piezas en un día por artesano, mientras que con el torno se elaboraba 150 piezas en un día por artesano y nos dimos cuenta que esa era nuestra única salvación. Pero todos los artesanos estaban en contra del torno [...] Ellos estaban acostumbrados a trabajar a paleta. Yo era el único que aceptaba el ingreso del torno aquí en Chulucanas y en consecuencia me gané la enemistad de todos los artesanos [...] Pero con el tiempo, los artesanos llegaron a acostumbrarse.

Y agrega, después de pensarlo un momento: "Y también respetan mucho a los ceramistas".

Actualmente, el taller de Silva sigue siendo uno de los pocos en Chulucanas que puede producir las grandes cantidades de cerámica exigidas por las cadenas internacionales. Su testimonio evoca, en gran medida, lo que los exportadores transmiten cuando hablan del poder civilizador y salvador de los mercados globales y de la reforma que ofrecen a los productores rurales si participan en ellos, pero difiere en un aspecto crucial. Es importante que Silva mencione explícitamente las "consecuencias" sociales por elegir la "salvación" otorgada por la exportación, precisamente porque al mismo tiempo implicaba su aislamiento de la comunidad de artesanos. Optar por la salvación e inclusión en el mercado global al mismo tiempo lo obligaba a aislarse de las personas que alguna vez había considerado sus colegas y quienes ahora declaraban en público su rechazo colectivo hacia él y el modelo productivo orientado a la exportación que él había traído al pueblo. En otras palabras, si esa era la "salvación" que Silva quería que le otorgaran los mercados de exportación modernos y civilizadores, solo él se salvaría y solo él sería bienvenido en su "civilización" de unos pocos.

A pesar de su papel predominante en el desarrollo del mercado global para Chulucanas y el entusiasmo que dicho acontecimiento provoca fuera del pueblo, quizás no deba sorprender mucho que Silva siga siendo una figura profundamente ambivalente y criticada en Chulucanas. Su historia, similar a la de los propietarios de otros grandes talleres, seguiría generando controversias en el pueblo mucho tiempo después de que decidiera apartarse de la sociedad de colegas artesanos. Y como sucede con la mayoría de productores de grandes volúmenes en el pueblo, los rumores sobre las precarias condiciones de trabajo en su taller son muy difundidos entre los residentes. También es revelador que las relaciones de Silva con muchos colegas artesanos, familiares y habitantes del pueblo se hayan vuelto tensas desde la primera vez que aceptó asociarse con exportadores globales y continúen siéndolo hasta la actualidad.

Silva admite que el rumor no es totalmente infundado. Cuenta que los sueldos de sus trabajadores no han aumentado desde que comenzó la producción en serie a gran escala en el pueblo, a pesar de que los pedidos de exportación han crecido de manera continua. Aunque los pedidos actuales triplican a los primeros pedidos que hacían las cadenas de tiendas internacionales cuando comenzó la exportación en Chulucanas, los trabajadores del taller aún reciben el mismo pago por día (entre cinco y siete dólares), pero se espera que produzcan más rápido, más cantidad y de forma más intensiva. Silva dice que siente una obligación con el mercado porque los precios por una sola pieza de cerámica han disminuido exponencialmente con los grandes pedidos. Lanzando sus propias acusaciones de promiscuidad contra otros artesanos, también me cuenta que otros talleres son menos escrupulosos con los sueldos. Y me dice que los nuevos competidores, gente sin principios que recién ha comenzado a producir para la exportación y que ofrece completar pedidos por precios más bajos, lo han obligado a disminuir los precios que él cobraba por pedido.

Por muy aceptable que sea la historia del poder civilizador y modernizador del mercado global y por muy celebrada que pueda ser fuera de Chulucanas, es una historia que aún no ha convencido completamente a los artesanos rurales. Esto es lo que resaltan las narraciones críticas de promiscuidad que siguen circulando en el pueblo, enfocándose en los lazos sociales devastados y en las relaciones civiles afectadas que han proliferado en la zona después de las nuevas inversiones rurales para la exportación global. Así, contra la narrativa oficial del mercado global como fuerza transformadora y "civilizadora" para el desarrollo rural, emergen relatos locales sobre la perversión del espacio colectivo y las relaciones civiles. Y aunque dichos relatos usualmente se expresan de forma privada y asumen una apariencia de chisme, rumor o relato fantástico, el grado de censura y aislamiento social que soportaron los artesanos asociados con la exportación, como Silva, demuestra el alcance público y la difusión que esas expresiones críticas tuvieron en su momento.

Sin embargo, aunque se opongan a las historias y relatos de salvación de los mercados globales para la transformación rural completa, las narrativas de promiscuidad no deben leerse como defensas heroicas de la unificación de la comunidad, la estabilidad o las relaciones locales "civiles". No se trata de un antídoto contra las perturbaciones sociales que los modelos de desarrollo neoliberal parecen incitar en las comunidades rurales, sino que son más bien síntomas de ellas. Cuando las narrativas del desarrollo y la exportación ordenan e insisten en la necesidad de cambio constante para la optimización de productos y productores para los mercados globales, su contranarrativa reivindica como defensa una política conservadora para resistir el impulso evolutivo del mercado hacia el cambio. Para preservar la cultura e insistir en su autoridad, las narrativas de promiscuidad defienden una rígida lógica binaria que categoriza a los actores como si estuvieran con o contra la "comunidad". Impulsados por una pronunciada sospecha en torno a las fuerzas recientemente calificadas como externas, foráneas o nuevas (Comaroff y Comaroff 2005; Nugent 1997, 2001), los narradores de la promiscuidad mantienen un clima de desconfianza a través de sus prácticas. Atribuyendo una nueva carga a lo que se califica como tradicional o interno en la comunidad, incluso pueden exigir que las personas presenten reiteradas pruebas de lealtad personal a la comunidad como condición para ser aceptadas en sus relaciones "civiles". Aunque afirmen actuar en defensa de los lazos comunales de confianza, las narraciones sobre la promiscuidad contradictoriamente producen y amplifican sospechas producidas en el mercado entre miembros de la comunidad y pueden empeorar las ya deterioradas relaciones. Así, en la afirmación moral de la promiscuidad y en el impulso de conservación social, la "comunidad" misma se transforma. Su acusación no es de ninguna manera inocente ni benigna, sino que busca activamente un sacrificio vivo como ejemplo visible. En nombre de la preservación social, se vuelve en contra de uno de los suyos y contempla si ejecutar el castigo sobre los que traicionaron las normas de la comunidad, sobre los que pueden ahora ser considerados traidores, y sobre los que estaban dispuestos a sacrificar a sus propios vecinos, hermanos y colegas para obtener un beneficio explícitamente desconsiderado e individual.

No importa que sea una "romantización" e idealización de sí misma, es de todas formas una versión de la "comunidad" a la que los narradores de chismes creen que representan y a la que vuelven cuando narran sus relatos. Que la transmisión de dichos testimonios se conduzca por lo bajo o se pierda en rincones privados y espacios no públicos y se reduzca a susurros, es una consecuencia que los narradores de la promiscuidad nunca habrían pronosticado. A pesar de que solo pueden expresarse fuera de los espacios compartidos y públicos, dichos narradores siguen diciendo que hablan en nombre de los intereses comunes y colectivos de la comunidad. En lugar de ser considerada una reacción defensiva a favor de la vida civil actual (o en lo que esta se ha convertido), la narración sobre la promiscuidad es acusada de ser una habladuría de los revoltosos e indignos, los celosos y deshonestos o los maliciosos y egoístas. Sin embargo, el hecho de que la vida civil y los significados se hayan invertido es un síntoma irónico de la persistencia de la forma universal de civilización y su reconstitución en tiempos neoliberales.

De regreso a la oficina principal de ALLPA en Lima, María del Carmen de la Fuente y Nelly Cánepa hablan de dos talleres rivales (propiedad cada uno de un tío y su sobrino) con los que están asociadas independientemente. El artesano más joven aprendió su oficio mientras trabajaba en el taller de su tío, siendo joven, y eventualmente llegó a dirigir la producción ahí. Aunque está en deuda con su tío por haberle dado sus primeras lecciones de cerámica y negocios, el artesano más joven se gana la vida hoy como principal competidor del taller de su pariente. Y las dos mujeres prodigan halagos para el artesano más joven. Me dicen que pocos productores han desarrollado tan rápido su potencial empresarial como él, y que su talento no ha hecho más que crecer desde que decidió abrir su propio taller, superando incluso el de su antiguo mentor. Cánepa explica:

> [El sobrino] digamos que es más uniforme. [Su tío] sabe más de cerámica que [el sobrino] [...] pero Alex es más uniforme. Junta su conocimiento con un deseo de progreso, con un entendimiento más moderno del manejo de su empresa, con una producción [...] También hay cuestiones personales. No todas las personas aprovechan las mismas oportunidades.

De la Fuente agrega, hablando también del artesano más joven:

> [Él] tiene la mentalidad más empresarial [...] Y es muy curioso porque [él] es sobrino y trabajaba como su jefe de producción [de su tío]. Y [su tío] lo perdió. Tuvieron un problema personal porque [el tío] no supo manejar el problema del tema de la comunicación. [El tío] no sabe comunicarse. En fin, hay un tema ahí personal, de personalidad.

A De la Fuente no le preocupa ni se muestra conmovida por los lazos familiares afectados o por el costo personal que significó para el joven artesano haber desarrollado exitosamente una capacidad "empresarial". Y luego, repitiendo lo que decía su socia, agrega: "Unos saben aprovechar mejor las oportunidades".

La distinción que hacen las dos mujeres es crucial. En este énfasis en la oportunidad, el progreso personal y el logro individual se basan las narrativas contemporáneas sobre el desarrollo neoliberal (y las recientemente fantasiosas asociaciones para la civilización). Es esa narrativa, con un mundo idealizado de relaciones flexibles, cambiantes y oportunidades siempre presentes de progreso personal, la que contrasta con las acusaciones de promiscuidad que los artesanos rurales hacen circular. Contra el dominio de los individuos libremente emprendedores e híperproductivos invocados por la narrativa de la "civilización" neoliberal, aparece el chisme cargado de censura y las habladurías "difíciles de controlar" de los artesanos del pueblo. Buscando exponer las relaciones ahora amenazadas por los esfuerzos transformadores, los narradores de la promiscuidad producen nuevas contranarrativas que desaprueban las representaciones neoliberales por ser "insolentes" e "incivilizadas". Y en un esfuerzo por preservar la autoridad cultural, pueden incluso volverse más rígidos y polarizar las nociones de "tradición", reafirmando conceptos arraigados sobre los orígenes o los límites culturales como defensa contra la disolución social. Sin embargo, es precisamente esa rigidez la que se percibe no solo como conservadora y prohibitiva sino como poco razonable e incluso despiadada con muchos artesanos que sienten que deben competir, de forma continua, para ganarse la vida, y que consideran que es imposible negar las oportunidades de progreso que otorga el mercado.

Pero en la redefinición contemporánea de "civilización", apenas existe compasión y se puede decir que las zonas de interés genuino y confiable son cada vez más escasas. O quizás, mejor dicho, las condiciones de compasión genuina e interés confiable se han transformado. La inclusión civil puede haber garantizado un grado de interés público socialmente asegurado (aunque limitado y condicional) con el gobierno de los Estados modernos, pero bajo un cálculo neoliberal, la simple importancia de la vida se ha puesto en duda. El interés en la sociedad y la compasión dejaron de ser hechos sociales establecidos (entre vecinos, socios, colegas o incluso familiares), y se volvieron más bien recompensas por las cuales competir. En un entorno de neutralidad (o indiferencia) generalizada, se convirtieron en recursos escasos repartidos por migajas a aquellos que lograban tener una vida productiva óptima. Por lo menos esta es la advertencia que buscan transmitir los relatos de los artesanos acerca de la explotación, traición y abuso entre comunidades. Probablemente, sea algo que incluso los socios de ALLPA y otros promotores del desarrollo basado en la exportación confesarían. La narración de De la Fuente y Cánepa sobre la deficiente competitividad de los artesanos viejos y lo que ellas explícitamente llaman su incapacidad para desarrollar "habilidades comunicativas" adecuadas, recuerda al cálculo aplicado en la competencia por las gracias del mercado exportador. Dicha gracia, advierten, no es algo que se pueda dar por sentado. Y si obtenerla representa un crédito para la "personalidad", la empresa y el ejercicio adecuado de las "habilidades" individuales, no obtenerla se convierte en un indicador de incompetencia personal. La indiferencia del mercado global y su versión contemporánea de "civilización" se vuelven señales de una disposición interna fallida, de una inhabilidad para desarrollarse por sí mismo, y de la incapacidad de cultivar una identidad adecuadamente "civil", características necesarias para el neoliberalismo contemporáneo.

Por tanto, los narradores neoliberales y los promotores del desarrollo orientado a la exportación, podrían dejarnos una valiosa lección sobre la civilización y la naturaleza contemporánea del "interés común". Luego de pasar por sus propias transformaciones, nos recordarían ellos, el interés común se ha vuelto hoy una función que opera, necesariamente, como una escasez racional. Pero por medio de dicha escasez, razonan ellos, ¿acaso no se empodera y vigoriza nuevamente como una fuerza motivadora? ¿Acaso la falta de interés común no se convierte en una condición cuya propia insuficiencia sirve como garante global de la productividad y la eficiencia intensificadas? ¿Acaso no se convierte en una fuerza capaz de reordenar relaciones para asegurar la evolución continua de la "civilización" en cualquier forma o aspecto contemporáneo que pueda desarrollar?

Y estos instructivos detalles de los narradores probablemente nos planteen un conjunto final de preguntas, como consultas abiertas y pendientes: al obligar a mostrar fidelidad social y exigir a un individuo devoción permanente con el fin de asegurar dicha fidelidad, ¿acaso el interés común, en su anterior concepción convencional, no funcionaba como una carga para la libertad individual? Como un objeto que tradicionalmente requería apego estricto a las normas sociales, ¿acaso el interés común no ha operado como una limitación a la libertad, el desarrollo personal y el perfeccionamiento? ¿Acaso no se puede volver finalmente *la* limitación decisiva para el desarrollo individual si fuera otorgado de modo incondicional? ¿Y acaso no se sacrificaría el progreso independiente de las personas si mantuviéramos las nociones convencionales de interés común y nuestro apego sentimental hacia él?

Esta es, al menos, una versión sobre las relaciones globales, y su reconfiguración bajo los circuitos neoliberales, que sostienen los defensores de la exportación en el Perú. Sin embargo, en otras latitudes, otros imaginarios en torno a la conexión global contemporánea empezaban a encenderse, inspirando ideas definidas sobre la influencia local y las reformas globales.

PARTE II

Hackeando en la periferia

A inicios del siglo XXI, el mundo de la tecnología informática se vio alterado con el nuevo surgimiento de una vieja práctica tecnológica. El *software* libre, una forma de programación colaborativa distribuida ampliamente en internet sin costo alguno, había adquirido un nuevo sistema operativo. Aunque la práctica había existido durante décadas entre las comunidades de programadores de código y había sido bautizada como *software libre* en los años ochenta por el *hacker* Richard Stallman —un renombrado activista del MIT—, el lanzamiento de Linux, a mediados de los años noventa, había inyectado una marcada vitalidad a las comunidades *geek* y *hacker* de todo el planeta. Pocos años después, especialistas informáticos, periodistas tecnológicos y empresarios de centros de alta tecnología —desde Silicon Valley hasta Hyderabad— hacían apuestas, pero no sobre si el *software* libre lograría algún impacto en los mercados globales de *software*, sino sobre la importancia que tendría tal impacto. Desde los pasillos iluminados de las exposiciones tecnológicas, donde el futuro de la innovación era usualmente un grandioso escaparate dirigido a inversionistas comerciales e innovadores por igual, el *software* libre y de código abierto (FLOSS, por sus siglas en inglés) ya estaba siendo declarado una "tecnología disruptiva" (Christensen 2011) que prometía invertir la lógica dominante de la innovación en *software* y las prácticas establecidas del desarrollo cerrado, propietario y comercial sobre el que se basaba la mayor parte de los mercados de productos tecnológicos.

Aunque la práctica de *software* libre había existido durante décadas, el lanzamiento de Linux formó rápidamente una base de usuarios leal, y lo que es más importante, una comunidad de desarrolladores distribuida a escala mundial, que asumía su tarea principalmente de forma voluntaria, en lo que a inicios del siglo XXI los especialistas e informáticos generalistas llamaban "la revolución de los sistemas operativos" (Feller et ál. 2005, Lakhani y Wolf 2005, Moody 2002). Ciertamente, pocas prácticas habían sido tan efectivas en generar el intenso entusiasmo y los grandes compromisos globales de trabajo libre que desplegaban de forma tan extravagante los participantes del *software* libre (que eran nada menos que una clase con altas calificaciones informáticas). No debe sorprender, entonces, que al inicio del nuevo milenio se dijera que los mundos del *software* y, en general, las culturas basadas en la información estaban a punto de sufrir una transformación radical.

Estas predicciones no eran infundadas. A inicios del siglo, las prácticas tradicionales de los programadores de *software* y *geeks* (codificación, *hackeo*, *patching*, intercambio, compilación y modificación de *software*) encontraron nuevas formas de expresión en proyectos que involucraban no solamente el diseño y ejecución de *software*. Etnógrafos estadounidenses, como Gabriella Coleman (2003, 2004, 2010, 2013) y Chris Kelty (2005b, 2008), explican que el esfuerzo voluntario y el entusiasmo relacionados con el *software* libre se canalizaban cada vez más a través de proyectos que implicaban una serie de debates públicos en torno a las normas, ética y legalidad de la práctica cultural digital. En cualquier contexto donde aparecieran preguntas y dudas acerca de la política de la información, la apertura digital y la distribución de contenido en línea, surgían prácticas de *software* libre, tanto así que su importancia actual, según describe Kelty (2008):

> [...] se extiende más allá de las prácticas arcanas y técnicas de los programadores de *software* y *geeks* [...] Las prácticas e ideas del *software*

> libre se han extendido a nuevos dominios de la vida y la creatividad: desde el *software* a la música y del cine a la ciencia, la ingeniería y la educación; desde políticas nacionales para la propiedad intelectual hasta debates globales acerca de la sociedad civil; desde UNIX a Mac OS X y Windows; desde historiales médicos y bases de datos hasta el monitoreo internacional de enfermedades y la biología sintética; desde el Código Abierto hasta el acceso abierto. El *software* libre ya no se trata solo de *software*: es el ejemplo de una reorientación más general de poder y conocimiento. (Kelty 2008: 2)

Si la cultura *geek* y las prácticas *hackers* parecían antes abstractas, oscuras y alejadas de los asuntos sociales generales, a inicios del siglo, esas opiniones ya no parecían tener asidero.

Las actividades de las comunidades *hacker* en el espacio digital incluían cada vez más temas políticos conocidos por los neoliberales occidentales, entre ellos, los derechos de libre expresión, reunión, petición y prensa, así como importantes cuestionamientos sobre la estabilidad de la propiedad y, especialmente, sobre las leyes de propiedad intelectual (Benkler 2006; Boyle 1996, 2010; Kelty 2008; Lessig 2000, 2002, 2005; Liang 2003a, 2003b; Patry 2009). El creciente número de debates legales (según algunos, una histeria) en los Estados Unidos acerca de una serie de entidades convencionales y populares en internet —desde Napster y Wikipedia hasta YouTube, Flickr y Craigslist, así como modelos emergentes y experimentales en la distribución de contenido abierto y autoría colaborativa, desde publicaciones de acceso abierto hasta el modelo de distribución *copyleft* de Creative Commons en música y cine (Kelty 2008)— demostró que las prácticas establecidas de la ley y los mercados occidentales ya estaban siendo reescritas, y nada menos que por audiencias comunes y simples usuarios (Jenkins 2008, Lessig 2008).

Además, en todo el mundo, los supuestos neoliberales y los principios fundamentales para los gobiernos modernos hicieron evidente que las prácticas de los *hackers* internacionales iban a causar más problemas. El aumento mundial de partidos piratas con plataformas de derechos digitales (Hilgartner 2009, Lewen 2008,

Li 2009, Miegel y Olsson 2008), la creciente visibilidad y las complejas coordinaciones globales del colectivo *hacker* Anonymous en sus diversas acciones políticas localizadas (Coleman 2011, 2013), el alcance internacional del proyecto WikiLeaks, que tenía en la mira a los gobiernos nacionales, así como los dramáticos arrestos, dignos de una película de espionaje, de los *hackers* de Pirate Bay y Megaupload en Suecia y Nueva Zelanda, respectivamente, mostraban, de manera espectacular, que el choque entre la política global emergente de los *hackers* y la política de los estados se estaba volviendo cada vez más frecuente. Junto con estos acontecimientos mediáticos digitales globales (Dayan y Katz 1994), como se los llegó a definir tras la diseminación mimética de las protestas de la Primavera Árabe, estos choques llegaron a demostrar los medios y el poder de las redes digitales en línea, no solo para interactuar con el dominio del "espacio real" de la política establecida, sino también para buscar alternativas a dicha política de espacio real.

Sus intersecciones —a la vez impresionantes y surrealistas— dramatizaron, simbólicamente, lo desconcertante que puede ser el encuentro entre la política global *hacker* y la política convencional y anclada en lo nacional y los poderes corporativos. Los acontecimientos mediáticos digitales globales (entre ellos, la ocupación de la plaza Tahrir en las protestas que se expandieron por Medio Oriente, los diversos ataques de negación de servicio a sitios web corporativos por parte de Anonymous, y las incursiones policiales internacionales contra Megaupload), llamaron la atención colectiva del público en todo el mundo, inundando los canales de noticias con emisiones globales realizadas por ciudadanos locales y manteniendo el interés de las audiencias como si se tratara del único evento en el mundo que estaba ocurriendo en ese momento. Y esto, no solo porque revelaban algo que nunca podría haberse esperado, sino porque podían revelar lo que el público ya parecía sospechar como una posibilidad constante en el corazón del poder. Los conceptos estatales de disciplina, autoridad y posibilidad legal, así como las ideas de los *hackers* y ciudadanos digitales acerca de dichos elementos, eran escenificados extravagantemente ante los ojos del mundo. Como un virus latente, cada evento era el síntoma local de una cara escondida de la política, que visibilizaba a escala global lo que había sido desde hacía tiempo establecido como práctica local o nacional de poder, aunque no fuera visible para nadie, excepto para las audiencias locales. Y cada evento, con sus fantásticos espectáculos de transmisión ciudadana y actos de indignación coordinada canalizados a través del éter, podía conjurar nuevos espacios de ensueño para los imaginarios globales, posibilitando en un instante lo que una vez parecía impensable y redefiniendo los términos de la realidad compartida con apenas un par de *clics*.

Las preguntas sobre los deseos y escenas oníricas de los *geeks* y comunidades *hacker* globales (cada vez más exigentes, a medida que las actividades y experimentos de los defensores del *software* libre comenzaban a suscitar debates públicos sobre las políticas digitales) solo se amplificaron después de estos sucesos. Estudios cualitativos iniciales sobre las comunidades FLOSS habían buscado revelar los motivos personales de los programadores FLOSS y explicar por qué una clase altamente calificada de trabajadores de la información, orgullosa de sus habilidades para expresarse elegantemente a través del código y organizarse de forma programática racional y lógica, podía invertir tanto tiempo y trabajo en proyectos que, sabía, nunca serían remunerados (Ghosh 2005, Lakhani y Wolf 2005). Estos estudios también buscaban descubrir por qué estos actores que representan a sujetos racionales modelo podían perturbar la racionalidad de las leyes económicas de oferta y demanda. Haciendo un sondeo entre cientos y a veces miles de programadores voluntarios, enumerando sus respuestas individuales sobre sus motivos, los primeros estudios se enfocaron casi exclusivamente en los Estados Unidos y Europa, donde residía la mayor parte de los desarrolladores FLOSS (Feller et ál. 2005). Los estudios de Lakhani y Wolf resumían sus hallazgos en cuatro categorías sucintas, concluyendo que los programadores FLOSS estaban motivados principalmente porque, según declaraban, (1) su principal estímulo eran el placer y el aprendizaje; (2) requerían el código para satisfacer necesidades de usuario no relacionadas con el trabajo; (3) tenían necesidades vinculadas con su trabajo y carrera; y (4) se sentían obligados con la comunidad y opinaban que el *software* debía ser libre y abierto

(Lakhani y Wolf 2005). Otros resaltaban las motivaciones "egoístas" que eran la base de las actividades de los participantes *geek*, quienes enfatizaban su deseo de aprender nuevas habilidades como un impulso clave (Ghosh 2005). Los motivos individuales seguían anclados en el individuo racional e interesado en sí mismo, y cualquier cultura de roles, contexto social o historia local parecía (al menos en los primeros estudios FLOSS llevados a cabo) bastante irrelevante.

Una investigación más reciente sobre las prácticas *hacker* desarrollada por antropólogos en los Estados Unidos ha subrayado explícitamente los atributos culturales en torno a la participación de colectivos interconectados, en particular cuando involucran prácticas y trabajo virtualizados y geográficamente segmentados. Por ejemplo, Gabriella Coleman señala las intensas formas de sociabilidad en línea y fuera de línea que conforman los "mundos" de los *hackers* y que se hacen evidentes en las prácticas de identidad compartida a escala internacional de los miembros de la comunidad distribuida FLOSS (Coleman 2010). Su análisis examina cómo los espacios compartidos de práctica digital, entre ellos las conferencias sobre FLOSS, se pueden considerar rituales llenos de prácticas de "[...] confirmación, liberación, celebración y especialmente redescubrimiento en los que los asuntos cotidianos de la vida, el trabajo y las interacciones sociales son ritualizados y se experimentan en términos fundamentalmente diferentes" (2010: 53).[1] Citando a Bajtín, Coleman señala las reuniones colectivas de *hackers* como un medio para orquestar una

> [...] condensación celebratoria para otorgar a sus acciones individuales nuevos significados, revitalizados o con implicancias éticas y elevar la vida "fuera de su rutina" (Bajtín 1984: 273). Estos son momentos profundos de redescubrimiento cultural a través de los cuales los participantes forjan y comparten una experiencia más elevada entre ellos. (2010: 53)

1. Esta y las demás citas de Coleman 2010 son una traducción para este libro.

A través de espacios organizados de *hackers*, los elementos comunes de la "vida tecnológica cotidiana" (la de compilación de código, tender redes e instalar servidores o investigación de las posibilidades de soluciones tecnológicas a ciertos problemas) pueden recién desarrollarse en dimensiones colectivas mediante conferencias con una carga emocional:

> Lo que la conferencia permite principalmente es una "condición de intersubjetividad intensificada" en la que surgen abundantes instancias de prácticas *hacker* y se manifiestan lazos sociales entre los participantes, experiencias que se vive con intensidad [...] En resumen, por un breve momento, el carácter común de su mundo social cobra un significado ritual, generando un aprecio y una conciencia profundos de su trabajo, amistad, eventos y objetos que a veces pasan desapercibidos debido a su naturaleza fragmentaria y cotidiana. (Coleman 2010: 56)

Ese trabajo se ocupa, de manera invaluable, de los medios con los que las experiencias comunes y cotidianas de los participantes FLOSS (la inversión mundana de tiempo y dedicación invisible, y las prácticas habituales de trabajo o juego) pueden vincularse con sucesos más grandes y actividades colectivas de comunidad compartida, actividades que, de modo frecuente, en la edad de las redes digitales, aspiran a tener efectos globalmente espectaculares. Las prácticas de *software* libre son emprendimientos explícita y emocionalmente elevados y voluntarios de tiempo, trabajo y dedicación (distribuidos a escala global), que se traducen en algo más que la producción técnica de código. Y como sucede con otras apuestas culturales, pueden ser ejercidas para forzar emprendimientos en audiencias no formadas por programadores. Al igual que en otras apuestas culturales, los intereses y compromisos que se canalizan a través de ellas son definidos por los espacios locales y los contextos históricamente situados que anclan partes de los "mundos" activos de los participantes (sin importar que los compromisos con la cultura digital global tengan lugar en dimensiones claramente cosmopolitas). En un momento en que las políticas y valores de *hackers* y *geeks* del *software* libre se vuelven más que nunca internacionalmente visibles y dispersos, queda todavía la cuestión, no solo de cómo aprendemos a "ver" como participantes de una cultura global de *software* libre, sino de qué *vemos* realmente desde el punto de vista del contexto situado y localizado. Es decir, ¿qué se observa cuando "vemos" al *software* libre en todas sus distintas formas ambiguamente globales, locales y permeables?

Las respuestas a esas preguntas son conocidas, entre ellas los esfuerzos por compartir la información, la autoría colaborativa, el aprendizaje independiente y las infraestructuras abiertas y transparentes (digitales y de otros tipos) que son citados comúnmente como intereses sociales universalmente compartidos por las comunidades FLOSS y *hackers*. De hecho, para que dichos intereses circulen, de forma global, y puedan representar las inquietudes de los distintos miembros en todos los sitios, existe la promesa permanente de una lógica universal. Sin embargo, esos intereses a menudo repetidos, solo terminan llevando a crear más preguntas, a medida que más contextos y complejidades locales se toman en cuenta. Por ejemplo, ¿cómo esas apuestas compartidas llegan a representar los intereses, no solo de los *hackers* de la periferia global, ajenos a los centros tecnológicos reconocidos, sino de las personas profundamente imbuidas en dichos centros? Asimismo, ¿cómo pueden hablar por los intereses de las comunidades rurales, los actores indígenas y los grupos de usuarios "minoritarios" que a menudo son considerados fuera de los círculos que diseñan de los futuros digitales?

Si la práctica del *hacking* ha pasado de ser una práctica oscura y esotérica de profesionales o técnicos especializados, ubicados mayormente en Occidente, a convertirse en una práctica global que ahora también se dedica a conectar mundos, rehacer términos sociales y ejercer formas de crítica política que pueden incluso aspirar a enfrentar las fuerzas dominantes de los estados, surge entonces la pregunta de cómo dicha práctica puede entenderse y expresarse como tal. De hecho, ¿cuáles fueron las fuerzas que les permitieron luchar y defender en diversos terrenos locales sus términos y apuestas, a través de intereses que evidentemente iban más allá de las inquietudes de programadores neoliberales occidentales que, al inicio, representaban la principal base de desarrollo de estas prácticas?

En otras palabras, ¿cómo el carácter evidentemente global y cosmopolita de la cultura de la información FLOSS, y los esfuerzos por llevar a cabo transformaciones locales en espacios distribuidos regionalmente, se traducen y sitúan en diversos sitios locales, incluso fuera de Occidente?

En su estudio sobre la aparición de la ética ambientalista global en Indonesia, Anna Tsing (2004) describe a los lectores cómo los estudiantes activistas y los "amantes de la naturaleza", que fueron tema de su trabajo, remarcaban la importancia de prestar atención al surgimiento de la "especificidad cosmopolita": cómo nacen los contornos de su desarrollo situado en un lugar determinado y qué importancia innegable tienen los distintos compromisos locales realizados por actores particulares. No importa que la presencia de la naturaleza sea "universal", el "amor a la naturaleza" no es de ninguna forma una práctica automática. Así como se debe aprender a "ver" dinero (Simmel 1990) o prospectos de riqueza como un potencial de la propiedad intelectual, también se debe aprender a "ver" la naturaleza. Aquellos estudiantes activistas subrayaban que no se puede ignorar las especificidades culturales ancladas en el entorno local de la ética globalmente compartida respecto de objetos "universalmente" presentes y relevantes, como lo es la "naturaleza" (o también los objetos relacionados con la información digital). Tsing recuerda a los lectores que, independientemente de que los contornos de la lógica y la cultura universal de orientación cosmopolita sean familiares, las diferencias siempre importan, ya sean simples o difíciles de percibir.

> Las culturas son siempre de amplio espectro y situadas en un contexto, ya sea que los participantes las imaginen como globales o locales, modernas o tradicionales, futuristas u orientadas hacia el pasado. El desafío del análisis cultural es abordar tanto las crecientes interconexiones como la naturaleza localizada de la cultura. Estudiar el cosmopolitismo y todas sus vigorizantes conexiones con el mundo y en toda su exótica peculiaridad da forma a la inseparabilidad de la interconexión y la ubicación. (2004: 122)[2]

---

2. Traducción para este libro.

Las intensas divergencias que rodean a los imaginarios locales de la red global del *software* libre nos recuerdan también otro aspecto crucial: que las técnicas neoliberales y de los mercados libres globales no son las únicas lógicas culturales que han sido canalizadas a través de las tecnologías de la información en el siglo XXI, y que las técnicas orientadas al libre mercado no son las únicas tecnologías desarrolladas en Perú con el fin de rehacer orientaciones mundiales en distintos sitios locales. No importa lo "inevitables" y "universales" que hayan sido los agresivos despliegues del neoliberalismo en sitios contemporáneos al momento de materializar sus imaginarios globales, el neoliberalismo también existió alguna vez como una lógica minoritaria de reforma contra otros poderes establecidos. Y, asimismo, debe todavía funcionar contra otras lógicas culturales emergentes que compiten por recrear los imaginarios en torno a las tecnologías de la información y sus mundos digitales locales en el nuevo milenio.

Microsoft Corporation
One Microsoft Way
Redmond, Wa 98052-6399
USA

Microsoft Perú S.R.L.
Av. Victor Andrés Belaunde 147
Vía Principal N° 123, Torre Real 1, Piso 3
Centro Empresarial
Lima 27, Perú - Telf.: 211-5600 Fax 421-7307
http://www.microsoft.com

EDGAR
Congresista de la
25 MAR. 2001
Firma

Microsoft

San Isidro, 21 de Marzo de 2002

Señor
Edgar Villanueva Nuñez
Congresista de la República
Presente.-

Estimados señores:

Primeramente, queremos agradecerle la oportunidad que nos brindó de informarle cómo venimos trabajando en el País en beneficio del sector público, siempre buscando las mejores alternativas para lograr la implementación de programas que permitan consolidar las iniciativas de modernización y transparencia del Estado. Precisamente, fruto de nuestra reunión hoy Usted conoce de nuestros avances a nivel internacional en el diseño de nuevos servicios para el ciudadano, dentro del marco de un Estado modelo que respeta y protege los derechos de autor.

Este accionar, tal como conversamos, es parte de una iniciativa mundial y hoy en día existen diversas experiencias que han permitido colaborar con programas de apoyo al Estado y a la comunidad en la adopción de la tecnología como un elemento estratégico para impactar en la calidad de vida de los ciudadanos.

De otro lado, como quedamos en esta reunión, nosotros asistimos al Foro realizado en el Congreso de la República el 6 de marzo, a propósito del proyecto de ley que Usted lidera, en donde pudimos escuchar las diferentes presentaciones que hoy nos llevan a exponer nuestra posición a fin de que Usted tenga un panorama más amplio de la real situación.

1. El proyecto establece la obligatoriedad de que todo organismo público debe emplear exclusivamente software libre, es decir de código abierto, lo cual *trasgrede los principios de la igualdad ante la ley, el de no discriminación y los derechos a la libre iniciativa privada, libertad de industria y contratación protegidos en la Constitución.*
2. El proyecto, al hacer obligatorio el uso de software de código abierto, *establecería un tratamiento discriminatorio y no competitivo en la contratación y adquisición de los organismos públicos,* contraviniendo los principios de base de la Ley 26850 de Contrataciones y Adquisiciones del Estado.

Copia de la carta enviada en 2002 por Juan Alberto Gonzáles, gerente general de Microsoft Perú, al congresista Edgar Villanueva para rechazar el proyecto de ley N.° 1609. La carta, que se hizo circular en internet en las redes de activistas FLOSS, ayudó a despertar el interés de los medios internacionales en la causa de los activistas FLOSS peruanos.

4

Redes polivocales: promoviendo el *software* libre en América Latina

En octubre de 2005, Perú llamó la atención de los medios internacionales de noticias tecnológicas al presentar un inusual proyecto de ley que cuestionaba la adopción de *software* comercial —en su forma estándar cerrada y propietaria— por parte del Gobierno. El proyecto de ley, uno de los primeros de su clase a escala global, obligaba a la "neutralidad tecnológica" en la selección de *software* en instituciones públicas y demandaba considerar a las tecnologías FLOSS como una alternativa al *software* propietario al momento de hacer contratos con proveedores de *software*. Su aprobación fue celebrada por la comunidad promotora del *software* libre del país, que había estado alentando la adopción de tecnologías FLOSS por parte del Estado. Cuatro años atrás, se había presentado un proyecto legislativo —el proyecto de ley N.° 1609— en el Congreso peruano para exigir tecnología FLOSS en las computadoras del Estado. En todo el mundo comenzaron a surgir medidas legales similares; todas buscaban establecer alternativas al uso gubernamental de *software* cerrado y propietario. Pero fueron los esfuerzos legislativos de Perú los que durante los primeros años del nuevo milenio lograron canalizar el espíritu del movimiento de *software* libre global de una manera singular por su énfasis en la libertad y la reforma tecnológica, y los que lograron llamar la atención internacional (y las inversiones de la primera conferencia FLOSS de las Naciones Unidas en los gobiernos de América Latina).

Gran parte de la publicidad inicial surgió después de que en el año 2002, el gerente general de Microsoft en Perú atacara al proyecto tildándolo de ser un "peligro" para la seguridad de la nación y los derechos corporativos de propiedad intelectual. Al poco tiempo, el embajador de los Estados Unidos emitió una amenazante carta que reiteraba el rechazo de Microsoft hacia la propuesta de ley y advertía que, si se la aprobaba, dañaría las relaciones entre ambos países. Sin embargo, el congresista Edgar Villanueva, promotor del proyecto de ley N.° 1609, lo defendió incondicionalmente en una respuesta de 12 páginas, que luego sería traducida a más de doce idiomas por voluntarios en todo el mundo. Mientras las intervenciones de Microsoft y la respuesta del congresista circulaban por internet, Perú y Villanueva se convirtieron repentinamente en actores especialmente visibles del movimiento global FLOSS. O como un reportero del sitio de noticias *Linux Today* describió proféticamente:

> De vez en cuando, en el curso de las actividades y la política cotidianas, suceden eventos realmente importantes. En ese momento, las cartas se vuelven mapas para el cambio y un político de un pequeño pueblo de la sierra de Perú puede volverse un héroe para aquellos que creen en una causa: para sus compatriotas y para el resto del mundo [...] La respuesta del congresista Villanueva a Microsoft prácticamente lo convirtió en héroe popular de la noche a la mañana. (LeBlanc 2002)[1]

Este capítulo explora el caso particular de la cultura digital por el que esa carta, escrita por un congresista peruano del pueblo andino de Andahuaylas, llegó a representar los intereses de *hackers* y activistas de la información, no solo en el Perú y América Latina, sino también alrededor del mundo.

---

1. Traducción para este libro.

Hablar a través del *software*

Aunque en el resto del mundo la legislación sobre *software* libre del país fue celebrada por subrayar los intereses compartidos a escala internacional en las tecnologías abiertas y sus beneficios limpios y universales, en Perú la legislación sacó a la luz los contornos particulares y nacionales de los debates sobre la reforma, la libertad y la transparencia tecnológica. De hecho, en los primeros años del nuevo milenio, los llamamientos por una mayor responsabilidad y apertura institucionales al público, promesas centrales del *software* libre en el gobierno, tuvieron resonancia en todo el país.

En las últimas décadas del siglo XX, cada vez aparecía más evidencia de prácticas autoritarias, abusos contra los derechos humanos y corrupción estatal durante el desarrollo del conflicto armado desencadenado por Sendero Luminoso en Perú, que duró aproximadamente dos décadas. Gran parte de esta evidencia salió a la luz durante el gobierno de Alberto Fujimori, quien, a pesar de haber sido elegido democráticamente en 1990, sería recordado por su autogolpe autoritario –en el que suspendió el régimen constitucional, cerró el Congreso y purgó el Poder Judicial–, y por el trato brutal a prisioneros, las desapariciones políticas y los secuestros durante el conflicto armado interno. Según estimados posteriores, durante la época de violencia aproximadamente 69.000 personas fueron asesinadas, principalmente en el ámbito rural, y en manos de las fuerzas armadas y de Sendero por igual. Sin embargo, nada de esto evitaría que postulara a una tercera elección en 2000 –cambiando la Constitución con el fin de que se le permitiera hacerlo–, y que la ganara a pesar de las críticas. Y nada de esto evitaría tampoco que huyera del país pocos meses después de su reelección para buscar exilio en Japón, luego de que la creciente evidencia –que incluía videos de actos de soborno y extorsión por parte de funcionarios– revelara, de forma drástica, la falta de transparencia y corrupción públicas que se extendía en su gobierno.

Ciertamente, a inicios de ese año, miembros clave del gobierno de Fujimori se habían visto envueltos en escándalos, principalmente el jefe del Servicio de Inteligencia Nacional (SIN), Vladimiro

Montesinos, que había intentado huir del país y asilarse en Panamá, después de que salieran a la luz sus tristemente célebres "vladivideos". Montesinos, en un hecho de increíble vanidad, había estado grabando en secreto sus propios actos de soborno con prominentes personalidades en su despacho. Las cintas revelaban sus pagos (en algunos casos de más de un millón de dólares al mes) a personas que iban desde congresistas y militares hasta miembros de la prensa nacional, para asegurar diversos favores políticos. Dicha práctica resultó ser solo el inicio de lo que fue una gran lista de crímenes que incluían malversación, tráfico de drogas, venta de armas, arreglo de votaciones y tortura a prisioneros políticos, periodistas y funcionarios de Inteligencia que eran considerados desleales al SIN. De hecho, algunos de estos actos involucraban directamente a la reelección presidencial del año 2000 de Fujimori, mientras llegaban a su fin las dos décadas de violencia política. Incluso apareció el testimonio de un periodista que decía haber sido secuestrado por agentes policiales que le serrucharon el brazo hasta el hueso, para evitar que revelara un video donde Montesinos aparecía sobornando a funcionarios para arreglar los votos. También salieron a la luz agentes de inteligencia del Ejército que revelaron que Montesinos había mandado intervenir las líneas telefónicas de políticos y periodistas importantes, y ordenado la tortura y asesinato de agentes que habían filtrado información a la prensa. Y en medio de estas revelaciones también aparecieron informes de que Montesinos había sido apoyado por la Agencia Central de Inteligencia (CIA) de los Estados Unidos, que supuestamente le hacía llegar millones de dólares para financiar políticas antiterroristas.

Los años inmediatamente previos al proyecto de *software* libre recordaban claramente lo enraizadas que podían estar las prácticas de corrupción, soborno y brutalidad absoluta entre los funcionarios elegidos (y lo tolerante que podía ser el liderazgo internacional ante estas violaciones vergonzosas a la confianza pública). El proyecto de ley N.° 1609 y el posterior intercambio de cartas con los representantes de Microsoft surgieron en un contexto en el que la innegable falta de sentido de la responsabilidad de los funcionarios peruanos dejaba en claro que se necesitaba una mayor transparencia y accesibilidad. Tal abuso de privilegio político, en verdad, solo acentuaba todavía más la marcada división que persistía entre las clases con privilegios políticos o raciales (concentradas principalmente en zonas urbanas) y las clases que se mantenían remotas, alejadas y excluidas en términos políticos (sobre todo en zonas rurales).

Sin embargo, fuera de Perú, donde muchos defensores del FLOSS habían sido testigos del desarrollo de dicha tecnología —desde sus orígenes como una práctica aislada de *hackers* occidentales hasta convertirse en un fenómeno globalmente dinámico respaldado por corporaciones tecnológicas transnacionales y asociaciones voluntarias—, el surgimiento de un proyecto de ley específico para el *software* libre era señalado como innecesario (Bessen 2002, Evans 2002, Hahn 2002, Stanco 2003). Adhiriéndose a una noción de libertad del usuario que insistía en que los individuos debían ser libres de elegir entre soluciones propietarias y no propietarias, los defensores y diseñadores de políticas FLOSS en los centros occidentales exigieron a los gobiernos, a inicios de la década del 2000, mantener una postura de neutralidad *política* en la adquisición de *software* (Chan 2004). La rápida transición de las tecnologías FLOSS desde los márgenes hasta la convencionalidad de los mercados tecnológicos y usos en los Estados Unidos y Europa, después de todo, parecía llevarse a cabo sin intervenciones gubernamentales. ¿Por qué tendría que ser distinto en otras partes? Los defensores de dicha postura comenzaron a remarcar la definición de FLOSS —que ya circulaba en las conferencias tecnológicas de los Estados Unidos— como un tipo de "tecnología disruptiva" (Christensen 2011) que inevitablemente desplazaría a la tecnología obsoleta (Bessen 2002). Para la industria del *software* comercial, estas lecturas señalaban que se necesitaban importantes transformaciones para mantener su dominio. Para los participantes de FLOSS en los centros occidentales de producción de dicha tecnología, servían más bien como una reafirmación de que sus actuales prácticas podían proceder sin ningún cambio. Mientras tanto, la cobertura mediática sobre la legislación FLOSS enfatizaba las razones económicas para que los gobiernos adoptaran esta tecnología, definiéndola como una alternativa drásticamente más barata que el *software* propietario, tanto que su capacidad de asegurar ahorros financieros despertaba interés en gobiernos extranjeros (Dorn 2003, Festa 2001, Stocking 2003, Wired.com 2003). Ya fuera que remarcaran sus méritos tecnológicos o los económicos, estas definiciones convencionales se basaban en proyecciones de inevitabilidad tecnológica y difusión global gradual (Callon y Latour 1981; Latour 1987, 2005), que asumían que solo era cuestión de tiempo para que las ventajas obvias y universales de la adopción del FLOSS llegaran a ser reconocidas por todas las clases de usuarios tecnológicos del mundo.

Sin embargo, un examen más minucioso de las prácticas que rodeaban al surgimiento de la legislación FLOSS en Perú (en la periferia de los centros occidentales de producción de dicha tecnología), revela que la actividad de los defensores locales del FLOSS no se definía tanto por esa inevitabilidad. Lejos de asumir un progreso global estable para la evolución del FLOSS, los promotores del proyecto de ley N.° 1609 asumían varias formas de trabajo local y no local para promover y "traducir" sus intereses en un contexto enmarcado conscientemente a escala nacional (Callon y Latour 1981; Latour 1987, 2005). Como han demostrado Medina, Da Costa y Holmes (2012), investigadores latinoamericanos de la ciencia y la tecnología, al subrayar la utilidad de los modelos de "traducción" con el fin de rastrear los medios con los que se transmiten el conocimiento y la tecnología entre ubicaciones separadas dentro y fuera de la región:

> La traducción implica un cambio o transformación inherente, así como un desplazamiento. Es una reminiscencia del adagio italiano *traduttore/traditore* (*traducción/traición*), un recordatorio de que uno puede cambiar sustancialmente o "traicionar" el texto original al pasarlo de un idioma a otro. El modelo de traducción de la tecnociencia [a diferencia de los modelos de difusión] [...] se enfoca en la manera en que todos los objetos tecno-científicos están en constante estado de flujo y afirma que es más revelador estudiar estos distintos momentos de traducción/traición que los momentos aislados de invención/transferencia del modelo de difusión. (Medina, Da Costa y Holmes 2012)

Aunque muchos defensores del FLOSS en los Estados Unidos adoptarían una posición de "agnosticismo político" (Coleman 2003, 2004), interpretando la relación con la política formal como algo contraproductivo o improductivo para el desarrollo y difusión tecnológicos esenciales, los defensores del FLOSS en Perú insistieron en un FLOSS latinoamericano necesariamente comprometido con las prácticas de reforma gubernamental y política, y buscaron activamente construir espacios de debate que pudieran redefinir las relaciones con canales políticos nacionales. Si muchos seguidores del FLOSS en los centros occidentales asumían y afirmaban que las tecnologías FLOSS se difundirían a escala global sin intervención gubernamental sobre la base del mérito tecnológico o de razones económicas, la actividad de los seguidores peruanos en torno al proyecto de ley N.° 1609 indicaba una divergencia de esta lógica y sugería también que otros intereses, más allá del desarrollo e innovación tecnológica del FLOSS, podían ser de interés principal para los activistas informáticos regionales. Lejos de asumir la inevitable difusión de las nuevas tecnologías FLOSS desde los centros hasta las periferias, sus actividades se orientaban a la contingencia del uso local del FLOSS y a la necesidad de desarrollar relaciones locales que les permitieran tomar forma, en términos sociales y tecnológicos, y "traducirlos" a los diversos intereses con el fin de lograr extensiones regionales (Callon y Latour 1981; Latour 1987, 2005).

Es decir, lo suyo era un emprendimiento orientado a ir más allá de una narrativa de inevitabilidad tecnológica y definición dominante del FLOSS en los centros occidentales regidos por la lógica de la difusión global. La actividad de los promotores latinoamericanos del FLOSS insistía más bien en que se planteara una serie de nuevas interrogantes con el fin de resaltar, no solo la evolución tecnológica, sino también el contexto histórico, político y local. Así, una de las principales preguntas era: ¿por qué fue posible que en Perú surgiera este proyecto de ley y que el país se convirtiera en un sitio prominente de la defensa del FLOSS, en primer lugar? ¿Qué negociaciones sociotécnicas, formas situadas de trabajo local y redes relacionales transregionales eran necesarias para que se produjera este hecho? ¿Cuáles eran las diversas constelaciones de significado que se canalizaban a través de las acciones de los participantes y que las explicaban en distintos sitios? Y de hecho, ¿qué entendemos por la multiplicidad y cacofonía de dichos testimonios que "hablan todos a la vez en nombre" de la red?

Los compromisos de estos actores subrayaban la idea de que mirar bajo la superficie del movimiento FLOSS de Perú era revelar una red de actores locales distribuida en diversos contextos regionales y dedicada a diferentes prácticas técnicas y discursivas para luchar por una reforma política. Esa red internacional, que incluía a políticos latinoamericanos, a ciudadanos y empresarios independientes que trabajaban con aplicaciones FLOSS, a grupos de usuarios de Linux y FLOSS, a programadores argentinos y a estudiantes activistas peruanos, funcionaba como un sistema polivocal para fomentar el surgimiento de nuevas formas de expresión cívica y espacios expandidos de participación política. Ciertamente, el esfuerzo y la eficacia de la red promotora del FLOSS en Perú se basaban, fundamentalmente, en dicha polivocalidad, que a pesar de su naturaleza descoordinada y descentralizada, podía generar nuevas formulaciones y desafíos discursivos a los supuestos dominantes occidentales acerca del uso y el desarrollo tecnológico.

Un conjunto creciente de investigaciones sobre las comunidades FLOSS ha explicado cómo la adaptación mutua y la producción de pluralidad sirven como testimonio valioso de la fortaleza de las redes (Benkler 2006; Coleman y Hill 2004; Kelty 2005a, 2005b; Lin 2007; Weber 2004). Sobre la base de esos trabajos, esta exploración en las redes como cuerpos polivocales rastrea los distintos caminos que tomaron los actores que se identifican como defensores de la legislación FLOSS en Perú en sus distintos sitios de promoción. Estos caminos se abrieron paso en Perú, pero están unidos asimismo a otros sitios y recursos en América Latina y a imaginarios culturales que también llegan a los Estados Unidos, Europa y otros países. Grupos como el Grupo de Usuarios Linux-Perú, el grupo más grande de usuarios FLOSS en Perú, con más de 1500 miembros suscritos, y la Fundación Vía Libre, una organización sin fines de lucro para los derechos digitales en Córdoba, Argentina, hicieron uso de listas de correos globales y canales IRC en tiempo real para organizar y manifestar esos compromisos fluidos y ubicados en diversos lugares. Las conferencias que se organizaron como espacios de encuentro físico estaban orientadas, no solo a otros usuarios tecnológicos y programadores capacitados, sino también a traducir el FLOSS en términos de los intereses globales y locales. Dicho trabajo resonaba en más de una docena de conferencias FLOSS en Perú a las que asistí (en Lima y en cinco pueblos y ciudades en provincia) durante los veranos de 2003 y 2006. Algunas tenían como objetivo a actores gubernamentales locales o nacionales y otros eran organizadas con ellos. Estas conferencias iban desde grandes reuniones internacionales, como la primera conferencia financiada por la Unesco sobre el uso de FLOSS en gobiernos de América Latina y el Caribe, celebrada en Cusco en agosto de 2003, hasta reuniones enfocadas en la comunidad local que promovían el FLOSS en sitios rurales y gobiernos regionales, como la que se celebró en Andahuaylas inmediatamente después de la cumbre en Cusco.

Los diversos espacios a los que se dirigen y con los que dialogan los defensores del FLOSS en América Latina revelan que para el desempeño de la red, no solo es esencial la extensión y difusión de los artefactos tecnológicos del FLOSS, sino también la traducción de valores y prácticas acordes con los contextos locales particulares, así como la producción resultante de nuevos espacios discursivos, significados culturales y narrativas que puedan dar testimonio del valor técnico y político de las tecnologías abiertas. En otras palabras, revelan lo poderosas que pueden ser las redes no solo a través de su capacidad para coordinar globalmente la naturaleza innovadora tecnológica o unificar diversos intereses a través de un solo actor o vocero centralizado y representativo, sino a través de su capacidad de innovación cultural, su productividad discursiva no predecible y las diferentes traducciones locales que multiplican los sitios relevantes en las extensiones periféricas.

Voceros de las redes, narradores de las redes

Las primeras formulaciones de las redes en estudios sobre ciencia y tecnología se enfocaban en que las estructuras de redes permitían la extensión generalizada de hechos científicos y artefactos tecnológicos. Pero estos estudios demostraron que el éxito de la red no dependía tanto de la condición de solidez factual o tecnológica, sino de la hábil obtención de consentimiento de diversos actores humanos y no humanos (Callon 1986, Latour 1987). La solidez de los hechos científicos o artefactos tecnológicos surgió entonces como efecto y no como condición de la actividad productiva de los actores coordinados a través de las redes (Callon 1986, Latour 1987, 2005). Estas teorizaciones explicaron la forma en que las redes podían no solo manejar eficientemente el trabajo de diversos actores, sino también canalizar sus distintos intereses bajo una forma representativa única y espacialmente distribuida y extensiva. Para este proceso fue muy importante la etapa inicial de reclutamiento, realizada a través de la negociación efectiva de los intereses de los actores interconectados provenientes de diferentes sitios locales. Debían formarse diversas relaciones en el espacio para que una sola red pudiera unificar sus distintos intereses, armonizar sus voces y ser autorizada para hablar por el conjunto en calidad de vocera (Callon 1986, Callon y Latour 1981, Latour 2004a). Estas coordinaciones y la capacidad de las diferencias locales de ser negociadas y representadas a través de las funciones del vocero explican entonces cómo los hechos científicos y las innovaciones tecnológicas podían lograr una mayor adopción y aceptación estándar entre un conjunto de otros "hechos" e invenciones reconocidos. En este caso, la fortaleza de las redes fue atribuida a su capacidad de estabilizar hechos tecnocientíficos y de funcionar, de modo coherente, a través del empleo de voceros en la coordinación para un fin compartido, a pesar de las diversas modificaciones locales necesariamente negociadas en distintas ubicaciones.

Más bien, las recientes investigaciones acerca de la nueva productividad económica de la actividad en red han definido a las redes como sistemas de innovación tecnológica (Benkler 2006, Castells 1996, Lessig 2002, Stark 2009). Dichas aproximaciones caracterizan a las redes como cuerpos organizados libremente que aprovechan las nuevas tecnologías informáticas para organizar el trabajo de distintas partes individuales y que remarcan su sorprendente éxito en la generación de innovación tecnológica, cambiando así el enfoque de la negociación de relaciones en todos los sitios locales distribuidos subrayado por los modelos de traducción. Dicha investigación ha desafiado los supuestos establecidos sobre la innovación por ser dependientes de las unidades de producción con coordinación firme, gestión cerrada y organización jerárquica. Pero en este caso, también la capacidad de la red para coordinar la innovación y generar y hacer circular nuevas tecnologías fue lo que principalmente determinó cómo se evaluarían su fortaleza y durabilidad.

Sin embargo, las entrevistas con los promotores del FLOSS en Perú demostraron que no había un relato explicativo único y coherente acerca de la red entre todas las partes. Y la lógica organizativa dominante, que generalmente reivindican los participantes FLOSS occidentales de la innovación tecnológica, tampoco era el principal interés que motivaba a la defensa del FLOSS en América Latina. Por el contrario, los protagonistas de la red regional subrayaban su propio reconocimiento y distinción independientes, negándose a ser integrados a una sola lógica representativa que reuniría diversos intereses bajo una posición unificada y "armonizada" o "consenso" (Stengers 2007). Más bien, se escuchaba un conjunto polivocal de historias que, en su dinamismo y disonancia simultánea, revelaba que la defensa del FLOSS en Perú estaba construida sobre la diversidad de prácticas regionales y locales que a veces se cruzaban, pero que nunca se ajustaban completamente entre sí ni con las prácticas enfatizadas en Occidente. Hablando desde distintas posiciones y de manera independiente, los actores de la red local generaron entidades dinámicas de valor acerca de lo que podía significar el FLOSS en diferentes ubicaciones, las razones por las que debía promoverse y qué intereses podían estar en juego en dicha promoción.

Que esas prácticas no coordinadas lograran atraer la atención sobre el movimiento FLOSS en Perú fue un resultado por el que los actores de las redes no ofrecieron ninguna explicación confidencial. Ciertamente, no se diferenciaba una justificación única en los testimonios de los defensores del FLOSS en Perú, y ningún actor intentó asumir el crédito total por los efectos celebrados en la red. Por el contrario, los políticos, los miembros de ONG y los programadores independientes que participaban en la red continuamente hacían referencia al trabajo de los demás, distribuyendo el reconocimiento al explicar el efecto logrado. Dicha noción subraya que estudiar una red polivocal hace evidente una diversidad de contribuciones que traza líneas de explicación y sitios de trabajo local. De hecho, en casos como este, hay que estar preparado para descubrir que la productividad de la red dependía no tanto de las coordinaciones de los centros y los voceros, sino de una marcada multiplicación de capacidades y extensiones testimoniales locales en las periferias.

Cartas, legislación y testimonios de progreso disruptivos

Superficialmente, parecía poco probable que el congresista Edgar Villanueva fuera un promotor del FLOSS. Comenzó su carrera política como alcalde de Andahuaylas, una pequeña ciudad de la región de Apurímac, cuya población de 34.000 personas vive (como la mayoría de las localidades en los Andes) principalmente de la agricultura. Fue elegido congresista en 2001 y en su primer año y medio en el Congreso, centró su trabajo, principalmente, en leyes regionales y educativas, con poco enfoque en las iniciativas tecnológicas e informáticas. Así, sin duda alguna, el proyecto de ley N.° 1609 queda en el historial del congresista Villanueva como la única acción legislativa específicamente dirigida al uso del *software* o la informática.

Sin embargo, la presentación de esta propuesta de ley ante el Congreso peruano en diciembre de 2001 no dejó dudas de que sus seguidores no eran para nada inexpertos en la articulación de sus posiciones sobre la necesidad de la reforma tecnológica. Con la propuesta de adopción obligatoria de tecnología FLOSS en las oficinas públicas, el texto del proyecto de ley especificaba que se podía hacer excepciones solo cuando no estuviera disponible una aplicación FLOSS lo bastante desarrollada. Haciendo énfasis en las contradicciones legales que sufrían los gobiernos en el uso de *software*, empezaba remarcando que los estados confían en la informática para casi todas sus actividades administrativas, lo cual somete a los gobiernos a "una situación de dependencia [...] de tecnología creada (y con precio determinado) en otros países". El proyecto de ley citaba además la rapidez de las actualizaciones de *software*, recalcando que la frecuencia de los nuevos lanzamientos de *software* obligaba a los gobiernos a elegir entre comprar permanentemente nuevas licencias, operar con *software* desactualizado, o recurrir a la piratería. También hacía referencia a un estudio gubernamental que estimaba que el Gobierno peruano usaba programas pirateados en un 90% (INEI 2002) como resultado de los inaccesibles costos de licencia y los esquemas tarifarios, y concluía con que los gobiernos deben encontrar alternativas para "romper el círculo vicioso de la dependencia".

El proyecto de ley N.° 1609 definía así los imperativos legales y económicos particulares de los estados en el Sur Global como lo más importante para los intereses de Perú con el fin de acabar con su dependencia del *software* cerrado y propietario. Sin limitarse a la necesidad tecnológica de los estados como argumento para la adopción del FLOSS, esta propuesta de ley reivindicaba una narrativa tecnológica que criticaba el mecanismo de los mercados globales y de la política internacional que marginalizaban a los estados "periféricos" y mantenían relaciones globales de dominio político y económico. Según el proyecto de ley, la dinámica del poder que privilegiaba los intereses de las naciones ricas y las industrias occidentales también podía reproducirse en las decisiones del Gobierno peruano que marginaban las inquietudes expresadas por ciudadanos, usuarios de informática y desarrolladores locales. Si las decisiones del Estado sobre compras de tecnología y contratos de servicios informáticos antes eran percibidas como decisiones secas y esotéricas con relativamente escasa relevancia cívica, el proyecto de ley N.° 1609 las declaró asuntos que para los ciudadanos del Sur Global se habían vuelto importantes, profundamente políticos y con un costo social muy alto. Además, eran asuntos que reinscribirían a la nación y el sistema gubernamental en nuevos y extendidos ciclos de dependencia occidental.

A los pocos meses de la presentación en el Congreso del proyecto de ley N.° 1609, intervino Microsoft, el principal vendedor de *software* al Perú. En una carta enviada en marzo de 2002 al congresista Villanueva, Juan Alberto Gonzáles, gerente general de Microsoft Perú, ofrecía su propia interpretación de cómo el FLOSS perjudicaría al Estado. Describiendo al FLOSS como una tecnología riesgosa, Gonzáles presagiaba una enorme cantidad de efectos devastadores provocados por el proyecto de ley N.° 1609. Advertía que el FLOSS acarrearía inmensos gastos por migración tecnológica, riesgo de no compatibilidad entre los sectores públicos y privados de Perú, devastación de la productividad corporativa y daños a la "creatividad de toda la industria peruana del *software*", cuyos derechos de propiedad intelectual de alguna manera se verían comprometidos. Argumentando además que las decisiones del Estado sobre la tecnología debían permanecer políticamente neutrales sobre la base de los méritos tecnológicos, Gonzáles señalaba desafiante: "Si el *software* de código abierto satisface todos los requerimientos de las entidades del Estado, ¿por qué se requiere de una ley para adoptarlo? ¿No debería ser el mercado el que decida libremente a qué productos les da más valor?". Cabe resaltar que su descripción del futuro con el FLOSS predecía condiciones de inestabilidad económica y técnica y la devastación de lo que se consideraba procesos políticos saludables. Mientras el proyecto de ley describía un gobierno que operaba de forma "ilegal" y recalcaba la generalización de *software* pirata debido al uso de tecnologías propietarias, Gonzáles hacía énfasis en la violación de las leyes "naturales" del libre mercado que la adopción de las soluciones FLOSS por parte de los estados representaba.

Por tanto, la posibilidad de usar FLOSS en el Gobierno peruano produjo una serie de nuevas narrativas de circulación global sobre las posibilidades y procesos de adquisición de tecnología nacional. Esas narrativas no solo insistían en la naturaleza politizada del uso estatal de tecnologías abiertas o propietarias (proclamando que ese uso podía extender las relaciones de dependencia establecidas o alejarse de ellas), sino que también presentaban al FLOSS como una alternativa que podía permitir relaciones globales de desigualdad. Resalta que la generación inicial de una nueva narrativa interpretativa de las posibilidades tecnológicas a través de la introducción del FLOSS obligara a Microsoft a reconocer el desafío al sistema establecido de adquisición de *software* y a generar su propia contranarrativa para definir al FLOSS como una tecnología de riesgo. Antes del surgimiento visible de una propuesta FLOSS, el *software* propietario cerrado podía aparecer como la opción incuestionable y natural, pero después de la propuesta FLOSS, Microsoft tuvo que resituarse dentro del lenguaje de la seguridad nacional, la estabilidad económica y la elección racional.

El surgimiento de la legislación FLOSS demostró así operar como una fuerza generadora, que multiplicó las narrativas en torno al código, los mercados informáticos nacionales y las interpretaciones de lo que significaría tanto para los sectores públicos como para los sectores privados de Perú. El surgimiento de estos testimonios, sin embargo, no simplemente ocurrió de forma espontánea, sino que estaba vinculado a otros actos narrativos comprometidos a través de la red de apoyo al FLOSS. Rastrear estas narrativas era descubrir una diversidad de testimonios; no se trataba de un hilo único que los recorría y los unía firmemente de un extremo a otro. De hecho, entre ellas había algunas que, según los que las defendían, habían sido concebidas completamente por accidente.

Representando al gobierno local

Jesús Marquina Ulloa, un consultor tecnológico independiente del Gobierno peruano, fue el primero en llevar la idea del FLOSS al congresista Villanueva en 1996. Marquina, que tenía 40 años cuando hablé con él, recordaba que su trabajo, a mediados de los años noventa, consistía en visitas de rutina a municipalidades para implementar el *software* de administración tributaria. Aunque originalmente había desarrollado la aplicación tributaria empleando herramientas de desarrollo propietarias, había comenzado a programar una aplicación FLOSS equivalente, que esperaba reemplazara a la versión propietaria. Villanueva, por ese entonces alcalde de Andahuaylas, expresó interés en conocer más sobre las propuestas de

Marquina. Primero discutieron crear aplicaciones FLOSS para las municipalidades u organizar una asociación que ofreciera servicios básicos a gobiernos locales, y luego comenzaron a considerar la propuesta de una legislación a escala nacional cuando Villanueva fue elegido congresista en el año 2000, lo cual representó una oportunidad para generar una nueva acción a escala nacional sobre el tema.

Sin embargo, eran los vínculos de Marquina con el gobierno local los que aseguraban su respaldo al FLOSS. Recordaba que en sus primeros años como programador para gobiernos regionales, usaba copias piratas de herramientas como Visual FoxPro de Microsoft y el lenguaje para desarrollo de bases de datos Clipper para programar sus aplicaciones. Recordaba que los principales desafíos que encontró no eran técnicos ni problemas de programación, sino problemas que implicaban el tratamiento general de datos e información por parte de los gobiernos nacionales y locales. Desde su punto de vista: "Existe una completa falta de estándares en los procedimientos tributarios de las municipalidades [...] Incluso aunque existen leyes sobre tributación, se ejercen de manera muy ambigua [...] solo unos pocos funcionarios parecen entenderlas, muchas municipalidades tienen su propia interpretación".

La codificación de sistemas tecnológicos para el gobierno hizo que Marquina fuera cada vez más consciente de las condiciones sociales generales en las que estaban imbuidas las tecnologías. Marquina cuenta que al inicio tenía que desarrollar distintas versiones de su aplicación para cada una de las cinco municipalidades que lo contrataban en esa época: "Cada sistema tenía que estar personalizado, porque los procedimientos de cada municipalidad eran muy distintos [...] Y yo solo era el que administraba el cien por ciento del código fuente [...] A largo plazo, el mantenimiento del sistema se vuelve insostenible". Emocionado contaba su descubrimiento del FLOSS y sus principios de código abierto, distribuible y legalmente modificable, como una solución a la dependencia tecnológica de los gobiernos locales. Contaba que proporcionar a las municipalidades el acceso a la programación de códigos fuente les permitió articular e innovar localmente sus propias soluciones tecnológicas: "Distribuyendo abiertamente el código, en lugar de perjudicarme

[...] comencé realmente a tener beneficios [...] comencé a ver que en algunas municipalidades, el equipo responsable administraría soluciones a problemas técnicos que nunca se me habrían ocurrido a mí, y con una rapidez óptima".

Enfatizando explícitamente su enfrentamiento contra la desorganización y la falta de estandarización interna en varias administraciones municipales, Marquina argumentaba que el uso de FLOSS en las oficinas del gobierno era una solución técnica a un problema que él consideraba social y contextualmente enraizado. Para Marquina, el código fuente accesible del FLOSS daba poder a los desarrolladores de *software* y a las oficinas locales para las que trabajaban, permitiéndoles personalizar el código para diversas necesidades y usos en evolución de manera legal (muchos de los cuales podían no ser anticipados cuando los sistemas tecnológicos se establecían por primera vez, ni reconocidos por actores de red ubicados fuera de los sitios locales de implementación).

Pero Marquina se dio cuenta de que no era el único que se sentía frustrado por las limitaciones del *software* propietario y cerrado. Se había unido a una lista de correos con sede en Argentina para discutir problemas de FLOSS en el gobierno poco después de que sus conversaciones con el congresista Villanueva ayudaran a elaborar el proyecto de ley N.° 1609 a finales de 2001. Las relaciones decisivas que cultivó a través de lo que podría describirse como actividad casual en la lista de correos generaron nuevas extensiones para la red de defensores FLOSS en Perú.

Invocando a los ciudadanos, la democracia y el código

A varios cientos de kilómetros de Lima, la Fundación Vía Libre de Córdoba, una ONG que trataba los problemas relacionados con la tecnología y la sociedad civil, ya había participado ampliamente en promover la legislación FLOSS en Argentina. El director de Vía Libre, Federico Heinz, fue fundamental en la creación de relaciones con los congresistas argentinos para patrocinar la legislación en su país. Además, tuvo un papel central en el desarrollo de las conversaciones sobre FLOSS en los gobiernos a través de una lista de correos que él ayudó a fundar en el 2000 llamada "Proposición". La lista, a su vez, proporcionaría una masa crítica de ciudadanos regionales interesados, cuyos debates contribuyeron a la evolución del proyecto de ley argentino. Recordando el proceso de redacción de esta propuesta de ley, Heinz mencionó los procesos de construcción FLOSS, en donde las comunidades de programadores en la red criticaban e intercambiaban abiertamente partes de código para desarrollar y perfeccionar colectivamente una aplicación operativa. Heinz describió el proceso de diez meses de autoría colectiva de la siguiente manera:

> Nosotros en Vía Libre habíamos adaptado un poco de texto y lo mostramos a la lista para que los miembros lo criticaran hasta que alcanzáramos algo aceptable [...] Fue un proceso sorprendente, en verdad, como método participativo de creación de la ley, con personas que decían cómo les gustaría ser gobernadas [...] este modelo de elaboración para crear la legislación como si se tratara de *software*.

Aunque se inició originalmente con la intención de promover el FLOSS en Argentina, la lista y sus participantes (muchos de los cuales vivían fuera de América del Sur) llegaron a tratar el creciente fenómeno de la legislación FLOSS en los gobiernos de todo el mundo, particularmente entre las naciones del Sur Global. Jesús Marquina, que estaba ayudando a iniciar un proyecto de ley local en Perú, fue uno de los participantes de Proposición que se acercó a Heinz para hablarle del tema. Heinz, Enrique Chaparro (otro participante argentino de Proposición) y defensores del FLOSS en Argentina fueron llamados nuevamente unos meses después para apoyar a Perú y responder a las críticas que Microsoft había hecho al proyecto de ley N.° 1609. Heinz recordaba que el desafío principal era manejar la avalancha de comentarios enviados por los participantes que querían contribuir simultáneamente: "Este es un proceso muy largo [...] Todos estaban contribuyendo con ideas y teníamos que escribirlas todo el tiempo y hacer cambios. ¡Y luego cuando posteamos el borrador de la carta en Proposición, la gente de la lista tenía algo que decir sobre ella [otra vez]!".

Con casi 6000 palabras de extensión y con 12 páginas a espacio simple, la respuesta a la carta de Microsoft producida por los esfuerzos colectivos de los defensores argentinos, los participantes internacionales de Proposición, el congresista peruano y Marquina, extendió los argumentos reivindicados en el proyecto de ley peruano. La respuesta enumeraba y refutaba meticulosamente cada una de las afirmaciones de Gonzáles. Se reafirmaba en la justificación del proyecto de ley N.° 1609, especificando que no estaba motivado por razones económicas sino por obligaciones "fundamentales" de los gobiernos para con los ciudadanos. Estas obligaciones incluían garantizar el libre acceso de los ciudadanos a la información pública y asegurar la permanencia de los datos públicos, argumentando que estos se verían en peligro si el Estado dependía de *software* cerrado y propietario y si no podía obtener actualizaciones de *software* propietario: "El Estado almacena, manipula y transforma información que no le pertenece, sino que le ha sido confiada por los ciudadanos [...] El Estado debe tomar medidas extremas para salvaguardar la integridad, confidencialidad y accesibilidad de esa información".

En una de nuestras conversaciones, Heinz remarcó lo inesperada que fue la forma final de la carta y la evolución de ideas generadas a través de los dinámicos debates de la proposición:

> Lo que pasó con la carta fue un proceso progresivo. Al inicio de las discusiones, vimos el *software* libre como una forma de ayudar al gobierno a usar *software* con menos dinero [...] Pero gradualmente [...] descubrimos que el *software* libre, *incluso si fuera* más caro de mantener e implementar que el *software* propietario, *debe ser* usado en las administraciones públicas. Esa es la única forma en que un gobierno puede lograr sus objetivos.

Heinz explicaba que al tener en cuenta las responsabilidades de los Estados hacia los ciudadanos, el grupo sorpresivamente reconsideró su propia definición y argumentos sobre el FLOSS, incluso a pesar de que ya se encontraban bien desarrollados:

> Nos dimos cuenta de que era posible que se necesitara un mejor *software* y un costo más económico en el caso de una corporación, pero [...] las corporaciones solo tienen que dar cuentas a sus accionistas. Los ciudadanos son todos accionistas en el Estado, y no es como en una corporación, en la que puedes elegir no ser parte. El costo es importante, pero solo es secundario. Cuando comenzamos a pensar en las posibles inseguridades en los sistemas del gobierno que almacenan los datos personales de los ciudadanos, y la forma en que se manejan estos datos, nos dimos cuenta de que yo como ciudadano tengo un interés en cómo se conservan.

Para Heinz era igual de esencial revelar la relación entre la tecnología informática y las políticas de gobierno. Remarcando la centralidad de los procesos tecnológicos en la formación de infraestructura política compartida, argumentaba que las limitaciones en la transparencia tecnológica y gubernamental estaban directamente relacionadas:

> Ya estamos muy involucrados en la sociedad de la información, pero [...] la mayoría de gente dice que todo este asunto del *software* libre solo le importa a los *geeks* [...] [Pero] el *software* es una parte muy importante de la democracia. Existen áreas completas en las que no importa lo que la ley diga, si el *software* es el que implementa la ley, el *software* tiene el control.

Además, resalta que subrayara sus propias diferencias con lo que consideraba una posición dominante dentro del movimiento FLOSS en general, una perspectiva enfocada en las reformas legales para el beneficio de la evolución tecnológica. Me contó que tenía inconvenientes para explicar la estrategia legislativa a una comunidad FLOSS más amplia concentrada en Occidente; atribuía dichas dificultades a la preocupación del movimiento en la extensión del mercado de FLOSS y a las reformas de patentes para *software* y las leyes de derecho de autor en Occidente. Aunque él apoya dichas agendas, hizo énfasis en que vio otros objetivos cruciales en el FLOSS. "Esto tenía que ver con *ciudadanía* y *software* [...] Lo que estamos tratando de lograr no es solo mejor *software*, sino una sociedad más sostenible [...] Y el uso de *software* libre es una herramienta para construirla".

El testimonio de Heinz acerca del surgimiento de la legislación FLOSS no era impulsado por los mismos ideales de evolución tecnológica evocados por los intereses FLOSS predominantes en Occidente, ni por los intereses de localización centrados en el usuario que Marquina invocaba. Más bien, su narrativa de la necesidad del FLOSS se basaba en nociones de derechos democráticos de los ciudadanos en una sociedad de la información emergente. En particular, Heinz se inspiró en principios FLOSS que promovían las libertades del consumidor individual y los derechos del usuario, y los resituó en el dominio de los derechos políticos colectivos. Para Heinz, explicar el FLOSS se convirtió en una forma de criticar las estructuras políticas y económicas contemporáneas y de imaginar la posibilidad de un público más democrático y participativo. En otras palabras, la narrativa que elaboró giraba en torno al surgimiento de una sociedad basada en la información que permitía articular nuevos espacios de política y gobierno, sitios cruciales que serían reconocidos por su manifestación a través de la tecnología y el código.

Articulando identidades de posibilidad

Mientras se desarrollaba el diálogo entre el congresista Villanueva, Marquina y Vía Libre, otro grupo local de defensores del FLOSS, el Grupo de Usuarios Linux-Perú (PLUG, por sus siglas en inglés) en Lima, comenzó a dedicar recursos para la promoción del proyecto de ley. Fundado como una lista de correos *online* a fines de 1997, PLUG funciona hoy como una comunidad virtual de 15.000 miembros que intercambian información técnica relacionada con el uso de FLOSS. César Cruz, un coordinador de la lista de distribución de PLUG e instructor Linux, de 30 años de edad, me explicaba que conoció a Marquina en una conferencia sobre Linux hacía ya varios años. Recordaba haber escuchado de manera informal acerca del proyecto de ley N.° 1609, mientras hablaba por teléfono con Marquina. Después de esa conversación, Cruz decidió aprovechar la base de usuarios de PLUG con el fin de lanzar una campaña local independiente para promover el proyecto de ley.

Después de debatir en línea cómo apoyaría PLUG a esta propuesta de ley, los miembros comenzaron independientemente el trabajo de participación, enviando correos electrónicos a sus contactos y a portales de noticias nacionales y extranjeros. Estas actividades de promoción llevaron la noticia del proyecto de ley peruano a una audiencia internacional más amplia, después de que la web de PLUG publicara copias del proyecto de ley N.° 1609, la carta de Microsoft en su contra y la respuesta de Villanueva, en inglés y español, en abril de 2002. La revista *Wired* publicó un reportaje sobre el movimiento peruano poco después, en abril de 2002 (Scheeres 2002). A esto siguieron reportajes en publicaciones de noticias tecnológicas del Reino Unido, *The Register* (Greene 2002) y vnunet.com (Williams 2002), y en los sitios de noticias FLOSS, *Linux Journal* (LeBlanc 2002) y Slashdot.org (2002a, 2002b).

Aunque la cobertura internacional del proyecto de ley N.° 1609 se difundió en Perú, casi ninguna noticia apareció en los principales medios. Con la esperanza de corregir esto, PLUG llevó a cabo varias actividades a escala nacional, entre ellas la distribución de volantes en las calles de Lima, la colocación de afiches en paredes y edificios públicos, y publicaciones en portales de noticias FLOSS en español sobre el desarrollo de la ley en Perú. Los miembros de PLUG también organizaron una conferencia, "Linux y *software* libre en el Estado", que presentó a Villanueva, Chaparro, Heinz y el activista FLOSS mexicano Miguel de Icaza. Es importante indicar que todas las actividades de PLUG fueron planificadas de manera independiente, sin ninguna comunicación directa con el congresista Villanueva, Marquina o Vía Libre. Los miembros de PLUG también comenzaron a utilizar sus ahorros para financiar actividades. Como me explicaba Cruz:

> No sé cuánto dinero gasté [para promover el proyecto de ley N.° 1609], pero no me importa si fue mucho [...] Gracias a Linux es que nunca me ha faltado trabajo [...] Aquí es difícil encontrar trabajo, y si lo haces, generalmente es con un sueldo bajo. Gracias a Linux, me

ha ido mejor que a la mayoría de jóvenes peruanos que se dedican a trabajar en computación.

Narrando su experiencia con FLOSS como algo que le permitió evitar las dificultades laborales que comúnmente enfrentan los técnicos jóvenes en el mercado laboral nacional, Cruz minimizaba los gastos en los que incurrió. Según él, financiar los eventos de PLUG le permitió apoyar aquello a lo que él atribuía su seguridad profesional. Además de brindar recursos materiales para el crecimiento general del FLOSS, Cruz también consideraba que su apoyo estaba dirigido al desarrollo del FLOSS en Perú. Proyectando un futuro de mayor soberanía nacional y económica construida sobre la base del talento de técnicos locales, Cruz explicaba:

> Lo más importante para mí es que podemos desarrollar nuestra propia tecnología. Antes, no teníamos la posibilidad de esto con el *software* propietario. Ahora, con el *software* libre, sí podemos [...] En mi país, existen pocos desarrolladores de *software* porque siempre se compra programas del extranjero. Hay una enorme dependencia de Microsoft y tenemos que cambiar eso. Porque tenemos la capacidad de construir nuestro propio *software* [...] más que tratarse de nacionalismo, yo diría que se trata de ser capaz de salir de una situación de subdesarrollo.

Antonio Ognio, otro coordinador de la lista PLUG, de 28 años y fundador de una compañía de servidores Linux en Lima, también narraba su experiencia con el FLOSS como algo que amplió sus oportunidades profesionales. Al hablar de los últimos años de su carrera de ingeniería de sistemas en Perú, recuerda que lo formaron para enfocarse únicamente en habilidades de administración de negocios, y no le dieron un nivel alto en programación de sistemas operativos. "Extremadamente aburrido" y con una "necesidad urgente de reinventarse", Ognio recordaba que descubrir el FLOSS le permitió perseguir sus propios "objetivos y sueños" personales, y no los objetivos que le habían ordenado seguir: "¿Por qué no pensar que puedes aprender los 'secretos' que aprenden los *hackers*? Linux me puso rápidamente en contacto con todo ello".

Cruz y Ognio señalan las limitaciones que consideran imposiciones institucionales para los técnicos peruanos y construyen narrativas en torno al FLOSS que remarcan la superación de estos obstáculos profesionales y la capacidad de imaginar nuevas posibilidades para el crecimiento. Para ellos, descubrir el FLOSS les permitió la transformación personal y el empoderamiento que los distingue entre sus colegas peruanos. Entonces, cuando imaginaron su uso a escala nacional, interpretaron el FLOSS como algo que ofrece nuevos potenciales para desarrollar otras formas de independencia tecnológica, económica y política. El desarrollador FLOSS David Sugar (2005) coincide con esas esperanzas:

> Al brindar a los ciudadanos latinoamericanos la oportunidad de participar directamente en el mercado de software comercial mundial de forma local, el software libre ofrece incentivos para formar una industria de software local que puede entonces competir equitativamente con la de cualquier país avanzado del mundo.

Así, estas interpretaciones del FLOSS son distintas a las que hacía Marquina en su testimonio sobre sus experiencias en el gobierno local o al testimonio de Heinz acerca de los derechos ciudadanos. Aunque los diferentes testimonios entre los participantes de la red surgen de modo independiente, sus distinciones no buscan contradecirse entre sí, sino más bien se invitan a coextenderse mutuamente. La diversidad en la red polivocal FLOSS parece ser una fuerza generadora, más que una fuerza competitiva.

Repercusiones: Microsoft y otras intervenciones

A inicios del verano de 2002, después de la ola de cobertura mediática sobre el intercambio entre Villanueva y Microsoft, se llevarían a cabo varios nuevos desarrollos en los esfuerzos legislativos peruanos. Se presentó dos nuevas versiones del proyecto de ley N.° 1609 al Congreso peruano, y también se propuso dos proyectos FLOSS adicionales. Uno establecería una comisión consultora para estudiar y autorizar el uso del FLOSS por parte del gobierno; el segundo ordenaría el uso del FLOSS en las empresas cuyo cliente principal fuera el gobierno.

La proliferación de apoyo oficial al FLOSS motivó a Aldo Defilippi, director de la Cámara de Comercio Americano del Perú, a escribir una carta al presidente del Congreso, denunciando a los proyectos de ley por ser "discriminatorios" hacia las compañías de *software* propietario. La carta de Defilippi fue secundada por el embajador de los Estados Unidos en el Perú, John Hilton, quien también envió una carta, que advertía que excluir económicamente a compañías como Microsoft haría daño a una industria que creaba miles de puestos de trabajo locales. Una reunión entre el presidente peruano Alejandro Toledo y el presidente de Microsoft Bill Gates a mediados de julio de 2002, consiguió efectivamente lo que las cartas de Defilippi y Hilton esperaban lograr. A mediados de julio, el presidente de Perú se reunió con el presidente de Microsoft en la sede corporativa de la compañía, donde los líderes firmaron un acuerdo para el apoyo de Microsoft al proyecto Huascarán de Perú, una iniciativa de educación digital que brindaba internet y acceso a computadoras en los colegios rurales de Perú (y el predecesor del programa OLPC en el país). También le dio a Gates la oportunidad de entregar a Toledo una donación de más de medio millón de dólares en *software* y servicios de consultoría. Según explicaba la nota de prensa de Microsoft (2002) para el evento:

> Microsoft no solo apoyará a Perú en el proyecto de educación digital Huascarán, sino en otros importantes proyectos de modernización del sector público y la nación [...] Además del apoyo que Perú recibirá para el proyecto Huascarán [...] Microsoft también diseñará y ejecutará un Sistema de Información Electrónica con el sector público, para una mejor comunicación interna y mayor transparencia en los servicios ofrecidos a los ciudadanos peruanos; además, implementará una tendencia práctica para la mayoría de países modernos del mundo: el Gobierno Electrónico.

Sin el tono defensivo ni la alarma que caracterizó a su primera carta a Villanueva, Juan Alberto Gonzáles agregó su respaldo al acuerdo en la nota de prensa, colocando a Microsoft como un "protagonista cívico" responsable y corporativo del proceso:

> Microsoft Perú conoce su rol en la sociedad y sabemos que solo una sociedad informada logrará el desarrollo; sentimos que nuestra función es brindar a la sociedad los recursos tecnológicos que permitirán la difusión del acceso a la información para permitir la creación de personal profesional y el desarrollo de sus empresas.

Sin embargo, resalta que los comentarios oficiales de Microsoft o del Gobierno peruano acerca del acuerdo y la donación no incluyeran ninguna mención al FLOSS o a los distintos proyectos de ley que lo promovían en el Congreso. No obstante, se empezó a especular que a pesar de todas las pretensiones oficiales, la reunión entre Toledo y Gates y la donación de Microsoft buscaban garantizar el rechazo a las propuestas FLOSS pendientes. O como señalaba John Lettice en *The Register* (2002):

> No queda claro si el acuerdo sobre educación y gobierno electrónico que ha firmado el presidente Toledo con Microsoft afecta a las iniciativas por el *software* libre. Pero como seguramente debe haber firmado un contrato con Microsoft, es probable que el acuerdo complique dichas iniciativas [...] Cuando los principales contratos o clientes de Microsoft están en peligro, Bill Gates es generalmente el último recurso.

Pero la visibilidad de los esfuerzos FLOSS en Perú dio lugar a otras contribuciones independientes con más consecuencias positivas para sus seguidores. Un estudio de 2002, llevado a cabo por el Instituto Internacional de Infonomía de la Universidad de Maastricht, financiado por la Comisión Europea, acerca del desarrollo y uso del FLOSS en los sectores públicos y privados, basó sus recomendaciones sobre políticas en el texto del proyecto de ley N.° 1609 (Ghosh et ál. 2002). Este préstamo se llevó a cabo sin coordinar con los autores originales del texto. Reflexionando y sorprendiéndose por la inesperada movilidad e impacto del contenido textual del proyecto de ley N.° 1609, Federico Heinz señalaba la facilidad con la que se llevan a cabo diversas adopciones y traducciones dentro de las redes FLOSS: "Es muy difícil hacer algo en *software* libre que realmente tenga cierto respeto por las fronteras nacionales. Porque comienzas haciendo algo y otros países y lugares empiezan a tomarlo y se vuelve internacional en sí mismo". Heinz agregaba que a medida que las noticias sobre los esfuerzos legislativos en Perú se dispersaban globalmente, los funcionarios de gobierno de toda Europa y América Latina comenzaban a acercarse a las partes involucradas para explorar iniciativas similares.

Así, poco después de presentada la donación de Microsoft, funcionarios de la Unesco se acercaron al congresista Villanueva con el plan de organizar una conferencia internacional acerca del FLOSS y los gobiernos de América Latina. Llevada a cabo en Cusco en 2003, la conferencia presentó una historia de la política internacional y el FLOSS, el mercado global del FLOSS y el FLOSS en la educación, ciencia y cultura. Además, a través de canales menos oficiales, los esfuerzos legislativos peruanos producirían un nuevo impacto. Después de la cobertura mediática de la respuesta de Villanueva a la carta de Gonzáles, los seguidores del FLOSS de todo el mundo comenzaron a contactar a PLUG y Pimiento, un grupo FLOSS formado por estudiantes de Lima que donaban servidores para apoyar la creciente demanda en internet de los documentos relacionados con los esfuerzos peruanos. Los seguidores se dedicaron de forma voluntaria a traducir la carta de Villanueva a más de una decena de idiomas, incluidos chino, turco, griego, húngaro y portugués, permitiendo al caso peruano adquirir una nueva movilidad y audiencias en cada reproducción local.

Quizás, como era de esperar, el reconocimiento como red motivó una serie de nuevas intervenciones globales que reaccionaron en diversas formas a sus producciones discursivas. Las inversiones de dinero, tiempo, recursos institucionales y habilidades personales se unieron a otra actividad comprometida, con la esperanza de redireccionar la dinámica de la red local. Para algunas inversiones, como las de Microsoft, la intención era contener las nuevas actividades y extensiones locales, y el deseo de volver a asegurar las relaciones globales que antes las dirigían. Para otros, era amplificar la audiencia y el contenido de la red que las impulsaba. Y para algunos otros, era reconducir el coro disonante de voces en la red que las motivaba. Pero que dichos intentos de disminuir, amplificar o finalmente canalizar a la red se consideraran necesarios, demuestra la fuerza colectiva de las voces diferenciadas que fluían a través de la red. No importaba el desorden interno, ni la indefinición ni la cacofonía que había en la red FLOSS polivocal de Perú. No dejaba de ser una entidad ante la cual los actores no podían darse el lujo de no reaccionar.

Hablando por y a través de la red

Los estudios de la ciencia definieron inicialmente a las redes como formaciones de asociación social y como cuerpos de representación política. Bruno Latour y Michel Callon indican que las redes emergen del trabajo exitoso de localización y "traducción" de tecnociencia desde los centros de producción hacia distintos contextos distribuidos. Estas traducciones recurrirían entonces a un representante particular que unificaría los intereses, desempeñándose como vocero de todo el conjunto (Callon 1986; Callon y Latour 1981; Latour 1987, 2004a). Dicha colaboración especificaba que para permitir a un actor individual atribuirse la autoridad para hablar o actuar a nombre de otros actores, el trabajo de traducción local debe ser secundado por otros actos de "persuasión y violencia" que se amplificarían con la unificación de las diversas posiciones: "Siempre que un actor usa la palabra 'nosotros' está traduciendo a otros actores en una sola voluntad; este actor se convierte en el espíritu de dicha voluntad y en el vocero. Dicho actor comienza a actuar por varios, ya no por uno solo. Se vuelve fuerte. Crece" (Callon y Latour 1981: 297).[2] Las redes en este caso canalizaban y manifestaban autoridad para los actores interconectados a través de ellas, permitiendo a un solo actor hablar y actuar por una multitud

2. Esta y las siguientes citas de Callon y Latour 1981 son una traducción para este libro.

distribuida en contextos locales y a "establecer una temporalidad y un espacio que se impone a otros" (1981: 287). De manera que si "[...] antes, los elementos dominados por el actor podían escapar en cualquier dirección [...] ahora ya no es posible. *En lugar de avalanchas de posibilidades*, encontramos líneas de fuerza, puntos de paso, direcciones y deducciones obligatorios" (1981: 287 [énfasis de la autora]).

Los estudiosos de la ciencia, tecnología y sociedad también han señalado la capacidad de los científicos de "hablar en nombre" y de representar políticamente a distintos actores humanos y no humanos unidos a través de las redes (Callon 1986, Callon y Latour 1981, Latour 2004a). Su rol como portavoces del mundo natural les entrega una autoridad única, "[...] otorgándoles la más fabulosa capacidad política jamás inventada: pueden hacer que el mundo sin voz hable, decir la verdad sin ser enfrentados, poner fin a las interminables discusiones con una autoridad indiscutible que emanaría de las cosas mismas" (Latour 2004a: 14). En su exclusivo rol como portavoces del mundo natural y sin voz, los expertos científicos, no importa lo limitados que sean en cantidad, pueden persuadir a círculos más amplios de actores externos y reclutar nuevos aliados y recursos. Cuanto mayor es el número de aliados reclutados, más se extiende la red y mayor es la fuerza y la estabilidad que acumula. A través de dichas estrategias de reclutamiento diverso y unificación representativa, Callon y Latour señalan que "[...] un puñado de hombres de ciencia bien posicionados pueden derrotar a miles de millones de otros hombres" (1981: 181).

Sin embargo, la función unificadora del portavoz estaba notablemente ausente en la red FLOSS polivocal de Perú. Aunque había portavoces de la red, que seguían las distintas traducciones tecnocientíficas y trabajaban con el fin de unificar los testimonios locales de la "verdad" para los actores ubicados en espacios distribuidos de la red, las prácticas discursivas de los defensores del FLOSS en Perú operaban más bien de una forma que desafiaba lo que se consideraba hechos establecidos y presunciones compartidas en torno al *software* apoyados por los actores dominantes de la red. En el proceso, multiplicaban los testimonios explicativos.

Si los portavoces tienen la función de minimizar las "avalanchas de posibilidades" para construir "puntos de paso obligatorios", los defensores del FLOSS en Perú daban voz, precisamente, a esas nuevas posibilidades. Y aunque los portavoces de la red, como actores autorizados para representar diversas voces, permitían que algunos actores en posiciones centrales "dirigieran a la distancia" (Latour 1987: 243) y controlaran las periferias desde los centros, los actores de la red peruana rechazaban que cualquier autoridad hablara en nombre del conjunto y continuamente hacían referencia a las contribuciones de los demás al reconocer el esfuerzo.

Susan Leigh Star y James Griesemer (1999) igualmente señalan que las redes científicas estaban formadas por una ecología heterogénea de instituciones. Sin embargo, dejaban bien en claro que una parte del trabajo de estas redes es desarrollada por actores que no son los científicos, ubicados en el centro de la red. Haciendo énfasis en las contribuciones de los participantes situados fuera del dominio de la ciencia profesional, el enfoque ecológico que sostenían "[...] no presupone una primacía epistemológica desde ningún punto de vista [...] Las preguntas importantes conciernen al flujo de objetos y conceptos en la red de aliados y mundos sociales que participan" (Star y Griesemer 1999: 507). Dicho enfoque, afirmaban los autores, hizo visible un "[...] mapeo muchos-a-muchos, donde distintos tipos de aliados negocian una serie de puntos de paso obligatorios" (1999: 507); estos aliados están vinculados, no a través de móviles inmutables que buscan consenso, sino a través de objetos frontera interpretados de manera flexible.

Resaltando la capacidad de los objetos frontera para coordinar la actividad de los actores en distintos sitios, los autores los explicaban como objetos de compromiso tecnocientífico compartidos en varios mundos que se intersecan,

> [...] satisfaciendo las necesidades de información de cada uno. Los objetos frontera son lo bastante plásticos para adaptarse a las necesidades locales y a las limitaciones de las distintas partes que los despliegan, pero lo bastante sólidos para mantener una identidad común en todos los sitios [...] Tienen distintos significados en distintos

> mundos sociales pero su estructura es lo bastante común para que más de un mundo los convierta en medios reconocibles de traducción. (Star y Griesemer 1999: 509)

No había necesidad de que un portavoz representara a las voces unidas de las partes organizadas a través de objetos frontera. Por el contrario, los actores mantenían la integridad de sus propios intereses, mientras que las redes en torno a los objetos frontera se adaptaban según los diversos intereses de los actores vinculados a través de ellas. Más que representar el consentimiento de las diferentes partes interconectadas como un todo unificado y ordenado, las redes expresaban en este caso la voluntad pragmática de dichas partes de coordinar sus actividades con el interés de sacar adelante un objetivo particular y compartido. Distintos mundos sociales pueden organizarse en torno a objetos frontera, pero su coherencia no predice necesariamente la estabilización a largo plazo o la durabilidad de una visión de la realidad en particular. La coherencia de la red más bien representaba la intersección de los mundos sociales externos y expresaba la voluntad de mantener la unidad social durante periodos de tiempo prolongados o cortos, según las necesidades de los actores particulares. Y aunque las relaciones en este caso no dependían de un portavoz, la fortaleza de la red se explica por la capacidad de unir los intereses de diversos actores con respecto a un objeto compartido y central y de generar coherencia. Sin embargo, la forma en que se desarrolló la *extensión* o el crecimiento externo y dinámico de las redes no fue tan visible por el enfoque de objetos frontera, sino por su capacidad para estabilizar y centrar intereses diversos y distribuidos.

Dichas interpretaciones de las relaciones entre centro y periferia de la red proporcionan un valioso conocimiento de las redes de defensa del FLOSS en Perú y permiten resaltar que la innovación tecnológica no surge como resultado del genio individual (de un congresista solitario, por ejemplo), sino a través de la participación de múltiples partes interconectadas y la negociación de diversos intereses. Estas partes, en el caso de la red de defensa del FLOSS en Perú, incluían no solo a congresistas sino también a varias ONG de la sociedad civil, programadores independientes y técnicos empleados del gobierno. Garantizar que dichos grupos continuaran trabajando simultáneamente como red es la clave del progreso sostenido y la presencia de la defensa del FLOSS. Sin embargo, las interpretaciones sobre los objetos frontera recalcan el trabajo clave de habilitación de anclas centrales y el valor de construcción de un proyecto común compartido entre diversos actores. No obstante, la dinámica de los flujos salientes, las extensiones y el trabajo regenerativo desde las periferias mismas (incluido el valor señalado en el rango de diferencias expresadas por los actores de la red), como las que participan en la red FLOSS polivocal de Perú, continúa siendo significativamente menos visible.

Las investigaciones más recientes acerca de las organizaciones en red se basan en estos fundamentos teóricos de las redes como cuerpos representantes, remarcando la manera en que la diseminación de las nuevas tecnologías de la información permite a actores ubicados en distintos sitios, dispersos geográficamente, actuar de forma colectiva en formaciones sociales distribuidas. Las investigaciones sobre la proliferación de comunidades FLOSS en particular habían estado influenciadas por la idea de las redes como cuerpos colectivos que surgen de los diversos intereses individuales de sus participantes (Benkler 2006, Coleman y Hill 2004, Kelty 2005b, Lin 2007, Weber 2004). Chris Kelty (2005b, 2008) describe a las redes de agrupaciones *geek* como formas de representación que producen un lenguaje, folclore y un código técnico. Describiendo a los *geeks* como un "público recursivo" y global, escribe que los distintos actores relacionados con las comunidades *geek* (*hackers*, abogados, activistas y empresarios informáticos) están interconectados por su interés compartido por las posibilidades legales y técnicas para su propia asociación. Yuwei Lin (2007) también señala la productividad de la diversidad en las comunidades FLOSS, escribiendo que la heterogeneidad sirve como "el recurso que ayuda a movilizar la innovación FLOSS y que impulsa a distintos actores a redefinir y practicar la cultura *hacker* que perciben de forma diferente". Coleman y Hill (2004) subrayan los distintos grupos e intereses sociales que se organizan en torno a las tecnologías FLOSS. Que partes tan diversas, grandes corporaciones tecnológicas trasnacionales, activistas políticos anticorporaciones y *hackers*, compartan un interés común en el FLOSS, demuestra su capacidad de actuar como una "táctica emblemática", una práctica estratégica que produce otras prácticas sociales y políticas. Para Yochai Benkler (2006), es de esperar que el FLOSS tenga distintos usos tácticos, ya que la economía de la información en red se basa en la autonomía mejorada de individuos que ahora poseen "[...] un papel significativamente mayor en la autoría de sus propias vidas" (Benkler 2006: 9). Al igual que el profesor de ciencias políticas Steven Weber, Benkler señala la sorprendente productividad económica y tecnológica que resulta de la suma de actos independientes y voluntarios de individuos dispersos (Benkler 2006, Weber 2004).

Estos enfoques más recientes definen a las redes como formaciones sociales que alojan y promueven la diversidad política y cultivan nuevos medios de acción y expresión política. En lugar de estabilizar la realidad, estas redes (al igual que la red FLOSS polivocal peruana) generan una pluralidad de espacios y prácticas discursivos que señalan posibilidades nuevas y aún no realizadas en derecho, economía y cultura. Las redes en este caso no son solo cuerpos que representan y "hablan en nombre de" el colectivo de actores sociales y técnicos entrelazados entre sí, sino también buscan expresar una voluntad colectiva que exige un futuro distinto, desafiando las condiciones que estructuran la vida contemporánea y buscando obtener beneficios sociales compartidos y cambios políticos.

Dicha atención a la productividad de las redes en la generación de nuevos códigos culturales y prácticas discursivas aparece también en el trabajo del teórico de los movimientos sociales Alberto Melucci, quien enfatiza la dificultad de identificar una sola lógica operativa en las redes. Usando la estructura difusa y fragmentaria de las formas contemporáneas de acción colectiva como su modelo de red, Melucci (1996) escribe:

> La estructura segmentada, reticular y multifacética de los movimientos es evidente. Es una estructura oculta, o mejor dicho, latente; las células individuales operan por sí mismas completamente independientes del resto del movimiento, aunque mantienen vínculos con

> él a través de la circulación de información [...] La solidaridad es característicamente cultural y se ubica en el terreno de la *producción simbólica* de la vida diaria. (1996: 115)[3]

Constituidas por un compuesto de elementos diversos e incluso contradictorios, las redes se niegan a reducir la pluralidad de sus actores a una sola uniformidad. No existe un centro de control o un solo eje explicativo. Más bien surgen objetivos diversos, constituidos de forma individual, que se integran y refuerzan la red.

Las redes en este caso no explican en detalle la forma en que se logra la coordinación social o la estandarización tecnológica, así como tampoco explican cómo se puede extraer significado del ruido y la cacofonía de un ambiguo "campo simbólico". Las redes de actores colectivos operan, no para destilar o filtrar la ambigüedad y la complejidad sociales, sino para hacer evidentes dichos elementos y para mostrar el aspecto no valorado de las categorías establecidas. Los actores buscan revelar que los procesos sociales parecen ser completamente estándares y comunes, como efecto del trabajo político no valorado. "Portando el estandarte de la espontaneidad, la pureza y la urgencia de las necesidades naturales", afirma Melucci, "[...] los movimientos contemporáneos avanzan para desafiar lo social y su reducción de las diferencias a la normalidad sistémica" (1996: 96). A través de su generatividad discursiva, los actores de las redes proclaman la artificialidad de lo natural, y hacen posible el reconocimiento de lo "anormal" como un nuevo potencial.

Esta atención a las redes como productoras de discursos —y marcadas por su capacidad de crear nuevos significados culturales para enfrentar al poder y producir alternativas a los códigos dominantes— ha sido expresada también por investigadores de estudios sociales latinoamericanos, quienes señalan que al promover conceptos alternativos de identidad cívica, ciudadanía y democracia, los movimientos sociales lograron alterar los significados culturales dominantes y las narrativas políticas y finalmente consiguieron crear nuevos espacios públicos para la protesta colectiva (Álvarez,

3. Traducción para este libro.

Dagnino y Escobar 1998; Canclini 2001; Eckstein y Merino 2001; Fox y Starn 1997; Yudice 1998). Estos autores resaltan la forma en que las prácticas de las redes reaccionan a las construcciones dominantes y crean nuevas extensiones culturales en la desestabilización de lo establecido como "sentido común" a través de su producción de nuevos discursos.

Los estudios sobre el tema han enfocado a las redes como cuerpos de representación que unifican las voces de diversos actores y atienden a la pluralidad de voces que surge de dichas formaciones y que son promovidas por las mismas. Las redes pueden servir como cuerpos que unen los intereses sociales de grupos diversos, pero que no dependen de portavoces. En parte, esto puede explicarse por el hecho de que es el cambio cultural y no la estabilización principalmente tecnológica lo que sirve como motivación organizativa de la red polivocal. Asimismo, las actividades de la red no buscan generar una noción dominante y universalizable de la verdad y el conocimiento. Por el contrario, las actividades de los participantes promueven y extienden los diferentes "conocimientos situados" resaltados por la investigadora feminista de estudios de la ciencia Donna Haraway (1991). Estos distintos microconocimientos, que generalmente pertenecen a grupos que carecen de representación y privilegio políticos, insisten en una forma de "ver desde abajo" (1991: 192) que hace evidente la parcialidad de las nociones "universalizadas" de verdad, y al hacerlo, desestabilizan las concepciones dominantes del conocimiento. Además, insisten en una política de lo local que puede estar relacionada con otras tendencias de la red y con tendencias globales, pero que nunca olvida que los cuerpos y los actores que participan en forma interconectada en todo el planeta están materialmente "situados".

De hecho, la red polivocal de Perú subraya que para el desempeño de la red es esencial, no solo producir y extender artefactos tecnológicos FLOSS, sino también crear nuevos significados culturales, discursos y narrativas que expliquen el valor técnico y político de FLOSS en los contextos locales. Entre las diversas prácticas que los defensores de FLOSS en Perú construyeron en torno al *software* libre, tenemos la evidente ausencia de un deseo de estandarización uniforme y universal o de una coherencia intencionalmente manejada. Sus voces hacen visibles las limitaciones de la práctica social y técnica establecida y resaltan la posibilidad de perseguir nuevas y distintas posibilidades. Era de esperar que la visibilidad de nuevas alternativas también tuviera el potencial de causar repercusiones nuevas y con frecuencia no anticipadas. Así, quizás la impredecibilidad de estos efectos de la red demuestra que es útil escuchar de cerca a las voces individuales interconectadas por las redes, y reconocer que se puede medir la fortaleza de la red, no solo por el grado con que se logra una expresión uniforme, sino más bien, por el grado de ruptura de dicha uniformidad y el grado de independencia que se puede proclamar respecto de los voceros de la red.

Casi no existía ningún aspecto de los hechos relacionados con el proyecto de ley N.° 1609 y su eventual aprobación como ley de neutralidad tecnológica que los defensores peruanos de FLOSS consideraran inevitable. Cuando pedí a los promotores peruanos que reflexionaran acerca de los resultados de sus esfuerzos, mostraron una marcada falta de consenso sobre el grado de éxito logrado. Algunos, considerando la larga espera para la aprobación de la ley, el rechazo a los demás proyectos de ley FLOSS y la alteración del lenguaje del proyecto (que pasaba de exigir el uso obligatorio de FLOSS en el gobierno a reclamar la obligatoriedad de una postura neutral), se lamentaban de que los esfuerzos de las distintas partes no hubieran sido bien coordinados. Antonio Ognio, por ejemplo, decía:

> Mostramos un gran compromiso y siempre nos apoyamos con objetivos muy específicos [...] pero nos faltaba el tiempo y la convicción para sentarnos y conversar acerca de estrategias y planes a mediano plazo [...] Hicimos que la comunidad *geek* participara en política [...] pero no pudimos organizarla y hacerla funcionar.

Sin embargo, para otros, lo más importante fue el haber podido construir y generar publicidad internacional en torno a los esfuerzos peruanos. César Cruz remarcaba la contribución lograda por el solo hecho de haber revelado nuevas posibilidades en las condiciones sociales y tecnológicas en Perú ante el público internacional:

> Cada esfuerzo que hicimos [...] fue importante [...] porque incluso si el proyecto de ley no se hubiera aprobado, logramos hacer que las personas pusieran su atención en nosotros y en Linux [...] Lo principal en este momento es que cada vez más gente sabe que existen opciones, porque antes, todos creían que Microsoft es la única tecnología, lo cual no es cierto.

Tomando en cuenta los distintos sucesos, efectos e intenciones, las incongruencias en los diferentes modos de evaluación de los actores de la red demuestran que se resisten a una sola interpretación impuesta sobre la misma. En el caso de la legislación FLOSS en Perú, la red operaba no tanto con el interés de estandarizar la expresión, el significado y la práctica, sino de generar una diversidad de interpretaciones en torno al FLOSS que expresara una heterogeneidad de formas. Algunas historias, como la de la carta de Villanueva, llegaron más allá del alcance de sus creadores, de una forma libre y amplia, fueron adoptadas por otras audiencias y sirvieron como catalizadoras de nuevos modos de prácticas y análisis. Resalta, además, que la producción y diseminación de dichas narrativas se revelaran en actos colectivos y distribuidos en los que las distintas partes participaron de forma independiente y en los que contribuyeron en una medida que ellas mismas consideraban solo parcial y sobre la cual solo tenían parte del control.

Sin embargo, que estas explicaciones aisladas de la actividad en la red puedan parecer incompletas e inacabadas, haciendo referencia necesariamente a otras corrientes de actividad autónoma en la red para explicarse a sí mismas, es una señal de que se necesita diversificar las consideraciones técnicas sobre las productividades de la red. La red FLOSS polivocal de Perú nos urge a considerar los diversos significados y las prácticas discursivas que fluyen en torno al FLOSS como esenciales para el desempeño de una red. Nos motiva a considerar que la fortaleza de una red no solo depende de la producción y expansión de nuevos artefactos tecnológicos como el FLOSS, sino también de la producción de nuevos significados y narrativas culturales. En otras palabras, revela que las redes pueden funcionar potentemente no solo a través de sus innovaciones tecnológicas y su productividad científica, sino también a través de una expansión cultural y discursiva que, a pesar de ser desordenada, descoordinada y cacofónica, puede producir efectos políticos más amplios. Y demuestra que dicha productividad puede ser generada, incluso después de haber eliminado al portavoz de la red.

Fotografía tomada por la autora. Festival al aire libre organizado por la Asociación de Estudiantes por el *Software* Libre de la Universidad Nacional de Ingeniería, llevado a cabo en el campus de ese centro de estudios en Lima en el año 2006. El evento, que atrajo a seguidores y usuarios del código abierto y el *software* libre de toda la ciudad, incluyó durante dos días una serie de conversatorios y la libre distribución de CD con aplicaciones de *software* libre.

5

Recodificando la identidad: *software* libre y la ética de juego local

Antonio Ognio, programador peruano de 28 años que vive en Lima, recuerda sus inicios como novato del *software* libre a finales de los años noventa. Se había vuelto aficionado a un sistema operativo alternativo a Windows de Microsoft que cada vez se hacía más popular, Linux, gracias a sus clases de ingeniería informática en una universidad privada de la capital. Pero en ese momento, según explica: "Lo único que lográbamos mis amigos y yo con las clases de Linux de mi universidad era colgar nuestras computadoras con programas en lenguaje C mal codificados, mientras aprendíamos comandos fork". Su curiosidad por el FLOSS, un fenómeno relativamente desconocido por ese entonces, no despertó hasta que abrió un ejemplar de la revista norteamericana *Wired* y vio en sus lustrosas páginas algunas capturas de pantalla de uno de los populares entornos de escritorio FLOSS, Gnome.

> Me quedé sorprendido. No sabía nada acerca del *software* libre en ese entonces. Sabía de la existencia de Linux pero no tenía idea de que era libre, libre como en la libertad de expresión. Solo recuerdo que sentí que *tenía* que tener ese escritorio tan genial en la computadora de mi casa, lo más pronto posible. El arte era muy bueno, pero yo diría que en realidad lo emocionante fue el desafío de entrar en todo este mundo nuevo del *hacking*.

Recuerda que inmediatamente subió a un bus que lo llevó al centro de Lima, donde compró un disco de *software* libre por tres dólares, que instaló en una computadora personal. Y aunque me cuenta esto nada menos que a través de la ventana digital de un canal IRC, el entusiasmo que recuerda haber sentido en ese entonces aún se transmite claramente: "¡Me mantuvo despierto la primera noche y los dos días siguientes aprendiendo acerca de particiones, cargadores de arranque, dispositivos, paquetes, *shell scripts*, archivos tar, fuentes y todo lo demás!".

Ognio deja muy en claro el impacto que ese episodio tuvo en él. Cuando conocí a Antonio en persona unos pocos años después, se había vuelto muy conocido entre sus familiares y amigos dentro y fuera de Perú por su uso, defensa y emprendimiento entusiasta del FLOSS. Había cambiado el *software* de su computadora de Windows a aplicaciones de *software* libre hacía años, y había comenzado a hacer contribuciones de codificación gratuitas a una serie de proyectos mundialmente conocidos, entre ellos Apache, la popular aplicación para servidores con *software* libre, y Gnome. Incluso amigos suyos que no se dedicaban a la tecnología sabían lo que él había hecho para ayudar a fundar un grupo nacional de usuarios de *software* libre, con sede en Lima, que había promovido la legislación a favor de este tipo de *software* y hecho campaña para su adopción obligatoria en las oficinas públicas. Trabajando con organizaciones como PLUG[1] y Apesol,[2] los activistas habían colaborado con políticos para presentar uno de los primeros documentos de legislación nacional sobre el uso del FLOSS en el gobierno. En esa época, habían surgido movimientos legislativos similares en otros países de América Latina, como Brasil y Argentina, pero fueron los esfuerzos en Perú los que inesperadamente ganaron notoriedad internacional luego de que, en el verano de 2002, Microsoft Corporation generara controversia con una donación meses después de que el Congreso peruano comenzara a discutir el proyecto de ley.

---

1. Sitio web de PLUG: <http://www.linux.org.pe/>.
2. Sitio web de Apesol: <http://www.apesol.org/>.

Varios usuarios FLOSS peruanos con los que hablé compartían la experiencia de haber sido programadores jóvenes con objetivos profesionales típicos, cuyas experiencias iniciales e improductivas con FLOSS inesperadamente provocaron una transición que los convirtió en usuarios y codificadores muy entusiastas de dicha tecnología, lo cual los llevaría a dejar de lado el uso de *software* propietario cerrado (especialmente de Microsoft). Muchos inclusive se volvieron críticos acérrimos de los usos estandarizados del *software* cerrado y propietario (más allá de su experiencia con él), de su presencia dominante y de su apoyo por parte de las instituciones locales, tanto, que acabaron trabajando como voluntarios no remunerados para sacar adelante proyectos FLOSS. Y muchos se involucraron apasionadamente en la defensa de políticas más amplias y reformas institucionales para promover las tecnologías FLOSS. Esas transformaciones radicales implicaban una marcada reorientación de sus identidades que dependía de su conocimiento para "ver el *software*"; no simplemente ver su creciente relevancia global para los entusiastas de la tecnología y las audiencias cosmopolitas dispersas en todo el mundo, sino también su inseparable relación con los debates e intereses locales sobre las prácticas nacionales de intercambio de información.

Esos procesos no fueron de ninguna manera automáticos. Como señala la investigadora de la globalización Anna Tsing en su estudio del movimiento ambientalista contemporáneo en Indonesia, aprender a "ver" los objetos con los que los defensores se comprometen implica precisamente lograr entender dichos objetos de un modo diferente al de los marcos dominantes. Tsing describe de la siguiente manera la forma en que los activistas urbanos, estudiantes de clase media, se movilizaron en torno al ambientalismo y redefinieron el concepto de "naturaleza" en dicho proceso:

> La naturaleza que ellos aman no es la de los campos y bosques de las vidas ordinarias, parroquiales y rurales. A medida que aprenden a amar la naturaleza, los estudiantes amantes de la naturaleza rompen con el mundo de la rutina y la autoridad para asumir la amplitud y libertad del exterior. Lo exterior está conformado por lo moderno,

> lo técnico y lo científico; es algo que debe enseñarse en clases y llevarse a la práctica a través de la disciplina y la experiencia [...] Es el resultado del entrenamiento de la voluntad, el deseo y la identidad internos; se trata de hacerse a uno mismo. (2004: 122)

Así como esos actores tuvieron que "ver la naturaleza" con claridad antes de actuar a favor de nuevos compromisos, los usuarios FLOSS peruanos también tuvieron que llegar a ver su compromiso con el *software* libre de forma clara antes de actuar sobre esa nueva conciencia.

Por supuesto, es significativo que los activistas FLOSS peruanos puedan y, de hecho, usen un objeto como el *software* para "crearse a sí mismos", hablar sobre los intereses nacionales y generar debates locales. El *software*, después de todo, es una forma clara de entidad de traducción global distinta a la naturaleza. Y no importan las similitudes que puedan compartir por haber desarrollado medios para movilizar a las audiencias contemporáneas y alimentar a los imaginarios cosmopolitas, la diferencia entre construir una consciencia situada y crítica a través del *software* y participar en dicha consciencia a través de un objeto como la naturaleza, no es poca cosa. Los compromisos con el mundo natural pueden aún conjurar experiencias de conexión con los cuerpos materiales y concretos, anclados en los espacios sublimes del origen. Pero los compromisos con el *software*, particularmente en la era posinternet, desafían esos imaginarios espaciales y vinculados a lugares específicos. Al canalizar las conexiones a sistemas de información interconectados y datos racionalmente ordenados, mediados desde o hacia diversos sitios globales, las conexiones por *software* parecen resistirse a las mismas particularidades de los lugares. Y aunque la naturaleza podría ser idealizada en su encuentro puro e inalterado, pues generalmente se proyecta como el *otro* de la modernidad que permite relaciones con fuerzas que preceden a las del hombre moderno, los compromisos con el *software* no se prestan fácilmente a considerarse una crítica de lo moderno. Construido a partir de los productos manufacturados y los triunfos tecnológicos de la innovación moderna, el *software* se define comúnmente como el circuito a partir del cual nacerán necesariamente los nuevos futuros globales, una definición que se celebra sin cuestionamiento.

Algunas de las principales contribuciones de las comunidades FLOSS del Sur Global consisten en arrancar el *software* y los productos digitales de esos marcos globales dominantes y señalarlos, no solo como productos del triunfo de la modernidad, sino también como respuesta a sus diversas lagunas. Después de todo, los espacios de trabajo contemporáneos y las nacientes empresas informáticas (especialmente en lugares como Silicon Valley y sus contrapartes en Occidente) han sido reconocidos por remodelar la empresa tradicionalmente jerárquica con el fin de adaptarse a la ética y la lógica de producción de la era de la interconexión. Las culturas juveniles de nuevos medios y compañías informáticas en los Estados Unidos, desde Google y Facebook hasta Razorfish y Zappos, han ganado renombre y han llamado mucho la atención por cultivar espacios de trabajo equipados más como salas de juegos que como "oficinas" (Auletta 2010; Ross 2004, 2010; Vaidhyanathan 2011). Con frecuencia, los testimonios describen las instalaciones de dichas empresas como una mezcla de "juego" y trabajo, con salas de videojuegos, salas de cine, bicicletas en las instalaciones, gimnasios y spas diseminados en el terreno. Los sociólogos organizacionales indican que esas arquitecturas encarnan las innovaciones clave que distinguieron a las organizaciones contemporáneas "en red" de las firmas tradicionales. Con la introducción de normas y mecanismos para nivelar las relaciones antes jerárquicas entre la gerencia y el trabajo creativo y los equipos de ingeniería, se decía que estas organizaciones interconectadas aprovecharían la independencia automotivada, "la autoprogramación" y el entusiasmo para buscar soluciones propias de las culturas informáticas y de diseño (Castells 1996, 2003; Stark 2001, 2009). Al alterar las normas tradicionales de los espacios de trabajo (y sacando provecho de las "clases creativas" emergentes para optimizar la creatividad y la libertad individual en el lugar de trabajo, en lugar de impedir su desarrollo), las organizaciones interconectadas parecían por fin haber resuelto el problema del trabajo sin inspiración y sin deseo (incluso, aunque no fuera mal pagado) (Florida 2003, Howkins 2002, Whyte 2002).

Asimismo, esos lugares de trabajo hicieron que los comentaristas de la cultura digital se preguntaran si el trabajo informático predecía un futuro en el que la división entre trabajo y juego se borraría cada vez más y en el que se podría asegurar el fin de los males del capitalismo moderno bajo nuevas culturas corporativas iluminadas por la tecnología digital (Dibbell 2007, Himanen 2001, Jarvis 2009, McGonigal 2011, Terranova 2004).

Al depender de la voluntad individual de los trabajadores, las jerarquías reducidas de gestión y la adaptación activa de la creatividad, se decía que las empresas digitales del siglo XXI representaban una economía evolucionada, una que funcionaba más que nunca con las energías vivas de los individuos cuyo "trabajo"(que requería una autoridad mínima para dirigirlo) canalizaba el impulso creativo autogenerado de las culturas contemporáneas influenciadas por los *hackers* (Himanen 2001, Terranova 2004). Aunque esas interpretaciones, celebradoras del trabajo digital evolucionado, basaban su noción de entorno libre y no laboral en un supuesto contraste entre las categorías de trabajo y juego, en el que el "trabajo" representaba la condición atrofiante y controlada de la labor, y el "juego", supuestamente, su opuesto directo como reino de la libertad desenfrenada y dirigida por el individuo.

Los defensores FLOSS peruanos comparten un entusiasmo similar influenciado por los *hackers*. Pero, aunque al inicio pueda parecer que estos entusiasmos solo canalizan el gusto celebrador por las definiciones dominantes de trabajo digital, en donde se debe dar crédito a las empresas autooptimizadas de los conocedores tecnológicos por asegurar un futuro de producción y productividad creativa extremas, sus narrativas no hacen más que dar por hecha la proclamada evidencia del triunfo de la modernidad o resaltar su propia creatividad individual. Por el contrario, sus interpretaciones desestabilizan los poderosos marcos que circulan globalmente en torno al trabajo digital como fusión del trabajo y el ocio, pues remarcan lecturas distintas de "juego" que se resisten a interpretarlo y celebrarlo como ausencia de "trabajo". Al insistir en otras aspiraciones e imaginarios canalizados a través de la ética y las relaciones entre *hackers* a escala local, los promotores FLOSS repiten lecturas sicoanalíticas y antropológicas que resaltan el trabajo decisivo (es decir, en el autocuestionamiento y la crítica cultural) asumido a través del "juego". Las prácticas con las que los defensores FLOSS peruanos crean su identidad resaltan, entonces, su producción creativa codificada y su "trabajo", no tanto como expresiones de ingenio personal o de recursos profesionales de los cuales sacar provecho como "clase creativa" a través de las organizaciones interconectadas, sino más bien como respuestas críticas a las políticas institucionales restrictivas o como soluciones necesarias para éticas erróneas de liderazgo local. Y aunque sus narraciones revelan críticas a las autoridades institucionales actuales, no operan tanto para exigir la abolición de dichas autoridades (o para celebrar las posibilidades de elección individual irrestricta), sino para resaltar la necesidad de liderazgos, políticas y éticas más responsables, que puedan fomentar beneficios sociales generalizados (especialmente educativos).

Los teóricos de la cultura digital ya han explorado antes la noción de "juego" como algo que no tiene que ver solamente con la diversión. Por ejemplo, la investigadora de estudios tecnológicos Sherry Turkle, en su análisis sobre el juego en los espacios digitales, señala el "trabajo serio" y el potencial transformador incluido en el juego.[3] Su exploración de las prácticas de construcción de

---

3. Dicha teoría de prácticas de juego también se inspira en los trabajos del sicoanalista David Winnicott, quien ha señalado el poder latente detrás de los espacios de juego. Definiendo los "espacios de juego" como un dominio aparte entre la experiencia síquica interna del individuo y el mundo social externo, Winnicott concebía esos espacios como un campo transicional entre la realidad subjetiva de un individuo y el mundo externo, objetivo. En dicho campo, el individuo tendría la libertad de ser parte de una especie de "prueba de realidad" creativa, cuyo resultado podría ser mejorar la capacidad de "reconocer y aceptar la realidad" (1971: 3). Más que existir como el espacio que permite a un individuo llegar a un acuerdo con el mundo social "real" y ajustar el "yo" a dicho mundo, Winnicott sugería que el juego en sí mismo estaba entrelazado con los circuitos de la potencialidad y la creatividad que podían servir a más propósitos que ayudar a la psique no entrenada a enfrentarse a una realidad distinta. Al despertar esa energía desatada, el juego funciona como una práctica que apenas logra contener y dirigirse hacia una sincronización y una asimilación de los mundos subjetivos y externos. Winnicott escribe: "El juego es muy estimulante. ¡Entiéndase que no lo es principalmente porque los instintos

identidad en el ciberespacio hace énfasis en el poder que tiene el juego para forzar cambios en el mundo *offline* (1995, 2004). A través de actividades como la construcción de mundos virtuales, la interacción en comunidades *online* y la participación en entornos multijugador, surge la posibilidad de reflexionar de modo crítico, sobre la identidad y lo real. Turkle escribe: "El ciberespacio abre la posibilidad del juego con la identidad, pero es un juego muy serio. Las personas que cultivan una consciencia de lo que hay detrás de lo que proyectan en la pantalla son las que más probablemente logren aprovechar la experiencia virtual para una transformación personal y social" (2004: 22). El ciberjuego podría así provocar un proceso crucial de cuestionamiento y autoexploración en torno a la propia naturaleza de la voluntad y los presentes y futuros dirigidos por uno mismo, incluyendo cuestionamientos como "¿Qué me dice mi conducta en el ciberespacio acerca de lo que quiero, quién soy, qué podría no lograr en la vida?". Aunque si la potencialidad del juego recae en su capacidad de provocar dichas exploraciones, podría tratarse de exploraciones altamente contingentes, según la interpretación de Turkle. No hay fuerza externa que garantice que dichos procesos de cuestionamiento tengan lugar o que las respuestas surjan de manera que puedan conducir a la identidad de vuelta a una alianza estable y segura con lo real.

La imprevisibilidad y el potencial volátil sustentan la capacidad de extender las experiencias individuales de exploración en la búsqueda de una experiencia colectiva de resistencia y oposición política. Dentro del espacio de transición del juego —o los espacios de "liminalidad", según la formulación del antropólogo Victor Turner (1967)— se realizan simultáneamente varios grados de trabajo social

estén involucrados en él! Lo que siempre importa es lo precario de la acción recíproca entre la realidad psíquica personal y la experiencia del dominio de objetos reales. Se trata de la precariedad de la magia misma, que surge en la intimidad, en una relación que se percibe como digna de confianza" (1971: 47). El juego, por su formulación, opera a través de la liberación de un conjunto indeterminado y dinámico de fuerzas que puede ser canalizado para propósitos de adaptación personal individual, pero solo con un grado considerable de incertidumbre.

e individual invisibles. La identidad debe llegar a reconocer el mundo externo como lo que es distinto a la realidad personal, la persona debe llegar a aceptar dichas diferencias y finalmente asumir el proyecto de ajuste de identidad para reconciliar tales espacios y rechazar otras posibilidades. El juego, reconsiderado bajo los términos sicoanalíticos como un proceso de interrogación (no como una actividad cuyos fines se basan principalmente en la diversión), se revela por tanto como un compromiso serio: un compromiso cuya apuesta incluye la transformación de la identidad, la reafirmación o rechazo de lo social y su ética, y la interrogación de los mundos interiores y externos.

El hecho de que las primeras actividades de los programadores FLOSS peruanos con el *software* libre como objeto de exploración lúdica los condujera a formas colectivas de acción política local, hace que el discurso del "juego" cultural digital se aleje de las proyecciones celebradoras de las "clases creativas" cosmopolitas promovidas por las definiciones neoliberales. Más bien, a través de sus narrativas, se enfatiza que el juego es un cuestionamiento comprometido que busca una consideración cuidadosa de los diversos obstáculos que minimizan o inhiben el potencial de críticas, actividades y aprendizajes basados en la información en contextos locales. Sus propios casos de transformación y logros personales como miembros de una clase "creativa e informática emergente", una clase que rechazaba los objetivos profesionales estándares y las normas prescritas para las clases informáticas capacitadas de su generación y que buscaba aplicaciones distintas y nuevas posibilidades con las tecnologías FLOSS, se oponen a la lógica neoliberal que generalmente saca provecho de esos casos "ideales" de excepción e iniciativa individual (Ong 2006). Sus definiciones personales enfatizan, por el contrario, la irregularidad sistemática y los vacíos habituales de las garantías nacionales y las políticas institucionales en torno a la educación y el desarrollo profesional de las "clases informáticas". A través de sus interpretaciones de los desafíos y tensiones que enfrentan al participar en el "juego" FLOSS local, desafían las nociones de trabajo digital y de "clases creativas" como la culminación de la libertad individual y la iniciativa orientada al futuro, e insisten en la necesidad de reformular los mundos sociales y la ética para adaptarse a futuros distintos. Dichos procesos de juego comprometido con la información, y que se experimentan a través de la exploración individual y tecnológica, conducen al cuestionamiento y la crítica social que (como dan fe las narrativas personales de los activistas FLOSS peruanos) pueden brindar un medio crítico para visualizar futuros locales alternativos.

Juego y potencial

En la actualidad, Ognio es dueño de una empresa en Lima que opera y ofrece servicios con servidores Linux. Es una compañía en la que pasa muchas horas al día y de la que se ocupa casi todos los días de la semana por una razón u otra. Sin embargo, meses después del lanzamiento del proyecto de ley FLOSS en Perú, gran parte de su tiempo libre lo pasó ayudando a publicitar a escalas regional e internacional el proyecto de ley N.° 1609. Como uno de los coordinadores principales de PLUG, era entrevistado regularmente por programas de radios nacionales y por varios medios de noticias tecnológicas en los Estados Unidos acerca del proyecto de ley en Perú; además, ayudó a organizar y fue expositor en varias conferencias regionales e internacionales dedicadas al FLOSS en América Latina. A veces, sus actividades significaban pasar tardes enteras distribuyendo volantes y afiches a favor del FLOSS en las calles de Lima. Al combinar rutinariamente la lógica de un empresario informático global y la de un activista de la información local en el lapso de un solo día (ya que sus audiencias cambiaban entre clientes internacionales, representantes de gobiernos regionales y usuarios FLOSS nacionales), sin duda, se volvió un ícono de la intensa productividad de la emergente clase informática. Y cabe resaltar que, a pesar de las horas de trabajo sin paga, los diversos esfuerzos exigidos por el proyecto de ley para el *software* libre y su plena consciencia de la arriesgada imprevisibilidad de los mercados laborales nacionales, fue un trabajo al que entregó su esfuerzo libre y voluntariamente.

Cuando hablé con él por primera vez, fue para analizar las diversas actividades que habían hecho que la legislación FLOSS en Perú fuera internacionalmente visible y para indagar qué era lo que lo impulsó a dedicar tanta energía, tiempo e incluso ahorros personales en la tecnología FLOSS. No obstante, no habíamos tenido ni 15 minutos de nuestra primera conversación, cuando esta dio un giro marcadamente introspectivo, y comenzó a explicarme el fuerte impacto que el *software* libre había tenido en su vida personal y en la imagen de sí mismo. Me dijo: "Cuando enfrentaba una necesidad urgente de reinventarme, el *software* libre me ayudó a hacerlo [...] El *software* libre fue absolutamente clave para reinventarme en una especie de empresario de redes conocedor de Linux y del *software* libre". Cuando le pedí que me explicara cómo consideraba que lo había ayudado el *software* libre a "reinventarse", respondió: "Me permitió materializar mis objetivos y sueños. Así de simple".

Para desarrollar mejor la idea, me habló de su pasado, unos pocos años atrás, cuando era un estudiante universitario de 22 años, de la carrera de ingeniería de sistemas. Me contó que su personalidad antes era ambiciosa en el aspecto técnico, pero que no podía mantener el interés en sus clases. Sentía que el trabajo universitario no era un desafío, que no le inspiraba, de manera que la posibilidad de hacer realidad el futuro informático al que se esperaba que él y sus compañeros apuntaran era algo que le parecía muy remoto. Según cuenta:

> Me aburría demasiado en la universidad. Había destacado en un curso de lenguaje de programación C, tenía también muy buenas notas en un curso de SQL,[4] y era considerado un buen programador. Pero las credenciales universitarias no me servían de nada. Comencé a darme cuenta de que había mucho que aprender sobre las computadoras [...] más que solo jugar con RAD,[5] que aprendimos en las

---

4. SQL, "structured query language", conocido lenguaje de programación usado para construir bases de datos.

5. RAD, "rapid application development", conjunto de aplicaciones y métodos de desarrollo de *software* utilizados normalmente para construir prototipos de *software* y para entregar dichos prototipos en fechas límite rápidas. Se considera

> clases. Traté de interesarme [...] fue una sensación muy extraña. Por un lado me sorprendía el tipo de percepción que se podía lograr leyendo publicaciones tecnológicas e informáticas como *Object Magazine*, y por otro lado, los cursos me hacían querer dejar la carrera.

Parte de su frustración con sus clases universitarias provenía de la sensación de que le prohibían estrictamente asumir proyectos de codificación y programación más desafiantes. Recuerda que los profesores y decanos, de forma explícita, lo desanimaban para que no asumiera proyectos de codificación y programación más exigentes, y lo urgían a que se orientara a las demandas de las empresas locales establecidas:

> Me decían en la universidad que la programación a nivel de sistema operativo no era para estudiantes peruanos. Nos decían que debíamos más bien aprender bastante sobre administración de negocios y pasar a un empleo menos técnico. Recuerdo claramente que mi decano nos decía que "no soñáramos" con trabajar para Bill Gates en Redmond, sino que nos enfocáramos en resolver problemas empresariales para los mercados locales. Pero, *por supuesto*, yo soñaba con volverme un gran programador y con aprender tanto como pudiera acerca de *software* [...] ¿Por qué no creer que puedes aprender el tipo de "secretos" que aprenden los *hackers*?

Esas consideraciones ambivalentes de Ognio (que representan una crítica al conflicto de las instituciones de educación superior en la formación para los mercados laborales regionales) habían sido ya repetidas por científicos sociales de América Latina anteriormente (De Wit et ál. 2005). Desde la década de 1990, a medida que las crecientes demandas de educación superior eran cubiertas con políticas que permitían la aparición de universidades privadas y empresas educativas con fines de lucro, el rol público de las universidades comenzó a ceder el paso a "estructuras y culturas de universidades marcadamente corporativas" (Vessuri 2011: 25). En

---

generalmente que el uso de herramientas RAD es una práctica orientada a generar soluciones corporativas.

Perú, dichos cambios fueron marcados por la Ley de Promoción de Inversión en la Educación de 1997, que modificó la Ley Universitaria de 1983, extendiendo el derecho a ofrecer educación superior con fines de lucro y aboliendo requisitos previos para verificar que existiera una demanda suficiente que justificara la creación de instituciones con personal y recursos calificados. El nuevo marco legal redefinía a las universidades privadas como corporaciones con derechos privados que solo debían cumplir con "las especificaciones generales de los planes de estudio", y llevaba a cabo así la rápida expansión de la educación superior como un servicio para consumidores. Entre 1980 y 2006, el número de universidades creció de 35 a 78, con una vasta expansión entre las iniciativas privadas. Como señalaba un estudio del Banco Mundial de 2005:

> Tales instituciones generaron enorme competencia en el mercado educativo. A raíz de esto hubo una diversificación de programas y títulos, pero no fue necesariamente una indicación de estar llenando los requisitos para la educación profesional o la producción de conocimiento. La diversificación fue más el resultado de estrategias de mercadeo para convocar estudiantes, que una consideración de las necesidades de la sociedad y el mercado laboral. (Castillo Butters, Bernuy Quiroga y Lastes Dammert 2005)

Tales efectos se han hecho evidentes en el aumento de carreras informáticas y técnicas en Perú, las cuales, a pesar de tener una amplia presencia en las universidades, aún demostraban carecer de "coherencia" y "regulación" en el diseño de su currículo y generaban "programas de titulación enfocados en la aplicación de tecnología informática, en lugar de los principios que permiten su creación" (Álvarez, Baiocchi y Pow Sang 2008: 35).

Ognio recuerda haberse sentido restringido, confinado y decepcionado por un sistema universitario que desalentaba a los estudiantes a desarrollar sus capacidades al máximo; su recuerdo no es particular, aunque sí lo fue su reacción personal. Recuerda que tomó la decisión de dejar la universidad en Lima y volver a casa de su familia en Ica, a unos 300 kilómetros al sur de la capital. Sin trabajo, fuera de la universidad y sintiéndose perdido, recordaba que discutió con sus padres acerca de sus proyectos profesionales y si sus nuevos compromisos con el FLOSS lo podrían llevar a algo más serio. Hizo hincapié en que parte de la discusión se debió a que su padre tenía la esperanza de que siguiera sus pasos en medicina. A pesar de las presiones pragmáticas, recordó que cada vez era más consciente de su amor por el trabajo tecnológico. Pasó el siguiente año y medio en Ica, a kilómetros de distancia de la comunidad tecnológica de estudiantes que tenía en la universidad, pero aún pasaba tiempo investigando y experimentando con sistemas y códigos de *software* libre.

> Fue entonces que básicamente empecé a aprender por mi cuenta Linux y programación PHP,[6] que es un lenguaje de programación de páginas web con *software* libre [...] Me sorprendía que fuera un lenguaje que me dejara codificar páginas ASP[7] pero con un lenguaje parecido a C, así que quise adoptarlos inmediatamente y me enfoqué en diseñar sitios web dinámicos con bases de datos con tecnología FLOSS.

Me explicó que pasaba gran parte del día en cabinas de internet, cuyos interiores austeros y funcionales eran el medio principal con que los usuarios locales obtenían acceso a la red (generalmente pagando menos de un dólar por hora). Y recuerda que llevaba un paquete de 40 disquetes "a todas partes", los cuales usaba para almacenar programas y proyectos en los que se encontraba trabajando. En unos pocos discos tenía guardado el código que utilizaba para iniciar una partición Linux en las computadoras de las cabinas, que generalmente funcionaban con plataformas Windows de Microsoft. Ognio siguió experimentando con programación Linux y encontró una comunidad en línea global que le ayudó con

6. PHP originalmente se refería a "personal home page". Es un lenguaje de escritura de *software* libre para fines generales, ampliamente usado para el desarrollo de páginas web. Es la alternativa de *software* libre al lenguaje ASP de Microsoft.

7. ASP, "active server pages", tecnología Microsoft para visualizar páginas web dinámicas.

consejos para reforzar sus capacidades como codificador y a usar ocasionalmente esas capacidades para pequeños trabajos.

Fue durante ese periodo, y a pesar de estar desempleado, que comenzó a ofrecer voluntariamente sus propios programas a un proyecto de *software* libre, contribuyendo con código a una aplicación para gestión de ventanas de escritorio, Enlightenment. Según explica:

> Quería *aprender* la mecánica de ser un desarrollador de *software* libre, así que me dediqué a ayudar al desarrollo del gestor de ventanas Enlightenment. Era un gran fanático de Enlightenment en esa época y The Rasterman y Geoff "Mandrake" Harrison [dos importantes programadores de *software* libre] eran mis ídolos en ese entonces [...] Así que en los disquetes llevaba archivos tar, RPM[8] y un montón de código Linux para los "temas" del escritorio Enlightenment [...] Pasaba los días aprendiendo cómo funcionan las listas de contactos, que son los "parches", cómo hacer versiones de códigos y repositorios CVS,[9]sobre solicitud de funciones, depuración de *bugs* y diseño de Interface de la aplicación API.

Aún se puede acceder a una serie de sus contribuciones voluntarias desde las aplicaciones. Uno de sus primeros diseños para un tema de Enlightenment que había *hackeado* de archivos *online* de freshmeat.com (repositorio de códigos de proyectos de *software* libre), fue desarrollado para imitar el entorno de escritorio de NextStep, un sistema operativo basado en Unix fundado por Steve Jobs, de Apple Computer.[10] A pesar de la incertidumbre de la época y la falta de trabajo estable, Ognio aún recuerda con nostalgia los primeros días en que comenzó a aprender, explorar y codificar proyectos de *software* libre, enfatizando que eso le hizo sentir que estaba haciendo una contribución valiosa, incluso aunque no le pagaran

8. RPM, "Red Hat package manager", archivo de almacenamiento para programas Linux.
9. CVS, "concurrent versions system", sistema que permite archivar código fuente antiguo y registrar cambios.
10. <http://themes.freshmeat.net/projects/wmbrushedturquoise>.

por ello, y lamentando los cambios en los proyectos antiguos en los que contribuyó:

> Enlightenment era un proyecto de *software* libre muy famoso en esos días. Ahora casi ha desaparecido. Se trataba de hacer que Linux y X-Windows se vieran bien. Me gustaba usar el tiempo libre que tenía en dominar el arte de la programación. Y parte de ello, además, era que quería por supuesto "devolver algo" al proyecto contribuyendo con código.

Recordaba, sin embargo, las dificultades que tuvo al intentar explicar sus contribuciones FLOSS a sus padres, cuya motivación práctica era que encontrara un verdadero trabajo remunerado y no que simplemente jugara con las computadoras:

> Mis padres querían que hiciera algo más "productivo" [...] No iban a creer los cuentos que les empecé a contar sobre un día volver a Lima y vender servicios Linux a empresas y diseñar sitios web dinámicos para clientes [...] Tenía una gran oportunidad de aprender acerca del *software* libre y estaba aprendiendo mucho ese año [...] pero a mis padres no les gustaba la idea de dejar que me pasara horas y horas haciendo algo que ellos no entendían.

Ognio recuerda que un día pareció que había malogrado la computadora de la casa porque solo mostraba páginas de código compilado en la pantalla: "No debí dejar la computadora compilando las últimas fuentes de Enlightenment de CVS. Como los datos de salida del compilador del código fuente[11] se ven bastante mal, la pantalla llena de jeroglíficos asustó a mi papá".

No obstante, explica que parte de su creciente convicción en torno al *software* libre tenía que ver con los procesos técnicos y las

11. Un compilador es un programa que convierte el código fuente de un codificador a lenguaje binario digital para que una computadora pueda leerlo. Una vez compilado, el código es menos "legible" por su codificador y se ve incluso más confuso, según menciona Ognio, para personas que no saben de codificación, como sus padres.

tareas que una vez le parecieron imposibles, pero que ahora eran práctica y fácilmente alcanzables:

> Descubrir el *software* libre fue como encontrar un tesoro escondido. Había pasado meses pensando dónde encontrar el código fuente para algoritmos de compresión, protocolos de red y cosas relacionadas. Estaba tan ciego que pensaba que solo existían como propiedad intelectual de las corporaciones de *software*. Tener el código fuente en mis manos y leer la licencia pública general del *software* libre[12] fue como ver en una bola de cristal. Sabía que no pasaría mucho tiempo para que hiciera algo con ello.

Agrega que el *software* libre, además, parecía eliminar las restricciones que los directivos universitarios habían creado para sus estudiantes de programación:

> Linux era *exactamente* lo opuesto a lo que mi decano decía que era imposible: tener el núcleo del sistema operativo, ayudar a construir la plataforma que millones de personas usarían [...] Linux me puso rápidamente en contacto con todo eso: programación, trabajo en red, seguridad. Mi modelo a seguir pasó de ser Billborg de Microsoft a Rasterman de Enlightenment en semanas.

También le permitió crear un prototipo de una futura empresa que ofrecería servicios de *software* libre (incluyendo creación de servidores, páginas web, redes y sistemas de base de datos para Linux) antes de lanzar una compañía en serio: "Mientras aprendía Linux, también iba averiguando todas las partes necesarias de una empresa [...] la confianza de mis padres comenzó a volver poco a poco cuando empezaron a ver que podía pagarme un bus de regreso a Lima para dar servicios informáticos". Utilizando las ganancias de sus trabajos remunerados, eventualmente pudo financiar los trámites legales necesarios para fundar su propia empresa.

---

12. Una de las licencias más populares para las aplicaciones de *software* libre.

Unos cuatro años después, esa compañía, Peruserver, ha crecido hasta adquirir un personal modesto pero dedicado de media docena de codificadores que comparten una oficina en el distrito de Miraflores, en Lima. Con orgullo, Ognio reflexiona acerca de los desarrollos. Pero no habla de su propia iniciativa individual en esas reflexiones, ni le da el crédito de esos desarrollos exclusivamente a su impulso interior. Según sus palabras: "Es algo que personalmente debo en parte al *software* libre [...] Poder inventar mi propia empresa, dar empleo a otros y obtener un poco de reconocimiento entre mis colegas [...] ese ha sido un objetivo importante logrado". Para Ognio, jugar con el *software* libre se volvió una manera de cuestionar los objetivos profesionales y personales y de reflexionar sobre los límites de la educación en programación bajo la formación universitaria estándar. Pero también se volvió una forma de cuestionar el futuro proyectado para él por su familia, los asesores académicos y las instituciones educativas. Debido a esta frustración, la formación y política universitaria y las advertencias de su decano de que no "soñara" con convertirse en un programador de alto nivel (un programador que pudiera unirse al equipo de desarrollo de corporaciones informáticas como Microsoft) no fueron consideradas por él como recomendaciones que debía aceptar simplemente. Más bien, se volvieron momentos en los que pudo comprender un futuro prescrito, pero del que se sentía completamente desconectado. Esos momentos en los que no se reconocía socialmente (Lacan 2002, Weber 1991) se volvieron oportunidades para cuestionar los futuros determinados. Estos procesos de cuestionamiento activo con respecto a los futuros informáticos determinados en Perú se extenderían, además, a las incontables horas de trabajo no remuneradas que él posteriormente dedicaría como defensor destacado del primer proyecto de ley FLOSS de Perú. Ya sea publicitando el proyecto de ley N.° 1609 en diversas entrevistas brindadas a escalas nacional e internacional, organizando conferencias regionales y globales acerca del FLOSS en América Latina, u ofreciéndose como voluntario en actividades menos protagónicas, como la distribución de volantes o la coordinación de listas de distribución de grupos de usuarios Linux, sus actividades abarcaban un rango de compromisos que exigían cambios sociales e institucionales más amplios, y que casi no se relacionaban directamente con beneficios personales o profesionales.

De hecho, esos emprendimientos generalmente le quitaban el tiempo que habría podido dedicar directamente a su compañía. Pero no se lamenta de tales inversiones de tiempo, conocimiento o trabajo. Según cuenta, el FLOSS le dio lo que llamaba una "bola de cristal" a través de la cual pudo ver un futuro diferente. Así describía la época anterior a su descubrimiento del FLOSS, un periodo en el que se encontraba "ciego" a otros futuros posibles. Experimentar con *software* libre se volvió para él un modo de reformular las limitaciones que llegó a ver como impuestas desde fuera. En otras palabras, no solo se trataba del trabajo de diagnóstico personal que Ognio asumió dentro del espacio de juego, sino también de un ejercicio de diagnóstico y crítica social e institucional.

Por mucho que el proceso de juego con la información creara oportunidades para examinar y dar forma a la identidad, era una oportunidad (o incluso una exigencia) de cuestionar y dar forma al mundo externo y social descrito también en el testimonio de Ognio (como su dedicación a la organización del proyecto de ley FLOSS en Perú). Es decir, narraba su propio caso de transformación y éxito personal como miembro de la "clase creativa" e informática emergente, no solo para destacar su propia redención y recuperación individual después de un proceso de fuerte autoexploración, sino para resaltar la lógica cultural manifiesta en los sistemas locales de educación, las instituciones de formación profesional e incluso en las esferas privadas que mantienen vigentes las normas de formación educativa y profesional. Exigiendo un cuestionamiento a dichas normas, las actividades informáticas lúdicas de promotores FLOSS como Ognio demostraron la posibilidad de futuros distintos a los reproducidos por las prácticas profesionales y educativas establecidas. Por supuesto, Ognio descubrió que no estaba solo.

Elección de *software* y la ética del yo

Fernando Gutiérrez, un estudiante de ingeniería de sistemas de 21 años de edad, desempeñó un papel indispensable en los esfuerzos de promoción de la ley de *software* libre en Perú. Él y varios amigos, casi todos miembros de Pimiento, una organización de estudiantes usuarios de Linux, habían creado y mantenían los servidores web que distribuían a escala global las noticias y la documentación acerca del proyecto de ley peruano. También ofrecieron sus esfuerzos para responder a los cientos de seguidores del *software* libre en todo el mundo que contactaban al grupo respecto del proyecto. Y posteriormente coordinaron con los seguidores que a su vez se ofrecieron para traducir la documentación del proyecto de ley FLOSS peruano a más de 20 idiomas.

Sin embargo, dos años antes de que estos esfuerzos comenzaran, Gutiérrez era un estudiante de segundo año de ingeniería de sistemas que recién había comenzado a experimentar con aplicaciones de *software* libre. Recuerda que en verdad fue un amigo suyo, Breno Colom (quien le ayudó a fundar la organización Pimiento), el que primero había comenzado jugando con la distribución Debian de Linux que posteriormente compartiría con sus amigos:

> Nos hicimos amigos jugando Dungeons and Dragons [...] Su papá tenía una oficina cerca de mi casa; íbamos allá casi siempre para conversar, para jugar con las computadoras. Un día nos dijo que había instalado Linux en su computadora, lo probamos y nos dio las copias. Siempre habíamos estado interesados en las computadoras, claro, así que fue como un desafío para nosotros, comenzar con un nuevo sistema operativo. Al inicio fue una especie de reto por ver quién hacía esto primero o quién podía hacer que tal cosa funcione, o quién configuraba esto correctamente. Pequeñas cosas, en realidad, más por diversión.

Gutiérrez recuerda haber experimentado con varias versiones distintas de Linux en los meses siguientes, probando Red Hat después de Debian, cambiando luego a Slackware y, finalmente, quedándose con la distribución Gentoo Linux. Pasaba las tardes generalmente con sus amigos de la universidad jugando con las diversas características de cada distribución. Sin embargo, cada vez más, sus experimentos con Linux fuera de la universidad y el *software* libre empezaron a repercutir en reflexiones acerca de las capacidades, posibilidades y políticas tecnológicas de la universidad. Según recuerda:

> Comenzamos a ver que en la universidad no dedicábamos mucho tiempo a Linux, y todas las computadoras funcionaban con Microsoft, así que usar Linux se nos hizo difícil [...] Lo vimos solo en dos o tres cursos [...] generalmente en el curso sobre sistemas operativos, luego en los aspectos de servidores de base de datos y servidores web. Pero estábamos muy limitados. Porque en los casi 30 laboratorios de computadoras, solo dos salas tenían instalado Linux u otro sistema operativo que no fuera Windows. El único soporte activo que la universidad nos ofrecía respecto a Linux era una lista de contactos deficiente.

Entrando en detalle, Gutiérrez describe lo que ofrecía, en términos tecnológicos, la web para clases virtuales lanzada por la universidad. Se trataba de un sitio que pretendía ser un espacio para uso de los estudiantes y profesores, en donde se podía conducir y archivar digitalmente las asignaturas, materiales y discusiones de las clases. Según explica Gutiérrez:

> Teníamos que mandar las tareas y ese tipo de cosas a través de la web, pero solo se podía acceder con Internet Explorer de Microsoft. Insistimos al jefe del proyecto que lo modificara para que pudiéramos acceder desde Linux, o al menos desde Opera de Linux en Windows. Pero solo nos dijeron que usáramos IE. ¡No nos dieron otra opción para escoger!

Recuerda haber sido uno de los cinco alumnos que ayudó a preparar una carta exigiendo que el sistema de clases virtuales fuera rediseñado para permitir el acceso y proporcionar facilidades de uso a estudiantes que empleaban sistemas operativos y *software* que no pertenecían a Windows. Presentaron su carta y su caso al jefe de servicios en línea de la universidad, pero no lograron convencerlo de que cambiara el sitio. Reflexionando sobre la respuesta, a

Gutiérrez le quedó claro que era necesaria una mayor movilización interna de estudiantes que exigiera una reforma en la política universitaria: "Queríamos cambiar las cosas, pero [...] necesitábamos más personas en este movimiento para que nos tomaran en serio".

Cuando se dieron cuenta de ello, los usuarios FLOSS de la universidad se sintieron motivados y comenzaron a organizarse para promover y educar a todos los estudiantes sobre la relevancia del *software* libre para los universitarios. El grupo comenzó a hablar con los estudiantes en los ambientes del campus y contribuyó con artículos para el boletín universitario, en los que defendía el uso de *software* libre en el campus. También comenzaron a organizar una gran conferencia sobre *software* libre dirigida a estudiantes de la universidad. Gutiérrez recuerda que la idea lo motivaba: "En ese entonces, tenía una amiga que era representante estudiantil de la facultad, así que le pedí hablar con el decano acerca de nuestro proyecto. Le di toda la documentación y le pedí que solicitara el uso del auditorio de la facultad para una conferencia sobre *software* libre".

Aunque el permiso fue denegado, Gutiérrez y sus compañeros activistas no se desanimaron por la respuesta de la administración, y el grupo empezó a distribuir copias de CD de Linux dentro de la universidad, siguiendo la tradición de intercambio de *software* libre "2 × 1". Bajo esta modalidad, se puede intercambiar una copia gratuita de un CD de Linux por dos CD en blanco que luego se podrían usar para hacer nuevas copias de CD de Linux y que serían redistribuidas a nuevos estudiantes. Describiendo el efecto que tuvo el grupo en los estudiantes, me cuenta:

> Fue difícil, pero hemos hecho progresos. Podíamos haber sido los únicos a los que les importaba el *software* libre hace un año, pero ahora lo hemos logrado, así que ahora hay más estudiantes que al menos han probado Linux. Y han comenzado una pirámide en la forma de distribuir, ya que cada uno tiene que enseñar a otros dos estudiantes cómo se usa Linux.

Cuando le pregunto por qué dedicó tanto trabajo y tiempo a su defensa por el *software* libre, Gutiérrez resalta la necesidad práctica y política de hacer que esas opciones tecnológicas fueran visibles para los estudiantes. Gutiérrez insistía:

> Aprendíamos más con Linux, pero también teníamos el *derecho* a usarlo [...] Primero, es cosa de conocer la opción de *software* libre [...] Ahora ya lo están usando en compañías en las que vamos a trabajar en el futuro, así que es algo que *debemos* aprender. Y estamos en la universidad para eso, para aprender acerca de las mejores opciones disponibles. No podemos terminar la universidad y luego, cuando nuestros jefes nos pidan mantener un servidor Linux, decirles que no sabemos cómo hacerlo.

Gutiérrez cuenta detalles de su experiencia y narra la diferencia entre "aprender" con *software* libre y aprender con sistemas de *software* cerrado y propietario, como Windows de Microsoft; y remarca que la oportunidad tecnológica y las mayores oportunidades para el aprendizaje con FLOSS son esenciales. Aunque codificar voluntariamente con *software* libre hacía más difíciles las tareas de sus cursos, recuerda que tales desafíos solo parecían mejorar su capacidad de aprender. Señala Gutiérrez:

> La ventaja del *software* libre es aprender más de una manera de hacer las cosas [...] Como cuando tuve una tarea de teoría de lenguajes y compiladores y decidí desarrollarla en Linux. Fue diez veces más difícil que hacerlo en Visual Studio de Microsoft, pero en el proceso aprendí diez veces más cosas que los demás estudiantes. Mi profesor no vio el esfuerzo, solo me puso una nota estándar por mi trabajo, como a la mayoría de estudiantes. Pasé más tiempo haciéndolo, pero a él no le importó. Parecía injusto, pero sí conseguí una recompensa personal por ello.

Sin embargo, el hecho de que su universidad no estuviera abierta a tecnologías alternativas motivó que Gutiérrez cuestionara a las autoridades administrativas sobre la educación de sus estudiantes. Señalaba con preocupación:

> Generalmente, la mayor parte de la administración no sabe nada de Linux o *software* libre, y dicen que motivan a los estudiantes a investigar, pero la verdad es que no lo hacen [...] Hay algunos profesores que felicitan a sus alumnos por investigar sobre *software* libre por su cuenta, por supuesto. Pero creo que otros profesores tienen miedo del *software* libre, así como la gente puede tenerle miedo a las nuevas tecnologías o nuevas formas de hacer las cosas cuando está acostumbrada a hacerlas solo de una manera.

Su fe en el liderazgo de la administración universitaria solo se vio más deteriorada cuando, poco después de la presentación del proyecto de ley para *software* libre al Congreso, la universidad firmó un acuerdo de servicios con Microsoft. Según los términos del acuerdo, la universidad integraría cursos sobre programación para Office Suite de Microsoft a cambio de descuentos en las licencias. Según la lectura de Gutiérrez, el contrato parecía estar diseñado para limitar la educación de *software* libre en las clases de la universidad:

> El contrato no lo pudieron ver todos libremente, pero [...] pensamos que lo usaron para intentar detener el movimiento por el *software* libre [...] Fue un balde de agua fría para nosotros. Estábamos felices con la cobertura que venía recibiendo el proyecto de ley sobre *software* libre, y realmente pensamos que podíamos ganar esta vez, hasta que llegó el contrato de la universidad con Microsoft.

Sin embargo, las acciones de la universidad solo reafirmaron la convicción de Gutiérrez de que las campañas por el *software* libre realizadas por los estudiantes activistas eran necesarias. Después de la presentación del proyecto de ley a favor del FLOSS en el Congreso, Gutiérrez comenzó a colocar afiches en las instalaciones de la universidad con diseños realizados por varias de las organizaciones a favor del *software* libre en Lima, entre ellas PLUG, que expresaron su apoyo al proyecto de ley. Otros estudiantes, recuerda Gutiérrez, se ofrecieron a ayudar con la distribución de afiches después de enterarse del proyecto de ley:

> Fue en el momento más álgido de las noticias, cuando nos dimos cuenta de que la gente dentro de la universidad estaba hablando sobre el tema. Los esfuerzos de pegado de afiches llamaron su atención. Fue el momento perfecto para comenzar un trabajo más activo [...] expresar desacuerdo con la política de la universidad, que firmaba contractos exclusivos con Microsoft y cerraba las puertas a Linux y el *software* libre en general. Creo que la opción de *software* libre es parte del futuro de las computadoras, y si vamos a trabajar con computadoras durante toda nuestra vida, necesitamos saber sobre Linux. Para mí simplemente es increíble imaginar que un estudiante de sistemas de cuarto año no sepa nada de Linux.

Cuando le pregunto las razones por las que llevó a cabo tantos esfuerzos para promover la legislación a favor del *software* libre en la universidad, me responde:

> El problema es que no necesitaríamos una ley si las personas fueran conscientes de que no tienen que usar *software* propietario, que existe una opción a ello, pero ya que no lo saben, tienen que encontrar soluciones a sus problemas. Así que para comenzar a usar *software* libre en el gobierno y en las compañías privadas, necesitamos profesionales que puedan manejarlo. Lamento decir que no existe ninguna universidad en el Perú que prepare a los estudiantes para usar *software* libre. Así que pensé: si los profesores no enseñan esto a sus estudiantes, quizás un estudiante puede empezar a cambiar las cosas. Eso fue lo que hizo que nos decidiéramos a iniciar el movimiento a favor de Linux entre los estudiantes.

Aunque para Gutiérrez el juego con *software* libre comenzó como una actividad social emocionante entre amigos y como un reto personal para dominar un nuevo sistema técnico, sus experimentos fueron vividos como un acto que mejoró considerablemente su capacidad de cuestionar y aprender. Insiste en que, para dicha experiencia, fue esencial descubrir de repente nuevas oportunidades, opciones y posibilidades técnicas cuando parecía que no existía ninguna antes.

No obstante, experimentar dicha libertad en sus proyectos lúdicos con el *software* libre reveló que existían diversas barreras que seguían limitando las posibilidades de nuevos modos y normas de aprendizaje basado en la información. Si bien pudo experimentar una creatividad irrestricta a través de sus exploraciones con el *software* libre, las clases de programación de su universidad delataban, no solo un enfoque altamente controlado y limitado para la codificación, sino también una intolerancia hacia otros modos de aprendizaje que limitaba la capacidad práctica de aprender nuevos sistemas y que incluso restringía la posibilidad de saber que también existían diferentes alternativas.

Ciertamente, para Gutiérrez, experimentar con el *software* libre se volvió una experiencia que se centraba en el reconocimiento y ejercicio de la elección individual y que planteaba nuevos cuestionamientos a la ética y las políticas institucionales. Una vez que supo que existían nuevas opciones y alternativas a considerar, todo lo llevó a la convicción de que era precisamente una opción que él y estudiantes como él no podían darse el lujo de *no* elegir.[13] Convencido de que se aprende mejor cuando existe la posibilidad de considerar nuevas alternativas y tomar decisiones en torno a ellas, la falta de apertura hacia las opciones tecnológicas en su universidad le pareció contraria a la misión y obligación de educar. Antes, Gutiérrez habría considerado el apoyo exclusivo de la universidad a Windows y los sistemas de *software* propietario como una decisión para facilitar la educación de los estudiantes, pero después de su experiencia con el *software* libre, empezó a considerar tal política administrativa como una práctica que inhibiría el desarrollo

13. En el otoño de 2004, Gutiérrez y otros estudiantes que defendían el uso de *software* libre en la Universidad de Lima fundaron el Grupo de Usuarios de Linux/BSD/UNIX de ese centro de estudios (<http://aurealsys.com/~ulix/>). Las actividades recientes del grupo incluyen la creación de una red o grupo de computadoras Linux para ser usadas en la universidad, reuniones con profesores de informática e ingeniería de ese centro de estudios para lograr el apoyo y la incorporación de Linux, y la planificación de una conferencia en la universidad acerca de *software* libre con miembros de grupos de usuarios Linux locales, entre ellos PLUG.

intelectual y profesional de los estudiantes y limitaría precisamente la posibilidad de que se dieran cuenta de sus potencialidades personales.

Jugar con *software* libre le permitió a Gutiérrez enfrentarse explícitamente a las autoridades universitarias y cuestionar (en ese enfrentamiento) la base de su ejercicio de autoridad. Narrar su experiencia con el *software* libre no fue simplemente un medio para relatar una experiencia de progreso personal y desarrollo intelectual, sino que se convirtió en una forma de contar cómo había llegado a entender que las instituciones sociales tienen la obligación de cumplir deberes sociales. En otras palabras, fue una experiencia que le permitiría manifestar, con una convicción irrenunciable, que los estudiantes "aprenden más con Linux y que además tienen *derecho* a usarlo". Así, para Gutiérrez, la transformación personal (según su concepción, de un individuo sin opciones tecnológicas y educativas a uno con menores restricciones, y de una persona con capacidad limitada de aprendizaje a una con mejores habilidades) tenía que ver con su experiencia de juego con el *software* libre. Pero así como su juego con el *software* libre impulsó un proceso de transformación de identidad, también impulsó algo más. Traspasando las barreras del *yo*, las fuerzas del juego también activaron el deseo de reformar un mundo social prohibitivo para convertirlo en uno en el que los modos alternativos de desarrollo y crecimiento fueran nuevamente posibles.

El peligro del juego

La exposición de Victor Turner acerca de las etapas de liminalidad ofreció un modelo crucial para reflexionar sobre el juego como una fuerza transicional. Examinando los ritos de paso de la tribu Ndembu, Turner resaltaba la intensidad de la energía implicada en el espacio temporal y cultural entre la infancia y la adultez: "La liminalidad puede quizás verse como el rechazo a todas las afirmaciones estructurales positivas, pero en cierto sentido es la fuente de todas ellas, y, más que eso, puede considerarse un dominio de pura posibilidad en donde pueden surgir nuevas configuraciones de ideas y relaciones" (1967: 97).[14] Cargado de un nuevo significado y un nuevo potencial que excede los límites de la identidad que una vez tuvo o de la identidad en formación, el actor liminal será considerado generalmente como una entidad contaminante (Douglas 1966). Sin embargo, según la formulación de Turner, la liminalidad existe como una condición exclusivamente permitida de desorden y desnaturalización que requeriría una política más estricta. A menos que se le controle cuidadosamente y se le vigile con atención, el ser liminal como concentración de dicha energía perturbadora amenaza con desestabilizar las realidades que le rodean.

De hecho, Turner hace explícito el profundo trabajo disciplinario que se requiere para manejar la potencialidad liminal. Describe los elaborados y teatralizados rituales escenificados para enseñar a los actores liminales a "ver" adecuadamente cuando se invoca a seres enmascarados que hacen que el actor liminal contemple las relaciones y características cotidianas de su sociedad, características que usualmente se dan por hechas. Estos actores enmascarados buscan incitar un nuevo reconocimiento de las fuerzas sociales como poderes que generan y mantienen a los sujetos individuales, reconociendo, al mismo tiempo, la profunda ambivalencia de la transformación consumada de un sujeto. Aunque dichos rituales pueden emplearse para afirmar y reforzar identidades socialmente prescritas, también revelan la posibilidad de respuestas alternativas. Turner (1967) escribe:

> La liminalidad es el dominio de la *hipótesis* primitiva, en donde existe cierta libertad para hacer malabares con los factores de la existencia [...] Las categorías de evento, experiencia y conocimiento se entremezclan y yuxtaponen de manera promiscua, con una intención pedagógica. Pero esta libertad tiene límites estrechos. Los neófitos vuelven a una sociedad secular con facultades quizás más alertas y con un mayor conocimiento de cómo funcionan las cosas, pero tienen que sujetarse nuevamente a las costumbres y la ley [...] Se les muestra que las formas de acción y pensamiento alternativas a las

14. Traducción para este libro.

indicadas por las deidades o ancestros son en última instancia irrealizables y pueden tener consecuencias desastrosas. (1967: 106)[15]

Así, Turner señala la productividad y peligro simultáneos del juego. A través de esa simultaneidad, un individuo puede surgir preparado para asumir un rol preasignado. Pero existe la posibilidad de que un individuo (que acaba de descubrir el dominio de la "hipótesis" y confrontado a modos alternativos de existencia) rechace el futuro prescrito y elija algo distinto.

Es esa función creativa y reveladora del juego la que le permite desestabilizar y alterar los mundos establecidos. Después de darse cuenta, a través de sus proyectos lúdicos con la tecnología, de que los modos alternativos de existencia ética son en verdad posibles, los usuarios FLOSS peruanos comenzaron a sentir que la proyección de sus futuros planificados por las autoridades era algo artificialmente restrictivo, individualmente prohibitivo e incluso socialmente no ético. Entonces, adoptar, de forma explícita, prácticas que sobrepasaban el espacio del juego y que buscaban reformar esos mundos sociales restrictivos, se convirtió en una elección que muchos pensaban que estaban obligados a hacer.

Entendido como un proceso entrelazado con la generación cultural del *yo* y la transformación personal, el juego ya no se considera como dejar de hacer un trabajo o el fin de la libertad individual, sino más como una zona de exploración en la que el *yo* trabaja para reconocer y evaluar los mundos existentes y alternativos. Dentro de los ámbitos del juego, los actores pueden permitirse cuestionar las diferencias entre los mundos y deseos internos y externos, pero aún tienen la presión de aceptar dichas distinciones y de identificar qué transformaciones son necesarias para reconciliar estas diferencias. Así, dentro del dominio del juego, los individuos se enfrentan a la posibilidad de adaptarse para reconciliar los mundos, pero no sin cuestionar, a la vez, otras vías potenciales.

El juego, interpretado como un espacio intensamente cargado cuyas energías pueden ser canalizadas para la adaptación individual

15. Traducción para este libro.

y el refuerzo de mundos sociales existentes o distintos, va más allá de las simples definiciones neoliberales que lo detallan como lo opuesto al trabajo, y que determinan que el trabajo digital es algo más que el triunfo de las "clases creativas" globales. El hecho de que los primeros proyectos de los activistas FLOSS peruanos con el *software* libre, considerados objetos de experimentación y cuestionamiento lúdico e individual, los hayan conducido a formas de acción política, demuestra entonces que fijaron sus actividades lúdicas con la tecnología en marcos de transición, transformación y cuestionamiento, y no en procesos de diversión y ausencia de trabajo. Ciertamente, las prácticas lúdicas de los activistas FLOSS no solo incluían la capacidad de reconocer lo real como un espacio por el que debían justificadamente reformar sus identidades, sino también la capacidad de reconocer lo real como un espacio que necesita ser profundamente reformado institucional y éticamente. Sin embargo, también es clave que sus proyectos lúdicos con el código no fueran considerados exclusiva o principalmente una forma de mejorar la tecnología u optimizar la producción. Por el contrario, lo más poderoso fue la capacidad del juego para demostrar que eran necesarias nuevas apuestas dirigidas desde fuera, que apuntaran a una transformación de las normas sociales, instituciones y políticas existentes, con el fin de hacer realidad otros mundos y futuros informáticos.

Fotografía tomada por la autora. Mesa de trabajo compartida por activistas de lenguas indígenas y de tecnología abierta en el taller de traducción de *software* durante el congreso SugarCamp 2011 en Puno.

[illegible] realizada por Antonio Masarik [illegible]
[illegible] de [illegible]
[illegible] en Puno.

6

Interrupción digital: *hackeando* el universalismo en la periferia de la red

* interrumpir (Del lat. *interrumpere*).
1. tr. Cortar la continuidad de algo en el lugar o en el tiempo. U. t. c. prnl.
2. tr. Dicho de una persona: Atravesarse con su palabra mientras otra está hablando.
3. sust. Informática. Una señal de *hardware* que rompe el flujo de la ejecución de un programa y transfiere el control a un punto de almacenamiento predeterminado de manera que otro procedimiento pueda seguir o se pueda realizar una nueva operación.

Cuando la mayor parte del equipo internacional de casi doce jóvenes activistas de la tecnología se reunió la última vez para colaborar con un proyecto, lo hizo en el espacio interconectado de Escuelab, en el centro de Lima. Fundado en 2008 como un lugar alternativo de aprendizaje e investigación que une "la tecnología, el arte y la sociedad", en su corta existencia Escuelab[1] había logrado construir una red de personas –provenientes de América Latina, Europa y los Estados Unidos–, que se identificaban como activistas de medios y

1. Véase la página web y wiki de Escuelab: <escuelab.org> y <http://wiki.laptop.org/go/EscueLab>.

hackers dedicados al *software* libre, y que habían coincidido, en forma virtual y presencial, en diversos proyectos. Sin embargo, aquella tarde en particular, en abril de 2011, se habían reunido en el piso más alto de la municipalidad de Puno, la capital de una provincia en el extremo sur de Perú, más conocida como el centro de la cultura indígena y del folclore nacional que por su defensa de la alta tecnología. Después de un viaje desde diversos lugares —algunos más lejanos, como Barcelona, otros más cercanos, como La Paz, Lima y los pueblos contiguos a Puno—, los participantes habían llegado con su propio equipo para que la sala de reuniones de la municipalidad, que no contaba con conexión a internet, se pudiera convertir en una especie de taller digital.

Cada uno llevaba una *laptop* (algunos incluso dos), varias de las cuales lucían *stickers* con los llamativos logos de las aplicaciones de *software* libre y los lemas preferidos entre los activistas de la información global. También había sobre la mesa varios modelos de *laptops* XO, de color verde y blanco, las computadoras promovidas por el MIT y orientadas a niños, que son el centro del programa global OLPC, del cual Perú se convirtió en el mayor socio. Unos cuantos *routers* USB inalámbricos, un proyector portátil, cargadores y cámaras digitales complementaban el arsenal de artefactos. Tales dispositivos fueron colocados en la gran mesa de conferencias, mientras el lugar de trabajo temporal comenzaba a ensamblarse, a medida que los participantes se instalaban con otros voluntarios con el fin de comenzar un proyecto de dos días de duración para traducir el *software* de las *laptops* XO al quechua y al aymara. Aunque el proyecto estaba aún lejos de terminarse, la esperanza era que la traducción pudiera instalarse en el casi medio millón de *laptops* XO que el Estado había distribuido en los colegios públicos del país —una cantidad que se esperaba aumentaría a 850 mil en julio de 2011.

Apenas se estaban abriendo las pantallas de las *laptops*, cuando Francisco Ancco Rodríguez, un profesor de escuela pública retirado de Acora, aymarahablante y ahora traductor voluntario de la sesión, pidió la atención de la sala. Sacó un paquete redondo de tela tejida con colores brillantes, lo abrió sobre la mesa y esparció el cúmulo de hojas de coca secas. Deslizando las manos sobre las delgadas hojas verdes, escogió tres y las dispuso formando un pequeño abanico. Mientras los participantes comenzaban a inclinarse uno por uno en una lenta sucesión, él comenzó a dirigir una corta plegaria en aymara, sosteniendo el abanico de hojas de coca frente a él todo el tiempo. Después, antes de llevar unas hojas de la planta medicinal a sus labios, invitó al grupo a servirse un poco de coca también.

El ritual, una ceremonia de ofrenda que las comunidades andinas llaman *despacho*, ya era conocido por los participantes locales de Puno, pero no era algo que la mayoría de activistas tecnológicos internacionales estuvieran acostumbrados a ver durante las inauguraciones de sus eventos. Realizado en las comunidades andinas antes de ocasiones propicias, se sigue considerando hoy una forma de honrar a los espíritus del mundo natural y de comunicarse con ellos, representando una unión triangulada entre los mundos del hombre (*Kay Pacha* en quechua o *Aka Pacha* en aymara), el mundo de arriba (*Hanan Pacha* o *Alaj Pacha*) y el mundo de abajo (*Uk'u Pacha* o *Manqha Pacha*). Comúnmente, los que lo practican lo definen como una versión simplificada de una ofrenda a la *Pachamama*, la expresión de la energía cósmica femenina que generalmente se traduce como Madre Naturaleza, pero que en el mundo andino también está asociada con la muerte y la sangre, así como con el nacimiento y la vida o los espíritus de las montañas, los *apus*. Sin embargo, en los estudios antropológicos, el ritual ha recibido más atención por sus ofrendas al demonio, el Tío, en ceremonias que los mineros realizan antes de descender a las profundidades de los socavones (Harris 1995, Nash 1993, Taussig 2010).

No obstante, en cualquier instancia, se practicaba como una forma de entrar en un cuidadoso y precavido diálogo con fuerzas ambivalentes consideradas como fuera del control completo de las personas, fuerzas que podrían tomar o destruir vidas, y sus energías reproductivas, y que también podrían otorgar o alimentar dichas energías. Según la antropóloga andina Olivia Harris (1995), se considera que esa poderosa "energía del demonio" potencializada aún atraviesa diversos objetos de la cosmovisión andina, abarcando

> [...] todo un espectro de seres sagrados: las montañas, los muertos; lugares poderosos e indómitos como las quebradas y las cascadas [...] así como el Tío y la Pachamama. El carácter que define a estos demonios no es tanto la maldad o la malicia sino la abundancia, el caos y el hambre [...] Son la fuente de la fertilidad y la riqueza, y de la enfermedad, el infortunio y la muerte. Son impredecibles y muy poderosos. (1995: 312)

Ciertamente, es inusual que en los circuitos globales de producción digital se tome esas precauciones que remarcan fuerzas ambivalentes en torno al desarrollo tecnológico. La gramática de la alta tecnología generalmente deja poco espacio para la reflexión preventiva (mucho menos crítica), y se caracteriza más bien por el matiz insistentemente esperanzador y celebrador que declara una certeza en el potencial y seguridad de innovación de la productividad de las sociedades colaborativas que conectan diversos espacios de investigación y comercio. Y quizás en ninguna otra parte dicho lenguaje, empleado para evangelizar de forma efectiva sobre los impactos de la distribución tecnológica que otorgan poder incuestionable (a usuarios y productores por igual), haya sido más fuerte que en los casos de TIC emergentes, como la OLPC.

Ciertamente, debido a las singulares actividades de Puno en torno a los desarrollos TIC (que, de forma inesperada, pudieron atraer a participantes de todos los sitios globales a la periferia sur de Perú), parecía un lugar propicio desde el que se extendería un fervor por el futuro y la alta tecnología. Ya que los despliegues locales del proyecto OLPC comenzaron en provincias más de cuatro años atrás, Puno había comenzado firmemente a ganar un reconocimiento inesperado entre ciertos círculos tecnológicos globales por sus experimentos con las *laptops* XO. Esto, a pesar del hecho de que la mayoría de sus actividades carecían del respaldo oficial del Ministerio de Educación o de la Fundación OLPC en Cambridge, Massachusetts. No obstante, fue en el altiplano de Puno donde se escribió y publicó el primer manual para usuarios de XO, un texto de cien páginas, dirigido a los profesores, distribuido *online* y traducido del español al inglés, francés y árabe (Salas 2009). Fue en

Puno, además, desde donde se organizaron algunas de las conferencias más grandes en zonas rurales para usuarios XO, la última de las cuales atrajo a cientos de participantes de toda la provincia y de la amplia comunidad global de desarrolladores XO. Y fue ahí donde las traducciones de la interface XO al quechua y al aymara buscaban estar entre las primeras en lenguas indígenas.

Sin embargo, los participantes del taller de traducción no mostraron demasiado entusiasmo ni emoción por haber obtenido esta distinción global. Tampoco mostraban una confianza colectiva sobre la promesa de futuro que traería el cambio tecnológico a un sitio "periférico" como Puno, ni sobre su inclusión en las redes globales de los colectivos de alta tecnología y centros de innovación "lejanos". Parados alrededor de la mesa de conferencias municipal, con las cabezas inclinadas, en silencio y con la atención puesta en temas de ambivalencia tecnológica, parecía que en realidad llevaban a cabo una reflexión conscientemente deliberativa, que rompía con los matices entusiastas de las redes de desarrollo global de alta tecnología y que, más bien, evocaba una forma diferente de presencia de parte de los participantes. El suyo era un momento representado como una forma de interrupción digital, una que, igual que en el discurso, causaba una discontinuidad en la acción en curso y una interferencia en la actividad acostumbrada de la red general. O, como en el caso de la cultura informática, una interrupción que brindaba una señal cuya emisión podía cortar la ejecución de un programa, permitiendo la transferencia del control para poder realizar una nueva operación. En ambos casos, es un simple suceso que solo plantea modestamente una interjección, pero que sin embargo crea una oportunidad de catalizar una ruptura mayor, perturbando lo que antes se había permitido operar (sin justificación ni explicación) como procedimiento esperado.

Dicho acto de interrupción evocaba también algo parecido a la "epistemología de lo sagrado" que Isabelle Stengers (2007) había señalado como clave para una crítica cosmopolita. Buscando alterar los "referentes unificadores" y los hechos compartidos que han cohesionado desde hace mucho tiempo los marcos dominantes de la modernidad, la interrupción de los participantes interviene en las prácticas de la red general de innovación asumidas en nombre de la colaboración para cuestionar qué pautas sustentan su cohesión. Así, no importa que las instituciones y los actores involucrados en las colaboraciones de alta tecnología sean increíblemente diversos, y tampoco importa en qué medida se pueda canalizar los recursos intelectuales, económicos y sociales compartidos, la incertidumbre e inestabilidad aún pueden persistir. Y no importa la fuerza convincente con la que parezcan integrarse para fingir una "colaboración pacífica", todavía abundan las interrogantes sobre cómo pudo surgir esa apariencia de consenso. Así, alrededor de la mesa de traductores, llena de recursos y herramientas, "resonaban" inevitablemente los diversos "factores desconocidos" que aún rodean las colaboraciones para la producción de alta tecnología (Stengers 2007: 76).

Y quizás por una buena razón. A medida que el proyecto OLPC en Puno vio el creciente interés que despertaba (con ministerios nacionales, universidades norteamericanas, centros de investigación e innovación transnacionales y *hackers* occidentales creando nuevos emprendimientos para el proyecto y ofreciendo canalizar recursos a zonas rurales para ello), en las calles de Puno empezaba a surgir la inquietud local. Días después del cierre del taller de traducción, estallarían en la zona protestas que abarcarían toda la región, en las que participaban miles de miembros de comunidades indígenas de toda la provincia (BBC 2011, Cárdenas 2011, Guerrero 2011). Los principales reclamos se oponían al aumento de concesiones de tierras por parte del gobierno nacional a compañías mineras multinacionales, criticando su persistente desconexión de los intereses y preocupaciones de las comunidades rurales y los gobiernos locales. Meses antes, Puno había sido el sitio clave de las protestas nacionales en las que 60.000 profesores de escuelas públicas se manifestaron contra una nueva ley que buscaba aplicar en todo el país estándares de enseñanza en colegios públicos, lo que muchos consideraron como evidencia del desinterés de la capital por la realidad cotidiana que enfrentan los habitantes de provincia. Durante las protestas, el aeropuerto de Puno fue incendiado, las carreteras fueron bloqueadas y hubo ataques a vehículos (Carroll 2007, Living in Perú 2007, Salazar 2007, Uco 2007). Aunque los defensores del proyecto OLPC en el extranjero casi no lo mencionaron ni reconocieron, los graves incidentes políticos (que involucraban a educadores y líderes comunales) surgieron en zonas de despliegue local del proyecto XO en Perú. Y aunque esas realidades locales seguían siendo ignoradas en el exterior, los actores del lugar relacionados con el proyecto OLPC continuaban preguntándose cuál era el rol de la tecnología en esos dramáticos sucesos: se preguntaban cómo la promesa de sociedades interconectadas y la seguridad de una colaboración pacífica habían llegado a ser "hechos" convincentes.

¿Paz, amor y universalismo tecnológico?

En el vocabulario de las culturas contemporáneas enfocadas en la innovación, no se resalta que la precaución ha tenido un papel central. El lenguaje de innovación ha sido más conocido por su matiz insistentemente esperanzador, con visión de futuro, enfáticamente celebrador, compartido y repetido por una red de actores distribuida en complejos de espacios orientados a la investigación y el comercio (Callon, 1986; Latour y Callon 1981; Latour 1987, 1990, 2004a). Al atreverse a alcanzar (colectiva y fielmente) la materialización de versiones de tecnología que expandan los límites de lo novedoso y temerario, la red de actores de la innovación se une bajo un compromiso compartido, con la idea de que su fe ciega en el futuro puede crear un cambio hacia el progreso. Como señala Kaushik Sunder Rajan en su trabajo sobre redes globales de innovación en biotecnología, es un lenguaje motivador fundamentalmente animado en torno a visiones especulativas y despliegues publicitarios promisorios: "[...] un juego que se desarrolla constantemente en el futuro para generar el presente que permita dicho futuro" (2007: 34). Firmemente convencido de las posibilidades de un mejor futuro y su continua realización a través de la búsqueda de la próxima "cosa más nueva" (Lewis 2001), el discurso de la innovación minimiza el error potencial y evita mostrarse como algo solamente predictivo, prometiendo más bien la salvación de un presente continuamente redefinido como limitado y con escasas posibilidades. Particularmente, en los países en vías de desarrollo, dichas definiciones del presente limitado (y la necesidad de alcanzar un "presente" que otros ya han dejado atrás) pueden mostrarse como algo muy relevante (Escobar 1994, Ferguson 1994). Así, desvinculado de cualquier territorio, el discurso de la innovación surge como una práctica que conlleva una carga afectiva de poder profundamente constitutivo que genera y moviliza diversas formas de trabajo en laboratorios, mercados y espacios de consumidores, incluidos ámbitos más allá de las fronteras de Occidente.

Es un lenguaje evidente, además, en los esfuerzos institucionales que rodean los despliegues globales del proyecto OLPC y que han promovido, como lo declara un anuncio del XO de forma simple y abierta en Perú, el mensaje de que la "tecnología es la clave del futuro". En los anuncios del proyecto OLPC auspiciados por el Ministerio de Educación de Perú en los que han aparecido esos lemas, solo se muestra una *laptop* XO contra un fondo austero y verde, en el que se puede observar ese lema impreso, llamando más la atención por lo que no dice que por lo que dice. Después de todo, es notable que no se especifique los contextos locales en los que se despliega el proyecto XO, ni los usuarios particulares cuyos futuros serán afectados por el proyecto. Más que mostrar una lógica subyacente de determinismo tecnológico y una reivindicación de las tecnologías, generalmente, como impulsoras de la historia (Smith y Marx 1994, Winner 1989), esas afirmaciones irrestrictas en torno a una sola tecnología revelan un sentido de universalismo tecnológico, en el que la misma tecnología (sea internet, un teléfono celular, o, como en este caso, una *laptop* con fines globales) puede servir como una solución multifuncional y universalmente común para todos los usuarios. O como señala Eduardo Villanueva (2011), investigador peruano de la educación, acerca del enfoque globalmente reproducible y ubicuo del proyecto OLPC respecto de la tecnología: "[...] OLPC aún cree en el poder de una solución tecnológica que transformará realidades tan diversas como Afganistán o Uruguay".

Esa definición de tecnología trae a la memoria lo que los investigadores de estudios americanos Siva Vaidhyanathan (2006) y Carolyn de la Pena (2006) han caracterizado como un "tecno-fundamentalismo" sostenido entre diseñadores contemporáneos de nuevas tecnologías, quienes insisten en que cualquier problema humano (incluso los causados por la tecnología) se resuelven de mejor manera con tecnologías más nuevas. Pero mientras el discurso anterior opera infundiendo una fe en diversas tecnologías para presentar soluciones en determinados contextos sociales o culturales, en el otro, es una sola tecnología la que se define como la que sirve como una solución global y flexiblemente variante para un amplio espectro de problemas existentes. O como Negroponte (2010b) explica la promesa ilimitada del proyecto XO a los desarrolladores de tecnología global y diseñadores de políticas: "El acceso a una laptop o tablet conectada es la forma más rápida de permitir el aprendizaje universal".

Por supuesto, en los proyectos TIC para el desarrollo (ICT4D en inglés), como el proyecto OLPC, la pobreza y el subdesarrollo son los "problemas" globales persistentes que la tecnología resolverá. La rápida difusión internacional de diversos proyectos ICT4D (entre los más prominentes, el proyecto OLPC), así como las complejas coordinaciones y compromisos globales que se han orquestado entre amplias poblaciones de diseñadores de tecnología y responsables de su despliegue, evidencian el entusiasmo que rodea a la noción de universalismo tecnológico hoy en día. Lars Bo Andersen señala la diversa gama de entidades cuyas actividades están organizadas solo para el proyecto OLPC: estas entidades incluyen a representantes de MIT Media Lab, entre ellos el mismo Negroponte; actores de corporaciones norteamericanas y taiwanesas, como AMD, Brightstar, Google, Red Hat y Quanta Computer; socios estratégicos, como el Programa de las Naciones Unidas para el Desarrollo (PNUD); y ministerios de educación de naciones asociadas, ONG transnacionales y locales y escuelas locales (Anderson 2010). Reuniendo intereses tan diversos y multisectoriales (que atraviesan fácilmente las escalas internacionales, nacionales y regionales), los proyectos ICT4D se organizan a través de redes de actores distribuidos de modo global. Su coordinación presenta un universalismo tecnológico, no tanto como argumento o creencia, sino más como su propio hecho evidente (Latour 2010; Stengers 2007, 2011) Además, se trata de un hecho que, en una era posinternet que demanda la llegada de una red continua y una informática ubicua, obliga a la "conversión" (Stengers 2007) y aceptación de las partes con el fin de acceder a la "llave del futuro" y la promesa siempre creciente de conexión global. Mientras tanto, los no creyentes o escépticos pueden ser definidos como el *otro* por los defensores del progreso, personas obstinadamente mal informadas, atrasadas o simplemente desconectadas (Latour 2010).

No obstante, la "obligación de ser convertidos" por la promesa universalizadora de reformas modernas es una de las orientaciones "cosmopolíticas" que Isabelle Stengers (2007) nos pide reconsiderar. O más bien, nos pide que prestemos atención a los objetivos de "paz" y "consenso pacífico" como fin supuestamente conocido para el que "los referentes unificados causen la conversión" (Stengers 2007: 80). Bajo esos modos modernistas de intervención y reforma (desde la ciencia occidental hasta las modernas normas económicas políticas y neoliberales), Stengers señala que las respuestas pueden presentarse como universalizables, incluso antes de que se plantee una pregunta. Sin embargo, interrumpir la "respuesta" que la expansión tecnológica naturaliza, es exponer lo poco convincentes que son la "paz" y el consenso bajo esa superficie. Por ejemplo, es resaltar las vastas diferencias de poder y recursos de distintos tipos (sociales, económicos, culturales y materiales) que permanecen entre los diversos actores cuyos esfuerzos deben ser interconectados para sostener los proyectos TIC y cuyos compromisos deben ser asegurados para que surja la respuesta evidente de "extensión tecnológica", como sucede en la actualidad. Entonces, es sacar a la luz una gran cantidad de preguntas posibles, que no suelen plantearse, cuando se afirma que la respuesta tecnológica es un consenso "obvio": ¿qué pasa en el proceso de fabricación de dichas estabilizaciones?; ¿por qué se requieren esas condiciones para que la "paz" exista?; ¿qué debemos hacer con el malestar que implica la "conversión" de actores (o qué es lo que se pierde, olvida y deshace en el proceso?, ¿y por qué se debe arriesgar tanto para renunciar a lo desconocido?

Pues, resulta que la periferia se vuelve el lugar ideal para hacer una pausa y asumir esas interrogantes.

Tecnologías colaborativas y tecnologías nacionales

Una visita al sitio web del Ministerio de Educación del Perú (Minedu)[2] para su iniciativa nacional OLPC, hace evidente, incluso para alguien que lo visita por primera vez, su visión de universalismo tecnológico. Después de ingresar a la web a través de una página que presenta solo el perfil de un joven estudiante con la mirada fija en la pantalla de una *laptop* XO, los visitantes pueden hacer *click* en el *link* "Testimonios", que lleva a otra página que recopila los testimonios de varios otros usuarios de las recién implementadas *laptops* XO. La página presenta una selección de nueve fotos de estudiantes rurales con citas junto a cada uno (etiquetadas como *testimonios*, aunque ninguna se atribuye a una persona específica). Junto a una foto de dos chicas sentadas en una pendiente cubierta de hierba con una XO sobre las piernas y una solitaria cabra suelta en el fondo, aparece la frase: "Hoy soñamos con un futuro, mañana lo conseguiremos". Junto a otra imagen, en la que una estudiante aparece sentada en una clase trabajando con la XO, aparece otra frase: "Hoy descubro, mañana innovo". Y junto a la última imagen de la sección de "Testimonios", una foto de siete sonrientes niños sosteniendo las *laptops* XO sobre sus cabezas, aparece la frase: "Hoy tenemos nuestra OLPC, estamos preparados para el futuro". La página de testimonios anónimos no brinda mayor información acerca del lugar en que se tomaron las fotos o de cuándo se registraron esas palabras (algo muy curioso, teniendo en cuenta la gran inversión en el programa). Según los informes, se gastó unos 82 millones de dólares (80 millones en *hardware* y apenas dos millones en capacitación a profesores) para comprar los cientos de miles de *laptops* XO para estudiantes de primaria de todo el país (Talbot 2008).

---

2. Véase la página web del proyecto OLPC del Ministerio de Educación: <http://www.perueduca.edu.pe/olpc/OLPC_Home.html>.

La promoción de cambios que permitirían a los estudiantes rurales acceder a un "futuro" al que en otras condiciones no podrían, ha sido impulsada por el ministerio desde que comenzaron los primeros despliegues del programa OLPC en 2007. En ese entonces, el proyecto había comenzado como un pequeño programa piloto en Arahuay, un pueblo de unos 740 habitantes a cuatro horas de Lima, en donde la mayoría de familias trabaja en el campo para subsistir (cultivando paltas y chirimoyas, entre otros productos agrícolas). Aunque se podría haber elegido una serie de sitios piloto, el ministerio enfatizó su interés en priorizar a los estudiantes más desfavorecidos del país para asegurar que podrían recibir "por igual" las mismas oportunidades educativas de "calidad" con que cuentan otros estudiantes. Como explica el programa en su sitio web:

> El Programa Una Laptop por Niño responde a la demanda de calidad educativa y de equidad a través de la integración de las tecnologías de información y comunicación (TIC) en el proceso educativo desde la identidad nacional, en especial, en aquellas zonas con mayor índice de pobreza, altas tasas de analfabetismo, exclusión social, dispersión de la población y bajas tasas de concentración de población escolar, para contribuir a la equidad educativa en las áreas rurales. El programa busca mejorar la calidad de la educación, para lo cual se va a modernizar y potenciar el rol de sus docentes.

Óscar Becerra, jefe de tecnología educativa del Ministerio de Educación y encargado de la implementación del OLPC, habló con un reportero de *MIT Technology Review* a mediados del año 2008, meses antes de que el programa piloto se expandiera a escala nacional. Aunque no se habían hecho estudios oficiales sobre los resultados del programa piloto, y aunque muchos de los primeros informes de prensa acerca del proyecto recalcaban que aún no quedaba muy claro qué beneficios había traído o qué se esperaba obtener (*The Economist* 2008; Paul 2008, 2009; Vota 2009), ya se estaba llevando a cabo una rápida expansión. A fines del año siguiente, unas 400.000 XO fueron distribuidas en 9000 escuelas rurales de todo el país. Y Becerra, con un doctorado en sicología y un grado de bachiller en física, remarcaba que la expansión del proyecto permitiría a los niños de zonas rurales la libertad, no solo de imaginar su propio "futuro", sino de elegir un futuro por sí mismos:

> Nuestra esperanza es que ese estudiante tenga esperanzas. Les estamos dando la oportunidad de buscar un futuro diferente. Estos niños que no tenían ninguna expectativa acerca de la vida, que no fuera volverse agricultores, ahora pueden pensar en ser ingenieros, en diseñar computadoras, ser profesores, como lo haría cualquier otro niño del mundo. (Talbot 2008)

Becerra, que también había trabajado durante 22 años en IBM como jefe del segmento educativo para América Latina, tenía experiencia en conectar las ambiciones locales y particulares de los niños de comunidades peruanas rurales con la ambición universalizable de "cualquier otro niño". Y al hablar con periodistas extranjeros, concilió los problemas comunes afrontados a escalas local y global al señalar que la "crisis global de la educación" era el catalizador de la demanda de iniciativas como la del proyecto OLPC en todo el mundo (Bakk-Hansen 2008).

Sin embargo, a pesar de esas conexiones globales, no hay duda de que los problemas particulares del país también influían en la considerable inversión de Perú en el programa OLPC y en su compromiso con un despliegue de *laptops* XO mayor que el de otros países asociados (a pesar, otra vez, de la falta de datos acerca de su uso a pequeña o gran escala). Los funcionarios del Ministerio de Educación inmediatamente aludieron al penúltimo puesto de Perú en matemáticas y ciencias a nivel de educación primaria (puesto 130 de 131 países), en un sondeo realizado por el Foro Económico Mundial en 2007, al momento de explicar la necesidad de buscar soluciones rápidas e inmediatas para la educación, como las que ofrecía la *laptop* XO. Los primeros años del programa piloto OLPC también coincidieron con la fuerte promoción por parte del ministerio de una muy controvertida norma, la Ley de Carrera Pública Magisterial, uno de los muy laureados logros educativos del saliente gobierno del presidente Alan García, que sería la base de los ascensos y retenciones de profesores en las evaluaciones nacionales. Y aunque al inicio los funcionarios del Estado tuvieron cuidado de no acusar abiertamente a los 320.000 profesores públicos del bajo nivel educativo del país o de la "crisis" que requería inversiones en programas como el de OLPC –pese a que unos 60.000 docentes ya habían tomado las calles en protesta contra la ley, deteniendo las clases durante semanas en 2007–, una vez que la norma fue aprobada, fueron mucho menos discretos (*Andean Currents* 2007, Peru Support Group 2007).

En entrevistas recientes, Becerra se refería enfáticamente a los objetivos compartidos por el proyecto OLPC y la Ley de Carrera Pública Magisterial. En un suplemento patrocinado por el programa OLPC, publicado en el periódico *El Comercio* en enero de 2011, recalcó lo que esto significaba para la posición global de Perú y que no había tiempo que perder:

> Se sabe que la educación pública en Perú es de baja calidad [...] El problema fundamental es que un sistema de educativo no puede mejorar si los profesores no lo hacen. Los países líderes en educación tienen profesores que tienen los mejores resultados en exámenes internacionales. Esto es lo que el Perú mejorará a través de su nueva Ley de Carrera Pública de la Magistratura. Pero este proceso tomará 10 años. Y mientras tanto, ¿qué haremos con los niños? (*El Comercio*, enero de 2011)

Definir a los 320.000 profesores públicos de Perú como el principal obstáculo para la reforma de la educación y para los futuros globales de los alumnos es una idea que circuló antes del surgimiento del proyecto XO en la escena educativa nacional. El énfasis en que los profesores eran los responsables de mejorar continuamente sus capacidades y el fuerte escrutinio público al que se los sometió eran algo que ya tenían en cuenta quienes trabajaban en provincia en la época en que miles de *laptops* XO comenzaron a llegar. Y estaban entre las críticas que el sindicato nacional de profesores, el SUTEP, hacía al Estado cuando comenzó a organizarse una protesta nacional que duró un mes contra la Ley de Carrera Pública Magisterial en 2007.

Sin embargo, a medida que el Ministerio de Educación avanzaba en la distribución de cientos de miles de *laptops* XO en todo el país, los profesores públicos comenzaron a cuestionar activamente si lo que había que evaluar era la preparación del ministerio en tecnología. Aunque las *laptops* estaban llegando a provincias, y aunque se aseguraba que el ministerio pronto organizaría un seminario de capacitación, las XO llegaron con pocos materiales, instrucciones o guías para integrarlas a las aulas rurales o al currículo escolar. Preguntándose cómo pensaban los gobiernos locales y nacionales redefinir sus roles y presencia en las provincias (particularmente en las comunidades) para preparar a profesores, estudiantes y familias en la integración de esas nuevas herramientas digitales a la vida comunal, los profesores locales comenzaron a organizar eventos en los que abordaban la planificación y el contenido curricular y la capacitación del profesor en relación con las *laptops* XO. Los profesores de colegios públicos de Puno extendieron la invitación inicial a los tecnólogos y artistas de Escuelab para que les ayudaran a planificar tres talleres tecnológicos (organizados sin la ayuda del Ministerio de Educación) en 2009, 2010 y 2011. El taller de 2011 reunió a unos 400 asistentes para un evento de una semana de duración en el que las presentaciones estuvieron a cargo de profesores, tecnólogos y miembros de Escuelab (de Perú, Bolivia, Argentina, Ecuador, España, Dinamarca y los Estados Unidos), y trataron temas que incluían el cine indígena en la educación, la transmisión web en vivo para la comunidad y el *software* de fuente abierta para las *laptops* XO.[3]

Entre los expositores se encontraba Eleazar Pacho, de 27 años, director y profesor de un pequeño colegio nacional en Lacachi, un pueblo al sur de la ciudad Puno, cuyos 42 estudiantes estaban entre los destinatarios de las computadoras XO en la región en 2009. Pacho y tres colegas suyos viajaban casi cuatro horas diarias desde Puno para llegar al colegio. Aunque a Lacachi se accede principalmente en combis que circulan por trochas, el colegio se había ganado la reputación de ser uno de los despliegues más exitosos de

---

3. Véase la página web del "II Congreso Internacional SugarCamp Puno 2011 – Amtawi Digital": <http://escuelab.org/category/tags-etiquetas/puno>.

laptops XO en la región, un lugar donde profesores y estudiantes ya las usaban rutinariamente en clase. Por eso fue seleccionado como el colegio que se uniría a los artistas de Escuelab para un proyecto conducido en simultáneo con las actividades del taller en Puno sobre los medios digitales y la expresión juvenil indígena. Y la audiencia, compuesta principalmente por profesores de toda la región y por algunos funcionarios del gobierno local y representantes de compañías informáticas extranjeras, estaba ansiosa de escuchar su historia.

En su presentación, Pacho rememoró la sorprendente llegada de las *laptops* a la región y cómo habían aparecido sin previo aviso, discusión o debate. Según contó: "[...] cuando llegaron, no había otra opción que aceptarlas [...] Aunque cuando nos dieron las computadoras, realmente era una responsabilidad más, aparte de todas las funciones cotidianas que tenemos como profesores, y nunca habíamos sido capacitados para enseñar con esas herramientas antes". Remarcó la curiosa convicción con que las XO fueron desplegadas, a pesar de la falta de preparación, capacitación o discusión previas sobre estas nuevas herramientas, y pidió a la audiencia reflexionar si esa seguridad estaba garantizada: "No quiero decir que fue una mala idea [...] Nos dijeron que la XO era la solución para la educación. Creo que la deberían haber redefinido, porque ha habido muchas nuevas intervenciones del gobierno en educación, y hasta ahora, nada ha mejorado".

No obstante, relató la vívida emoción que él y sus colegas de Lacachi sintieron cuando recibieron la noticia de que cada uno tendría su propia XO y de que el Ministerio de Educación los capacitaría durante una semana:

> Recuerdo el día en que nos iban a dar las XO, que era un lunes justo antes de que comenzara nuestra capacitación. Y que los otros tres profesores de Lacachi y yo estábamos muy emocionados. No teníamos *laptops* propias en ese entonces, en el 2009. Y estábamos tan emocionados que lo primero que queríamos hacer con ellas era abrirlas y estudiarlas, así estaríamos preparados para la sesión de capacitación.

Pacho recordaba que comenzó inmediatamente a buscar manuales de usuario de XO en internet para compartirlos con sus colegas, y comentaba con orgullo que él y sus colegas empezaron a experimentar con la función del chat de XO antes de que comenzara el taller de capacitación:

> Comenzamos a probarlo entre los tres casi inmediatamente [...] para que cuando tuviéramos las clases que había preparado el Ministerio de Educación, pudiéramos chatear entre nosotros. Recuerdo que asistimos a la capacitación y cuando llegó la hora del almuerzo, un colega me dijo por el chat que teníamos que dejar la clase entonces para irnos a almorzar. Yo le respondí: "¿Ya?". Así que ya podíamos compartir este tipo de comunicación al inicio de la capacitación del ministerio.

En su presentación, subrayó los diversos programas y usos para las XO en la enseñanza primaria que ya estaban siendo explorados en Lacachi. Y se preguntaba en voz alta por qué, dadas las grandes inversiones del Estado en el programa, no se habían reservado también más recursos para capacitar a profesores, desarrollar herramientas pedagógicas y coordinar la extensión y distribución de esas herramientas. "Con todo respeto a los organizadores del programa OLPC, no hemos tenido suficiente capacitación respecto a las XO. Cuando las *laptops* llegaron en 2009, tuvimos una semana de capacitación que fue muy productiva, pero desde entonces, a nivel institucional y a nivel general en Puno, no ha habido otra". Agregó que muchos profesores estaban innovando ingeniosamente nuevas aplicaciones, usos y materiales para las XO en sus aulas, pero que esos admirables esfuerzos parecían haber sido casi completamente ignorados. Y se preguntó también, por qué no se hacía más para coordinar el trabajo de dichos profesores, como si el objetivo final hubiera sido solamente la distribución de las *laptops*:

> Yo sé que hay muchos profesores que manejan estas XO muy bien, personas que han tenido experiencias positivas con su uso. Creo que deberíamos encontrar y reunir a estas personas, no solo decirles

> "júntense para que puedan acabar este trabajo por mí", como si fuera un deber más, sino más bien con algún tipo de incentivo para ellos, más capacitación o un certificado o un plan, quizás [...] para que puedan formar un núcleo central y ayudar a otros en otros contextos.

A pesar de las críticas de Pacho, el trabajo de Lacachi alrededor de las XO es sin duda un testimonio del exitoso despliegue inicial de estas herramientas en el ámbito rural de Perú. En pleno Altiplano, a medio kilómetro del camino transitable más cercano, y después de cruzar un río, el colegio de Lacachi no había recibido muchos visitantes de fuera antes de la llegada de las XO. Aun así, era evidente que estos 42 estudiantes habían invertido bastante tiempo en sus XO. En una visita al colegio en abril de 2011, se podía ver a los alumnos llegar caminando a clases, cada uno cargando su *laptop* y algunos haciendo sonar archivos mp3. Los discos duros de las *laptops* estaban llenos de fotos digitales antiguas tomadas para tareas de clases anteriores, y los padres de los estudiantes pasaban por las aulas para ver cómo se estaban utilizando las nuevas tecnologías. Sin embargo, sorprendentemente, Pacho no le dedicó mucho tiempo a esos logros durante su exposición en el congreso SugarCamp. Más bien, enfatizó las cada vez más numerosas preguntas sin responder generadas por la distribución de las XO por parte del Estado y el marco general del proyecto OLPC, y cómo las condiciones que enfrentaban los profesores, estudiantes y las comunidades locales aún parecían ser ampliamente ignoradas, a pesar de que el ministerio presentaba a las nuevas tecnologías como soluciones para el problema "global" de la educación.

Sus educadas disculpas a la audiencia y a los funcionarios del ministerio por "quizás" haberlos ofendido, delataban que era consciente de que sus palabras interrumpían el mensaje dominante que el Estado quería que las escuelas asociadas locales repitieran. Si le preocupaba desconcertar a alguien con estas preguntas, o perturbar algún interés de la audiencia o la imagen de consenso que el Estado buscaba promover, no hace ninguna mención de ello, y no por eso se detiene. Cuando acabó su presentación, se sentó a mi lado. Y se inclinó solo para decirme: "Esta ha sido mi primera charla frente a una gran audiencia".

"No hagas nada" o "asóciate": pregonando la conversión global

Desde su inicio, la promoción del programa OLPC no fue modesta. Nicholas Negroponte, presidente de la Fundación OLPC, que ya había ganado popularidad por ser el fundador del Media Lab del MIT y el inversor inicial de la revista *Wired* al momento de su lanzamiento, no tardó en compartir su visión global y su celo marcadamente apostólico por el proyecto (Fouche 2012). En el debut de las *laptops* XO en la Cumbre Mundial sobre la Sociedad de la Información en Túnez en 2005, predijo audazmente que se distribuirían unas 100 a 150 millones de *laptops* XO en el mundo en 2008. Refrendando esas ambiciones expansivas, Kofi Annan dijo que la máquina era "inspiradora" y "una expresión de la solidaridad global" (Twist 2005), elogio que obtuvo al instante titulares internacionales después de que Annan demostrara que las *laptops* XO podían encenderse con una manivela ante una audiencia extasiada de creadores de políticas internacionales.

Esas afirmaciones presuntuosas, llenas del descarado utopismo tecnológico característico de Negroponte, dieron lugar a un considerable escrutinio y una crítica (se puede decir que bien merecida), cuando las *laptops* XO no alcanzaron sus elevadas expectativas. A fines de 2010, solo 2 millones de unidades habían sido distribuidas (Negroponte 2010b). Aunque habían sido implementadas en 40 países distintos, solo dos países (Perú y Uruguay) se habían comprometido con más de 250.000 unidades, el mínimo requerido inicialmente por la fundación (Anderson 2010, Warschauer y Ames 2010). Y solo Perú (que buscaba tener más de 800.000 unidades en circulación para 2011) se acercaba al millón de unidades que la fundación originalmente exigía como mínimo cuando el proyecto fue lanzado en 2005.

Las explicaciones para los aleccionadores resultados del proyecto comenzaron a difundirse (Derndorfer 2010; Paul 2010; Santiago et ál. 2010; Toyama 2010, 2011; Villanueva 2011; Warschauer y Ames 2010). Se remarcó mucho el hecho de no haber alcanzado el tan mentado hito de 100 dólares, la falta de estabilidad y el mal diseño de algunas características del *hardware* (incluidos el *mouse*, el teclado y la manivela), y la incapacidad de la Fundación OLPC de Estados Unidos para trabajar seriamente con socios gubernamentales nacionales. Los estudios académicos decían que el inquebrantable "tecno-determinismo" de Negroponte (Toyama 2010, 2011; Warschauer y Ames 2010) hacía que se negara a aprender de las lecciones que ofrecían las implementaciones locales. Negroponte había sido durante mucho tiempo defensor del modelo construccionista de aprendizaje de Seymour Papert, que consideraba que los niños tenían capacidades innatas para enseñarse a sí mismos. Por lo tanto, insistía en que las computadoras podían permitir a todos los niños autoeducarse sin ser limitados por los colegios y los profesores, y desestimaba la necesidad de invertir tiempo o recursos en el monitoreo y evaluación formal de los despliegues OLPC.

En septiembre de 2009, en un foro patrocinado por el Banco Interamericano de Desarrollo, Negroponte le dijo a la audiencia de planificadores y desarrolladores de políticas:

> Imagínense que les digo "tengo una tecnología que va a cambiar la calidad de vida". Y luego les digo: "Lo correcto sería implementar un proyecto piloto para probar mi tecnología. Y una vez que ese piloto haya estado funcionando por un tiempo, ir y medir muy cuidadosamente los beneficios" [...] Todo esto suena muy razonable hasta que les digo que esa tecnología es la electricidad, y ustedes me dicen: "Espera, no tienes que hacerlo". Tampoco hay necesidad de hacerlo con las *laptops* ni con el aprendizaje. El hecho de que alguien en la sala diga que el impacto no está claro es para mí sorprendente, increíblemente sorprendente [...] Solo hay una pregunta sobre la mesa y es ¿cómo lo vamos a pagar? [...] no hay otra pregunta. (Negroponte 2009)

Negroponte también se mantuvo firme un año más tarde cuando reaccionó a la crítica publicada en el *Boston Review* sobre los proyectos ICT4D, entre ellos el programa OLPC. Con un tono impaciente debido a los continuos pedidos de datos más completos que apoyaran sus afirmaciones, Negroponte escribió:

> En la visión del programa OLPC, los niños no son solo objetos de enseñanza, sino agentes de cambio. Muchos de nuestros niños enseñan a sus padres a leer y a escribir. No tengo una mejor historia que contar [...] El programa OLPC activa en todas las comunidades el desarrollo de capacidades. Las laptops llegan y aparecen personas que alquilan los generadores, o de repente, como en Ruanda, la escuela recibe conexión eléctrica. En Perú y Paraguay, han comenzado a aparecer desarrolladores de software locales e independientes y tiendas de reparaciones. Las laptops hacen que los niños, sus familias, sus profesores y los gobiernos piensen en nuevas trayectorias cada día. (Negroponte 2010a)[4]

Ciertamente, en los últimos meses, la determinación apostólica (y la receptividad pública) en torno al programa OLPC parece solo haberse intensificado, a pesar de las crecientes críticas. Durante la Conferencia TEDx de 2011 en Río de Janeiro, ante un auditorio compuesto por unos 800 asistentes y con 7000 espectadores viendo el evento por internet, el colombiano Rodrigo Arboleda, presidente de la Asociación OLPC (y excompañero de clase de Negroponte en la Facultad de Arquitectura del MIT), remarcó la urgencia de enfrentar lo que él llama una "epidemia" global de falta de preparación educativa (Klein 2011). Mientras aparecían imágenes en blanco y negro de pacientes en camas de hospitales en una pantalla detrás de él, Arboleda elogió al programa OLPC como una "vacuna contra la ignorancia", citando las palabras que el expresidente de Uruguay, Tabaré Vásquez, usó para referirse a las computadoras XO que dieron forma al despliegue nacional en ese país. Después, elogiando la audacia del programa uruguayo para distribuir 500.000 *laptops* XO, una para cada estudiante escolar del país, Arboleda (2011) lanzó un "desafío global a todos los gobiernos para poner *laptops* en las manos de cada niño del mundo", declarando que "los recursos están ahí. Lo que se necesita es la voluntad política de hacerlo".

---

4. Traducción para este libro.

A pesar de que su crecimiento fue más lento de lo planificado, los líderes del proyecto OLPC mantenían una convicción inamovible acerca de su extensión, lo cual merecía un análisis. Si bien el número de asociaciones con gobiernos que la OLPC ha conseguido a la fecha no se acerca a sus metas originales, la cantidad de asociaciones no gubernamentales que ha promovido en los seis años desde su lanzamiento original ha sido considerablemente más impresionante, además del crecimiento de comunidades de desarrolladores de *software* y *hardware* voluntarios en torno a las computadoras XO. Las comunidades OLPC enfocadas en los despliegues educativos se han expandido ahora a seis continentes en once idiomas distintos, con unas 35 colaboraciones establecidas con instituciones educativas y universidades de los Estados Unidos, muchas de las cuales administraban modestos despliegues internacionales de proyectos XO en programas OLPC voluntarios. (Entre ellos, un proyecto lanzado por la Universidad de Pensilvania en Camerún, otro de la UC Berkeley en Uganda, y un proyecto conjunto de la Universidad de Harvard y el MIT en Namibia). Los promotores también han estado detrás del lanzamiento de 16 sitios web específicos para distintos países (bajo nombres como OLPC Brasil y OLPC Francia), con el fin de organizar esfuerzos específicos en cada país (que representan aproximadamente el 50% del total de 34 países en los que se distribuyen las *laptops* XO), ocho sitios web de "comunidades de aprendizaje" enfocadas en lo pedagógico, y cuatro sitios web de noticias independientes sobre el proyecto OLPC.

De hecho, las comunidades de voluntarios para el desarrollo de *software* y *hardware* han experimentado una rápida proliferación. Coincidiendo, de modo significativo, con comunidades establecidas que crecieron en torno a varias aplicaciones educativas FLOSS instaladas en todas las XO, más de 110 codificadores han contribuido al sistema operativo "Sugar" para XO, y cientos más han ayudado a realizar traducciones de su interface a más de 120 idiomas diferentes. Esta dedicación entusiasta fue visible durante la reciente conferencia EduJam,[5] que se centró en el desarrollo del *software*

---

5. Véase la página web en inglés de EduJam: <http://ceibaljam.org/edujam2011en>.

Sugar y reunió a más de 80 voluntarios de más de una docena de distintos países de América, Europa, Asia y África, para el evento en Montevideo, Uruguay, en mayo de 2011. Aunque había pocos profesores de colegios públicos presentes y ninguno de ellos fue expositor, otros desarrolladores "célebres" en la comunidad XO (entre ellos, el director del Media Lab del MIT, Walter Bender, y el jefe de diseño de *software* del programa OLPC, Chris Ball) fueron presentados como expositores principales durante el evento de tres días de duración. Esa habilidad para reunir esfuerzos y extender asociaciones colaborativas no solo es parte esencial de lo que ha permitido al programa OLPC alcanzar la visibilidad global y el impulso con los que cuenta, sino que, según los mismos representantes del programa OLPC, es clave para la productividad del proyecto y para su capacidad de enfrentar una "epidemia de ignorancia". Como dijo Arboleda (2011) a la audiencia de casi 8000 personas en Río:[6] "Podemos no hacer nada *o* podemos crear asociaciones entre el sector público, el sector privado y las ONG, y podemos distribuir *laptops* XO en cantidades masivas".

Sin embargo, sus críticos subrayan el trabajo tenaz y persuasivo de dicho enfoque del programa OLPC y la urgencia de su misión tecnológicamente salvadora (Morozov 2010a, 2010b; Toyama 2010, 2011). Dada su gran habilidad para reclutar a nuevos participantes para el proyecto (y las crecientes inversiones de trabajo y recursos que se reúnen en los distintos sitios globales para tratar una "epidemia" de ignorancia), el "utopismo tecnológico" de la solución OLPC, como escribe Evgeny Morozov (2010b), parece que casi "ha llegado para quedarse". Ciertamente, la definición del campo de acción posible como una elección entre "no hacer nada" o "asociarse" fue un llamamiento lanzado a través de la red del programa OLPC al que los actores locales y los participantes del proyecto saben que están sujetos.

---

6. La audiencia de Arboleda para esta charla en particular es, de hecho, muchas veces más grande. Se reportó que la charla de Río se volvió viral en internet y su popularidad lo ha convertido desde entonces en un expositor usual del circuito internacional TEDTalk, impartiendo la misma charla a audiencias en vivo en Miami y Bruselas.

Sdenka Salas, profesora de una escuela pública de Puno y una de las principales organizadoras de los talleres para profesores sobre las XO en 2010 y en 2011, recuerda la certeza con la que se describía las reformas que el programa OLPC llevaría a las escuelas en la provincia hace algunos años. Salas había obtenido cierto reconocimiento en los últimos años en algunas comunidades internacionales de programación educativa, principalmente por sus esfuerzos voluntarios en torno a las XO. Sin embargo, su trabajo para construir proyectos tecnológicos localizados en Puno, ya había comenzado antes de que la provincia recibiera unas 800 XO en 2010. Varios años antes, había ayudado a formar un equipo de profesores del lugar, estudiantes activistas FLOSS y trabajadores del sector público, que trabajaron como voluntarios para crear centros informáticos basados en el *software* libre en escuelas locales (se los llegó a implementar en tres de los principales colegios públicos). Con la llegada de las XO, comenzaron a centrar su trabajo en localizar el programa OLPC en el contexto cultural de la región, organizando a la juventud del área para que ayudara a traducir al quechua y aymara el *software* y la interface de las *laptops*, y preparando la primera conferencia rural para voluntarios, que reunió a una comunidad global de *hackers* y tecnólogos, así como a varios profesores de colegios públicos de toda la región, en Puno, en 2010.

A pedido del ministro de Educación, Salas se encargó de un proyecto sin remuneración para preparar un manual del usuario para las XO, dirigido a los profesores locales. El manual de cien páginas, en cuya portada aparecía la imagen de un joven con chullo y poncho sosteniendo una *laptop* XO, fue el primero preparado en español. Además de indicar cómo usar las funciones básicas de la XO, incluidas la conexión en red, la grabación de videos y la ejecución de aplicaciones básicas, el manual sugiere pautas para clases elaboradas en torno a las costumbres y la identidad de la comunidad local, entre ellas "promover las costumbres de nuestra comunidad", "describir las principales actividades económicas de nuestra comunidad" y "reconocer los instrumentos musicales nativos". Fue ese texto, el primer manual del usuario de la XO dirigido a profesores que se escribió, lo que le valió a Salas cierto reconocimiento fuera de Puno. Desde su primera publicación en abril de 2009, ha sido traducido al inglés, francés y árabe, y las copias digitales se encuentran disponibles en las páginas web del Ministerio de Educación y la Fundación OLPC. Sin embargo, Salas dice que no tenía idea del revuelo que el libro ocasionaría ni de la atención global que generaría:

> El objetivo era poner material en manos de otros profesores. Y la sorpresa fue que no había otros materiales a nivel global como este. Es por eso que otros colegas que trabajaban en universidades de Estados Unidos insistieron en que fuera traducido al inglés [...] y yo estaba encantada con eso, porque era algo que se hizo pensando en los profesores, los profesores de acá, de Puno, para mi gente, pero resultó que era útil en otros lugares.

Reflexionando acerca de su disposición para asumir el proyecto, a pesar de que le exigieron terminarlo en solo un mes, Salas, que tenía capacitación como ingeniera estadística, remarca que se sentía cómoda hablando con tecnólogos y profesores por igual. Ella considera que es necesaria una mayor convergencia en habilidades y entendimiento entre las comunidades de diseñadores de tecnologías educativas y sus implementadores clave, por lo que subraya:

> [...] la mayor dificultad es que los técnicos están a un lado y los profesores y maestros están al otro lado. ¿Dónde va a haber una integración, una unión? [...] Por eso es que armé el libro. Sé lo que un profesor necesita y podría agregar la parte tecnológica [...] Pero lo que vemos, en muchas comunidades de *software* libre, es técnicos en un lado y profesores en otro. Resolver esto requiere mucha buena comunicación.

Recordaba haberse vuelto cada vez más consciente de la necesidad de una mayor comunicación entre esas comunidades profesionales durante las conferencias educativas a las que asistió ese mismo año, cuando su énfasis en la distribución local de las XO (en particular, en su uso entre comunidades rurales e indígenas) generó un inesperado interés en su trabajo. En 2009, durante una conferencia internacional para usuarios y desarrolladores de Squeak, una de las tantas aplicaciones de *software* libre instaladas en las XO, Salas fue la única participante que pudo tratar el tema de la distribución en comunidades indígenas y en escuelas rurales multilingües. Y recuerda su sorpresa al darse cuenta de que pocos de los demás participantes se habían dedicado a trabajar en contextos similares:

> Yo fui la única que presentó estudiantes que habían trabajado con la XO usando idiomas nativos y con niños de comunidades aymaras rurales [...] Así que todos en Brasil me preguntaban cómo nos iba en Perú con las XO. Incluso representantes de instituciones gubernamentales internacionales, que se acercaron a mí y me preguntaron cómo nos iba con tal o cual tema, y me di cuenta de que en verdad los demás tenían mucho interés en saber cómo nos iban con las nuevas tecnologías en las culturas andinas. Y yo simplemente no me había dado cuenta de eso antes, ya que para nosotros, es parte de nuestro entorno natural. Pero para otros lugares, era diferente.

Salas conversa conmigo en el patio afuera del gimnasio de su colegio, mientras uno de sus colegas vigila la clase de educación física de sus alumnos. Está vestida cómodamente con ropa deportiva y me pide que vaya a conocer a sus estudiantes después de pasar aproximadamente una hora conversando conmigo sobre su trabajo en Puno. Su dedicación a la zona y al trabajo que lleva a cabo para establecer diálogos entre las comunidades de educadores y los tecnólogos (en toda la región y a escala global) es loable. Ella es una de las pocas profesoras locales que comúnmente asiste a conferencias internacionales sobre nuevas tecnologías educativas. Y me sorprende porque gracias a sus conexiones internacionales y el relativo éxito que su labor ha tenido entre los investigadores y profesores que trabajan con estas nuevas técnicas pedagógicas en el exterior, probablemente haya tenido alguna vez la oportunidad de dejar la región y mudarse al extranjero.

Tampoco parece completamente satisfecha con el trabajo que ha ayudado a coordinar en Puno, a pesar del gran entusiasmo que esta labor ha ayudado a generar y el revuelo publicitario global que ha rodeado al proyecto OLPC en general. Al hablar sobre el despliegue del proyecto en Puno, enfatiza que falta trabajar más en la construcción de asociaciones genuinamente colaborativas (y el respaldo a los valores que las comunidades de *software* libre mencionan tan frecuentemente, el trato no jerárquico y la apertura) entre las diferentes partes que participan en el despliegue local de las XO. Al reunir a culturas tecnológicas con culturas indígenas, oficinas gubernamentales nacionales con oficinas regionales, fundaciones transnacionales de tecnología y espacios de desarrollo con comunidades rurales, y académicos de primer mundo con profesores de zonas rurales, dichos proyectos resuelven las enormes divergencias en temas de acceso a recursos económicos, técnicos y sociales, energía y asuntos públicos, temas que, ciertamente, casi nunca se toman en cuenta. Y en un tono más reflexivo, señala con algo de frustración que, muy frecuentemente, la creación de colaboraciones y el aprendizaje y valoración de las contribuciones de los socios locales (especialmente rurales) enmarcados como periféricos, han sido considerados como algo que no se necesita tratar o quizás como algo que ya ha sido tratado de forma adecuada, cuando en realidad, según ella, solo ha empezado a revelarse.

Con respecto a la vieja costumbre del Ministerio de Educación de definir las tecnologías digitales como la "solución" al asunto de las reformas educativas, Salas señala:

> Lo que pasa es que pensaron, que al igual que con otras iniciativas educativas digitales, que solo tenían que comprar las máquinas y que ocurriría un *milagro*. Fue un error ver el programa OLPC como si el aprendizaje surgiría de alguna forma espontánea. Si emerge espontáneamente, sucede a través del entusiasmo y orientación de un instructor.

Sin embargo, Salas señala que el mismo "error" al definir las soluciones técnicas se reforzó con la red de desarrolladores tecnológicos del programa OLPC, quienes tampoco mostraron interés en el papel y el trabajo de los profesores locales y vieron la educación como una actividad que podía ser fácilmente dirigida con una tecnología bien diseñada:

> [...] las máquinas son solo un complemento, incluso cuando son de nivel más alto [...] las máquinas no pueden hacer cambios por sí mismas. Los cambios tienen que ocurrir a través de un profesor, y eso fue algo que también les dije a los representantes del programa OLPC que vinieron [...] un profesor no es una máquina. Un profesor es alguien que hace que algo suceda en el aula.

Agrega que a pesar de dicho desaliento, aún trabaja para defender otras formas de conocimiento local (particularmente de las comunidades aymara y quechua) como un factor que se puede integrar a los programas pedagógicos del OLPC.

> Les dije que tenemos conocimiento andino que nuestros abuelos nos transmitieron y que funciona, pero no por escrito [...] Y me dijeron que hay que apoyar esta hipótesis, esta teoría de lo andino con el método científico actual, y luego de eso podrían prestarle atención. La información ya existe. Pero esa es la barrera que viene con el "conocimiento". Si no tenemos universidades importantes, no publicamos artículos todo el tiempo, y estos no están escritos en inglés, no nos respetan.

Sin embargo, estas frustraciones no la han hecho desistir en sus esfuerzos por construir redes de conocimiento local con profesores y defensores de tecnología local en Puno, ni en sus esfuerzos por promocionar los resultados de su trabajo. Esas frustraciones no le impiden participar en redes globales de defensores y desarrolladores OLPC. E insiste en que tales encuentros de diferencias pueden también servir como oportunidades de aprendizaje para desarrolladores de tecnología internacionales y reformadores de la educación:

> Pueden querer que todos trabajen igual. Pero cada cultura asimila el material a su manera. Y tienes que respetar eso, construir puentes, y no decir solamente soy de Occidente y lo sé todo. Tienen que ser

> capaces de saber que tú también sabes. Ser humildes, o al menos más humildes [...] en lugar de asumir que estas personas son atrasadas o no saben nada. Ellos saben y saben mucho. Acerca de la calidad de vida y de ser humanos, incluso aunque sea un sentido de vida que no siempre es valorado.

De regreso a la sala municipal de conferencias de Puno, donde se realiza el proyecto de traducción del *software*, lo que llama la atención es la extraña mezcla de hojas de coca y computadoras dispersas sobre la mesa, en la cual trabajan colectivamente profesores puneños, ancianos quechuas y aymaras y jóvenes activistas y tecnólogos de Escuelab, provenientes de Europa y de toda América. Aunque el estado de ánimo de la sala es generalmente alegre, con los voluntarios trabajando en pequeños grupos de discusión, que bromean sobre la traducción extraña e imprecisa de términos entre español, quechua y aymara, no puedo evitar pensar en el sitio como un "involucramiento extraño". La definición de Anna Tsing (2004) señala un espacio en el que distintas fuerzas culturales, intereses sociales y cuerpos individuales se reúnen en una "zona de fricción cultural", en la que el consenso y la fácil respuesta de lo determinado nunca se dan por sentado como una forma de eliminar o disolver las diferencias, y más bien "[...] donde las palabras significan algo diferente para cada hablante al momento de hablar" (Tsing 2004: xi). Este término busca señalar la fricción que se ejerce simultáneamente con la extensión de atractivos "universales" (por ejemplo, el atractivo de la distribución universal de la tecnología) que pueden atraer y reclutar intereses diversos en encuentros potencializados, pero nunca disolver completamente las neutralidades, tensiones y debates asociados con tales actos que buscan lo universal.

De hecho, si los circuitos globales de desarrollo informático, en términos generales, y del programa OLPC específicamente, hubieran dependido del reclutamiento de socios para extender su proyecto, habrían buscado hacerlo de forma fluida, enfatizando la obviedad de la "respuesta" que ofrecen. Con la definición que han establecido entre "no hacer nada" o "asociarse y actuar" a través de la distribución tecnológica, el trabajo de expandir asociaciones (y con ello, actos de conversión) se muestra como algo obvio. Sin embargo, los actores locales que participaron en los despliegues regionales del programa OLPC saben lo frágiles que pueden ser esas apariencias. Junto con las diferencias de poder, recursos e interpretaciones que persisten en la red de colaboración, insisten en romper e interrumpir las operaciones dadas de extensión digital para expresarse a través de los distintos "factores desconocidos" que aún rodean el despliegue de proyectos tecnológicos globales, como el programa OLPC, haciendo las preguntas que, a pesar de los diversos intereses reunidos en torno a las amplias y complejas redes, por alguna razón permanecen sin respuesta.

Después de todo, en el ritual de *despacho* en el que Rodríguez y sus compañeros del taller de traducción participan colectivamente, nada asegura el inevitable o evidente impulso hacia el progreso de la tecnología de la información. Sin embargo, tampoco hay un llamado a ampliar la desconexión. Más bien el ritual hace referencia a la contingencia y la incertidumbre y a la necesidad de orientación del pasado para entrar en una relación con los futuros tecnológicos. Horas después de la ceremonia, Rodríguez hizo énfasis en esto, al decirme que, como él lo ve, el cambio tecnológico y sus complicaciones relacionadas son cosas que su propia comunidad, y otras como la suya en la región, tendrán que enfrentar: "Literalmente, ya sabemos que va a llegar [...] Ya está aquí". No obstante, Rodríguez describe la conexión formada entre distintas temporalidades y la necesidad de reunirlas para cultivar un espacio de consideración mutua frente a la incertidumbre futura:

> Como andinos, para nuestras comunidades [...] la coca es un símbolo de reconocimiento a nuestros ancestros. Para comenzar una tarea [...] hay que agradecer a la Pachamama y así [...] siempre empezamos las actividades con hojas de coca que nos permiten llamar a los espíritus, agradecerles y pedir permiso, para que las actividades salgan bien.

Uno de los principales coordinadores del taller, Aymar Ccopacatty Pike, artista visual aymara de Escuelab, de 34 años, nacido en los Estados Unidos, coincide con este sentimiento. Ccopacatty, que aprendió aymara cuando volvía a Puno en su infancia y pasaba veranos al lado de su abuela, recuerda haber visto esos rituales de ofrenda. Describiendo la ceremonia, dice:

> Se trataba del tiempo y el espacio, sobre pedir permiso [...] y sobre la esencia, del espíritu de los ancestros para seguir adelante. Porque la coca funciona como medio de comunicación del presente con el pasado, y para los aymaras, el futuro está en el pasado. Está detrás de nosotros, lo cual es un concepto muy circular, y el pasado es el presente.[7]

Tales definiciones alternativas resaltan el intento de redefinir la gramática y las culturas interpretativas que rodean a las tecnologías de la información a través de operaciones de interrupción. Se deben tener en cuenta precisamente por el esfuerzo que realizan para destacar los distintos niveles de trabajo que rodean a la estabilización del "hecho" de la expansión universalizante de la tecnología, y su intento de revelar que su futuro proyectado de extensión y progreso es cualquier cosa menos obvio, natural e inevitable. O como escribe Isabelle Stengers al describir el desafío cosmopolítico a los principios universales de la modernidad, esos momentos de interrupción nos abren la posibilidad de "[...] reinventar las preguntas sin importar el lugar donde hayamos sido convertidos para creer en el poder de las respuestas" (2007: 80).

En particular, las alternativas planteadas no buscan ir en contra de la idea de una conexión global ni plantean lo local y lo particular como antídotos a un "universal" definido de manera problemática. En este caso, no hay un intento de rechazar las nuevas tecnologías de la información o de presentarlas como el *otro* globalizador de los pueblos locales y las culturas nativas o minoritarias. Aprovechando distintos artefactos materiales y trabajando explícitamente para crear nuevas interfaces culturales, buscan más bien explorar la posibilidad de desarrollar modelos de interconexión en torno a la informática, por ejemplo, interconexiones que puedan considerar

7. La definición aymara de tiempo se ha convertido en el nuevo centro de atención de los científicos cognitivos y lingüistas. Para mayor información, véase, Núñez y Sweetser 2006, 30: 401-450.

las particularidades históricas y el contexto y tender una mano al pasado estableciendo, al mismo tiempo, un diálogo con el futuro, aunque sea de manera tentativa. Es aquí, en esas zonas recién forjadas, que los presuntos hechos determinados y el consenso del futuro universalizante de la tecnología pueden comenzar a perturbarse y, lentamente, quizás, a dar lugar a algo completamente inesperado.

Rodrigo Arboleda, presidente y director ejecutivo de la Fundación OLPC, hablando de los medios "para crear verdadera riqueza en el siglo XXI" en la conferencia TEDxKids de 2011 en Bruselas.

Conclusión: la función del autor digital

No hay evidencia de que las causas del rápido ascenso del universalismo digital en el Perú contemporáneo —como en cualquier otro lugar— pierdan fuerza en el corto plazo.

Esta idea pasa por mi mente mientras leo el nuevo encabezado que aparece en mi pantalla. Se trata de una edición en línea de la revista *Wired*, del año 2010: "Nicholas Negroponte de OLPC ayudará a la India a desarrollar una tablet de US$ 35" (Paul 2010). El anuncio resultaba inusual dado que la India había cancelado hacía unos pocos años sus planes de convertirse en el socio más grande del proyecto OLPC, y de que llegaba después de que el gobierno indio anunciara en 2009 que se asociaría con sus propias universidades para desarrollar una computadora de bajo costo para sus estudiantes (BBC 2009a, Ribiero 2008). En ese entonces, empezaron a circular en todo el mundo fotografías del ministro de comunicaciones y tecnología informática de la India, Kapil Sibal, sosteniendo orgullosamente un prototipo de la *tablet* táctil de siete pulgadas, con el texto: "La respuesta india a la computadora de US$ 100 del MIT". Y con los comentarios en la prensa tecnológica internacional acerca de su esperada fecha de lanzamiento antes de fines de 2011, esta computadora despertó una enorme expectativa nacional e incluso global (*Economic Times* 2010, Katz 2010, *Times of*

India 2011). Y esto, antes de que ningún estudiante tuviera en sus manos una de las *tablets*.

Por supuesto que esta computadora india está lejos de ser la única de bajo costo que ingresó al mercado educativo global en los últimos años. Cuando el fundador del Media Lab del MIT, Nicholas Negroponte, anunció por primera vez en la Cumbre Mundial sobre la Sociedad de la Información de 2005 sus planes de comenzar a desarrollar una *laptop* de 100 dólares, dirigida a niños en edad escolar de todo el mundo, la iniciativa fue elogiada como audaz, innovadora y una inspiración para diseñar proyectos informáticos educativos en contextos "en desarrollo". En menos de una década, un número cada vez mayor de proyectos comerciales y sin fines de lucro similares han sido presentados para desarrollar y proveer computadoras de bajo costo y baja demanda de energía en contextos educativos globales. En 2008, solo un año después de que comenzaran los primeros despliegues oficiales del proyecto OLPC, más de dos docenas de modelos habían sido lanzados en el mundo (lilputing.com 2008). El proyecto Classmate de Intel, que distribuyó 4 millones de *laptops* para estudiantes a un costo de entre 400 y 500 dólares la unidad a sus socios en India, Portugal, Argentina, Venezuela y Nigeria, ingresó como un competidor nuevo y altamente visible del proyecto OLPC (BBC 2008, Sniderman 2011). Sin embargo, actualmente están disponibles cientos de computadoras portátiles de bajo costo, incluidos modelos netbook diseñados por Dell, Hewlett-Packard, Acer y Asus (Kraemer, Dedrick y Sharma 2009; *Washington Post* 2011). Este rápido crecimiento de tecnología educativa de bajo costo conveniente para mercados globales, que habían sido considerados "mercados desatendidos" (James 2010: 382), es un impacto atribuido por los defensores y críticos del proyecto OLPC a dicha iniciativa (Charbonnier 2009, Gaines 2009). Como señala el economista especialista en desarrollo Jeffrey James (2010), al cuestionar la explosión de políticas nacionales que privilegian costosas compras en material informático en desmedro de otras potenciales inversiones educativas: "Para toda la atención que ha recibido en los últimos años, se pensaría que la idea de dar una *laptop* a cada escolar en los países en desarrollo había estado sujeta a un fuerte escrutinio. Lamentablemente, no fue así" (2010: 387).[1]

El "escolar de una nación en desarrollo" con una computadora portátil ha sido la imagen del proyecto OLPC que, desde sus inicios, más ha circulado a escala internacional. Las fotografías de niños en zonas rurales y remotas –que alguna vez estuvieron desvinculados del resto del planeta y atrapados en espacios que parecían haber sido dejados atrás en el tiempo, y que ahora cuentan por fin con relucientes *laptops* XO conectadas al mundo–, todavía acompañan con frecuencia los informes de prensa y conferencias del proyecto OLPC. En una nota publicada en la revista *Technology Review* del MIT en septiembre de 2012, Nicholas Negroponte señalaba los prometedores resultados de los más recientes experimentos que el proyecto OLPC había llevado a cabo, en el avance de una presentación en vivo que haría ante la Conferencia de Tecnologías Emergentes de 2012 (Negroponte 2012, Talbot 2012). En medio del resumen que hacía Negroponte sobre los nuevos despliegues del proyecto OLPC en Etiopía, a donde llegaron cajas con computadoras XO que se distribuyeron en zonas rurales remotas, aparecían imágenes de niños en aldeas áridas y polvorientas o sentados en chozas de paja, literalmente cautivados y con la mirada fija en sus XO. Ya fuera que esas fotografías fueran dirigidas a audiencias compuestas principalmente por ingenieros, diseñadores y legisladores, o al público en general, se presume que hacían evidente el poder esperanzador e inspirador (más que problemático) de la ingeniería y el deseo universal de soluciones y diseños tecnológicos.

El colombiano Rodrigo Arboleda, presidente y director ejecutivo de la Fundación OLPC, usualmente abre sus presentaciones acerca de la "misión" global del proyecto, con un video de tres minutos centrado en el programa en Uruguay. La grabación muestra a niños de colegios rurales dedicados a sus distintas actividades diarias con sus *laptops*: en clase, transitando por caminos de polvo, jugando en granjas o en pastizales abiertos.

1. Traducción para este libro.

En los últimos años, Arboleda, junto con representantes clave del proyecto OLPC, entre ellos Walter Bender y Nicholas Negroponte, han sido expositores habituales en el circuito internacional de conferencias TED (Technology Entertainment Design), reconocidas por atraer a una multitud de especialistas en tecnología, profesionales globales, planificadores y empresarios. En la conferencia TED de 2011 en Bruselas, después de mostrar el video acerca del programa uruguayo, Arboleda le recordó a la audiencia el compromiso del proyecto con la inclusión universal: "El desafío es no excluir a las personas y hacer que cada niño de escuela primaria en el tercer mundo tenga las mismas oportunidades y acceso a conocimiento en la misma cantidad y calidad que los niños más privilegiados de New York, Tokio, Berlín o Bruselas. ¡Ese es el reto!".[2] Ciertamente, Arboleda había hecho declaraciones similares en anteriores conferencias TED en Río de Janeiro y Miami. Caminando de un lado a otro sobre el elevado escenario, frente a imágenes de estudiantes sudamericanos cargando sus computadoras XO en espacios rurales, Arboleda advertía a su audiencia cosmopolita en Bruselas que el destino de las economías del "tercer mundo" se vería afectado por las decisiones que los gobiernos hicieran hoy con respecto a las tecnologías educativas. Afirmando que el problema esencial del Sur Global era su "insuficiente" producción de "ingenieros, innovadores y científicos" y las valiosas formas de propiedad intelectual que el trabajo del conocimiento genera, agregaba: "En los países de América Latina y África, aún estamos enamorados de las mercancías materiales, y pensamos que producir mercancías nos llevará al siglo XXI. Eso no es verdad".[3] Haciendo una pausa para enfatizar lo que él mismo definía como una solución global evidente para la producción de mercancías del siglo XXI, añadía: "Necesitamos crear riqueza para el siglo XXI, y esta tiene un nombre específico: propiedad intelectual".[4]

---

2. Traducción para este libro.
3. Ibíd.
4. Ibíd.

Por supuesto que hay más de una omisión estratégica en la presentación de Arboleda. A pesar de todas sus invocaciones a la ciencia, la tecnología y su rol en la innovación de mercancías del siglo XXI, no hace ninguna mención a las recientes iniciativas del Estado que ya están dirigidas a los productores rurales en el Sur Global como nuevos productores potenciales de títulos de propiedad intelectual y de bienes registrables como tales, analizados en la primera parte de este libro. Tampoco alude a cómo la entrega acelerada de títulos de propiedad intelectual ha generado controversias en Perú, o críticas de parte de las poblaciones productoras locales, como los ceramistas de Chulucanas. Y quizás lo más revelador sea que no hace ninguna referencia al tácito centralismo occidental en sus definiciones de "innovación" y "ciencia", su ausencia proyectada en las zonas no occidentales, y el supuesto de que fomentar más innovadores y autores de propiedad intelectual (como se ha hecho en Occidente) sería el paso esencial para "crear la riqueza del siglo XXI" en el Sur Global.

Asimismo, no menciona las particulares relaciones en las que se basa el proyecto OLPC para el despliegue local en América Latina y en todo el mundo. No indica que el proyecto depende de las grandes contribuciones y la habilidad de sus asociados locales y globalmente dispersos, incluyendo las redes FLOSS y las redes indígenas y de educadores situados, analizadas en la segunda parte de este libro. Y tampoco hace referencia a los distintos modos de colaboración expresados mediante las nuevas interfaces culturales promovidas a través de dichas redes (que unen la tradición indígena con los intereses tecnológicos y locales y con lo global), que impulsan otras visiones para la conexión global y los futuros tecnológicos.

Sin embargo, deja muy claro que sus fórmulas para la propiedad digital basada en la información podrían ser potenciadas, no solo como simples estrategias evolucionadas para el desarrollo económico y tecnológico de los países, sino también para reformas dirigidas de forma individual.

> Algo que ya se ha desarrollado en el primer mundo es un lenguaje para transmitir información y conocimiento que ha estado dando

> vueltas por más de 50 años, pero cuya superficie apenas hemos comenzado a rasgar en América Latina y África [...] que son el 0 y el 1 [...] Este es el nuevo alfabeto, y es lo que estamos tratando de instalar [...] Porque en la era digital, un niño en África tiene las mismas oportunidades que un niño en Bruselas si le proporcionamos las herramientas correctas.[5]

Es evidente que, durante su presentación, Arboleda no solo proyecta una imagen del "tercer mundo" como un espacio que necesita intervención y ayuda. Al mismo tiempo, forja un perfil del "primer mundo" como un espacio de solucionadores de problemas globales preparados y capaces, de conocedores de tecnología e innovadores y de expertos entregados al conocimiento, a los que no les interesa tanto asegurar el dominio internacional a través de la fuerza o la coerción —como ha sido el caso alguna vez—, sino actuar en favor de un bien mayor y del progreso general de la humanidad. Y si en algún momento se menciona el derecho de intervenir en el "tercer mundo" usando las herramientas de la modernidad, no es tanto con el objetivo explícito de "civilizar" e "iluminar" globalmente, sino para asegurar la generación óptima de creatividad individual y potencial humano reformado.

En su papel de solucionadores de problemas globales, estos actores idealizados del siglo XXI pueden parecerse a los actores de los primeros principios universales occidentales, encarnados, por ejemplo, por los caballerosos y civilizados cosmopolitas kantianos o por los racionales e iluminados hombres de ciencia de la modernidad. Sin embargo, el objetivo en este caso ya no es transformar el Estado-nación o el mundo físico en ideales modernos, sino rehacer el conocimiento humano mismo. Al explicar los nuevos potenciales para optimizar la mente como si se tratara de un procesador de información, y para cultivar nuevos inventores e innovadores a través del cambio de conocimiento analógico a digital, Arboleda señala:

5. Traducción para este libro.

> [...] aún estamos limitados a los 26 símbolos del alfabeto para transmitir información y conocimiento. Hemos olvidado que existe un nuevo modo de transmitir información que consiste en solo dos símbolos, el 0 y el 1 [...] Lo que necesitamos hacer es crear un perfil diferente del cerebro. *Un cerebro implementado para la innovación, la exploración, la invención.* Y eso solo se puede hacer si empoderan a los niños desde el comienzo con tecnologías para explorar. Por eso, el juego consiste en *crear inventores e innovadores.*[6]

De hecho, el proyecto OLPC ha originado un nuevo interés en las ciencias cognitivas en torno al mapeo de los procesos neurales en la educación infantil. Antonio Battro, un médico de nacionalidad argentina, jefe del área de educación del proyecto OLPC, ha sido particularmente activo en este frente. En su artículo "El cerebro que enseña" publicado en la revista *Brain, Mind and Education,* Battro (2010) argumentaba que la "enseñanza" debía ser reconocida como una característica fundamental de la especie humana. Como tal, debe de ser entendida no tanto como un conjunto de habilidades profesionales que se basan en la capacitación especializada o en instituciones de aprendizaje superior, sino como una capacidad innata, ya presente en los niños, que posiblemente haya permitido la supervivencia de la humanidad como especie. (Sobre la base de esa idea, incluso proponía que "nuestra especie se llamara *Homo Sapien Docens*" [Battro 2010: 29], siendo *docens* la palabra latina para "enseñanza").

Ese trabajo ha sido criticado por asumir la "unidad psíquica de la humanidad" (Smith 2011: 18) y por promover una visión de un "mundo sin maestros" lleno de niños con *laptops*, que se enseñan a sí mismos. Sin embargo, Battro se ha mantenido firme en su defensa del campo y su combinación de neurociencia, educación y sicología. Citando investigaciones realizadas en colaboración con instituciones como el Programa para la Mente, Cerebro y Educación de la Universidad de Harvard (Battro, Fischer y Pierre 2008), la Universidad de Tokio y los Laboratorios Hitachi (Aoki, Funane

---

6. Traducción para este libro.

y Koizumi 2010), y la Sociedad Internacional de la Mente, Cerebro y Educación, ha hecho caso omiso de los intentos de cuestionar la legitimidad del campo, afirmando que "[...] la 'Neuroeducación' es ahora *un hecho* y las laptops son un laboratorio móvil y portátil para grabar muchas actividades cerebrales. Estamos entrando en una nueva era digital, con muchas más herramientas intelectuales y técnicas que las que proporcionaban la enseñanza y el aprendizaje restringido a un aula o un laboratorio de computadoras" (Battro 2011).

Battro no es el único que hace esas declaraciones. Un creciente número de publicaciones dirigidas al público en general con la promesa de ayudar a optimizar sus funciones cognitivas, llena actualmente los estantes de librerías y las listas de *best-sellers*. Neurocientíficos académicos y especialistas cognitivos han comenzado a dirigirse a audiencias generales con textos, como el libro *Brain Bugs* del neurobiólogo de la UCLA Dean Buonomano, editado en 2011, que ofrece recomendaciones para mejorar el funcionamiento del cerebro. Buonomano (2011), por ejemplo, informa a los lectores en las páginas iniciales de su texto que

> [...] el cerebro es una computadora biológica incomprensiblemente compleja [...] diseñada para adquirir datos del mundo externo a través de nuestros órganos sensoriales; para analizar, almacenar, procesar esta información y generar resultados (acciones y conductas) que optimizan nuestra opciones de supervivencia y reproducción. Pero como sucede con otros dispositivos computacionales, el cerebro tiene fallos y limitaciones. (2011: 2)[7]

El atractivo del universalismo digital viene en buena parte de su promesa de perfeccionar algo aparentemente ubicuo e individualmente accesible como es el procesamiento de información. A diferencia de los principios universales occidentales anteriores, el universalismo digital puede asumir sus reformas sin la misma dependencia (o peso) de las instituciones y autoridades asociadas con

7. Traducción para este libro.

proyectos universales anteriores. Así, iniciativas como el proyecto OLPC pueden surgir como sustitutas de la reforma global a través de un individualismo irrestricto, liberado ahora de las ineficiencias de instituciones establecidas de la religión, los estados, los mercados o, incluso, la ciencia.

Arboleda elabora un último ejemplo sobre este tema al cerrar su presentación en Bruselas. Al terminarla, proyecta rápidamente a su audiencia imágenes de una serie de aulas asociadas al proyecto OLPC: un aula de chicas con velo de un país sin identificar, cada una con su propia computadora XO; otra de escolares en "montañas infestadas de guerrillas" en Colombia; y otra más de escolares, esta vez en zonas rurales de Perú. Bajo la imagen de los escolares peruanos aparece triunfante el texto: "El fin del aislamiento". Arboleda evita cualquier mención a las particularidades históricas o contextuales de los lugares que muestra en la pantalla. Por ejemplo, no menciona que los colegios de Perú habían sufrido algunas de las huelgas de profesores más largas en décadas, en las que estuvieron cerrados por meses, ni que los caminos estuvieron bloqueados y que las protestas provocaron el ingreso de las fuerzas de seguridad, porque el flujo de bienes y de suministros médicos se había interrumpido (Associated Press 2007, Collyns 2007). No hizo referencia a la ley recientemente promulgada, que había provocado manifestaciones en 2007 y que supeditaba los salarios de los profesores a los puntajes de sus estudiantes en exámenes a escala nacional. Y no hizo mención a la histórica desconfianza mutua entre los funcionarios estatales y las comunidades rurales, que silenciosamente había estado incubándose desde que terminó el conflicto armado que el Estado sostuvo contra Sendero Luminoso en los años noventa. Era como si los sitios y las comunidades asociados al proyecto OLPC no hubiesen tenido ninguna existencia significativa (de forma digital al menos) hasta que comenzaron a colaborar con el proyecto. O como si hubieran estado desconectados del mundo y la memoria histórica hasta que llegaron las computadoras XO. Y ahora que lo hicieron, las audiencias (intercomunicadas, en línea y atentas al mensaje del potencial global del trabajo en red) parecían estar encantadas con ellas.

No obstante, pocos se preguntan por qué. La historia de la innovación y la autoría digital como prácticas que podrían liberar el potencial creativo de los individuos y finalmente permitir el desarrollo irrestricto y auténtico de la identidad ha demostrado, después de todo, ser muy difícil de rechazar. Las audiencias conectadas en línea en todo el mundo, que pueden cambiar de pantalla y pasar fácilmente del trabajo digital al juego digital, podían sentir que esta historia les pertenecía tanto a ellas como a los niños de una escuela rural remota. Y era una historia que demostraba ser cada vez más difícil de descartar. De hecho, en un entorno de ánimos caldeados y marcadas sospechas, la autoría digital, la innovación y la idea de un conocimiento mejorable podían surgir al menos como un territorio seguro en el que todos los intereses lograban converger milagrosamente y optar por un futuro prometedor en formación.

***

Es útil recordar que lo que viene a la mente con la idea de autoría (como el estado dedicado a producir un contenido creativo y original) no siempre se ha manifestado en su forma contemporánea. Lo que se reconoce ahora en la autoría como el trabajo de genios individuales o la expresión e invención de una labor "original" que no ha existido antes, es en sí mismo un producto de varios procesos históricos. Michel Foucault (1977) remarcaba esta contingencia social al sugerir la idea de una "función del autor", escribiendo que aunque lo que puede ser reconocido como el "autor" ha cambiado con el paso del tiempo, la función de los autores para "caracterizar la existencia, circulación y operación de algunos discursos en la sociedad" se mantiene notablemente consistente (Foucault 1977: 124). Lo que es natural e inalienable a la autoría, insistía Foucault, es su existencia en proximidad y relación con los centros de poder. Como tal, es una función que siempre revela más acerca de quiénes o qué mantiene el poder de "autorizar", que acerca de a quién realmente "pertenece". Más que intentar resolver la cuestión de "quién es el verdadero autor" o si "existe prueba de su autenticidad", lo que hace Foucault es subrayar que el enigma tácito se mantiene: "¿Qué importa quién habla?".

Dicho de otra forma, podríamos preguntarnos: ¿qué *nos* importa que el autor hable?, ¿por qué persisten las audiencias "[...] en otorgarle a la escritura un estatuto original [...] no es de hecho, una manera de retraducir en términos trascendentales, por una parte, la afirmación teológica de su carácter sagrado, y por otra, la afirmación crítica de su carácter creador?" (Foucault 1977: 120). Si existe un diagnóstico emitido por Foucault acerca del tema, no es sobre los autores ni sus autorizadores, sino sobre la propia relación del público con la condición autoral, y la curiosa forma en que se permite la persistencia de la función del autor, la cual puede revelar más acerca de quién o qué mantiene el poder de autorizar contenido que acerca de quién supuestamente creó un texto; y también podría, curiosamente, revelar más acerca de las audiencias y el público en búsqueda de un autor que sobre los autores en sí.

Y hoy, quizás más que nunca, la permanencia de una función del autor global requiere de una explicación. Después de todo, es ahora cuando escuchamos que la autoría ingresa a una nueva etapa de marcada crisis, cuando los nuevos modos de expresión digital e intercambio en red amenazan las antiguas convenciones nacionales, legales y morales que la habían estabilizado. En un mundo listo para conectarse, en donde para realizar una copia no autorizada, actos de piratería y modificaciones de formas "auténticas" basta con presionar una tecla en una computadora, el privilegio y la protección que antes se prometía a los autores, como actores a los que se les atribuía el "origen" de actos creativos, han quedado destruidos. Y el fetiche por nuevos autores e innovadores digitales parece haber obtenido una súbita omnipresencia, curiosamente en un momento en que la autoría tradicional parece más amenazada que nunca.

Sin embargo, parece que la función del autor ha dependido siempre de una contradicción extraña: es el sueño del acceso a la gracia del poder y es, a su vez, la capacidad de crear miembros excepcionales de la sociedad autorizados a dar declaraciones en nombre de dicho poder. Es decir, ha sido la esperanza colectiva de ser nombrado y reconocido como valioso y excepcional y a la vez de ejercer el poder para distinguir y determinar el valor. Y como no todas las afirmaciones articulables merecen tener un autor, así tampoco todos los seres merecen ser reconocidos como articuladores de contenido "autorizable".

En la era moderna, la capacidad de la función del autor para asignar reconocimiento y privilegio a los autores no solo demostró que los ilustrados actos creativos del discurso civil eran prácticas ideales para los sujetos modernos, sino que también era posible evaluar los actos discursivos: distinguir objetivamente entre "correctos" y "malos" o "incorrectos". No obstante, seguía siendo un poder soberano que actuaba como el custodio y verificador principal de la verdadera autoría. Y siguieron siendo también principalmente los hombres privilegiados quienes accedieron a la oportunidad de ser considerados como posibles autores.

La lógica desplegada a través de la economía de la información global y la creciente difusión de las tecnologías en red (como los experimentos de propiedad intelectual similares a los desarrollados en espacios rurales, como Chulucanas, que se analizan en la primera sección de este libro) podrían cambiar por completo esas tradiciones sagradas. Si la autoría digital pudo declararse como una versión mejorada de la autoría tradicional, fue precisamente porque en parte ya no dependía de los poderes establecidos para autorizar, establecer o proteger la condición del autor. Al prometer dejar de lado a los guardianes de la autoría y liberarse de las categorías limitantes con las que alguna vez se determinó el privilegio, la era de la interconexión proclamó la liberación del individualismo ilimitado y la oportunidad democrática y creativa, y en lugares cada vez más diversos. En Chulucanas, los promotores de la propiedad intelectual podrían ahora declarar que la posibilidad de la conversión del autor está en manos de cada individuo artesano y su propia empresa creativa. Dado que la creatividad y el intelecto (materias primas de la producción de propiedad intelectual) eran atributos humanos universales, la innovación con la propiedad intelectual podría ahora definirse como ampliamente inclusiva y dispuesta a integrar a las voces de las nuevas clases de autores colectivamente potencializados. La innovación centrada en la propiedad intelectual podría reunir todas las capacidades de los actores, permitiendo a los pobres de las zonas rurales participar en mercados junto a los ricos provenientes de las urbes, y permitiendo que los antes marginados compitan junto a los históricamente privilegiados.

El mensaje de los promotores de la propiedad intelectual en sitios como Chulucanas nos recuerda que se puede afirmar que la autoría interconectada permitió por lo menos otra reivindicación liberadora: todos los sujetos (rurales y urbanos, mestizos y blancos, pobres y privilegiados) pueden ahora ser reconocidos por sus nuevas capacidades creativas y estos, como agentes responsables de su propia superación, liberarían a los estados de esas responsabilidades. La lección que imparten es que la capacidad humana, una vez puesta en un campo de juego democráticamente equitativo, podría economizar los gastos del Estado. En lugar de ser responsable por la creación de arquitecturas comunes de ingreso y articulación cívica, los estados podrían ahora ahorrar sus recursos. En aras de mantener incentivos para el progreso social, ahora podrían estar obligados a reservar inversiones solo para sujetos particulares que sí se distinguen del conjunto común, como autores, inventores y competidores excepcionales.

Sin embargo, en este caso el prospecto de intereses convergentes y de eterno progreso no anula las condiciones de guerra o conflicto. Esta también fue una lección que se aprendió después de que surgieran tensiones entre comunidades como consecuencia de las inversiones de propiedad intelectual promovidas por el Estado en Chulucanas. El conflicto civil encontró nuevos argumentos e intereses, y se desarrolló entre clases de actores que representaban nuevas formas de competencia que supuestamente inhibían el progreso y desarrollo del otro. Lo que surgió como el síntoma definitorio de las inversiones basadas en la propiedad intelectual fueron nuevas luchas, sostenidas ahora entre actores que alguna vez se adhirieron a las antiguas categorías de sociedad, comunidad, vecindario, familia (o incluso del *yo* individual). Y esas batallas internas, de uno contra uno mismo (llevadas a cabo en nombre de las reformas) nunca han demostrado ser tan productivas, tan intensamente espectaculares o, según los relatos de los artesanos de Chulucanas, tan obstinadamente difundidas.

***

Todavía hay otros futuros posibles alrededor de la conexión digital global. Las críticas sobre las tecnologías educativas desplegadas en áreas rurales, como el proyecto OLPC, así como las recientes colaboraciones entre defensores y codificadores FLOSS, profesores rurales y activistas de lenguas indígenas en torno a estos proyectos de *software* libre de código abierto (que fueron el tema de la segunda parte de este libro), representan esfuerzos ciudadanos que buscan otras formas de conexión digital. Aunque estas iniciativas expresan una apertura a la experimentación en el presente (no muy diferente a la de las iniciativas asumidas por proyectos estatales o globales, como OLPC), exigen otros futuros imaginados que aún insisten en un vínculo con el pasado (de hecho, un vínculo nada sencillo).

Esto es algo que Aymar Ccopacatty, artista aymara de 34 años, me recuerda cuando nos sentamos en el *lobby* de un hotel de mochileros en Puno, en el que varios de los participantes de Escuelab se han quedado la última semana, mientras trabajan como voluntarios en las actividades del SugarCamp. Aunque la mayoría de los jóvenes tecnólogos y artistas que llegaron a Puno para la conferencia están ahora preparándose para regresar a sus ciudades, Ccopacatty planea quedarse un tiempo en Puno. Él había sido uno de los organizadores de las sesiones SugarCamp creadas para traducir la interface de *software* libre de las *laptops* XO al quechua y al aymara. Me explica que generalmente divide su tiempo entre Perú, el país de su padre, y los Estados Unidos, la tierra de su madre y su país de nacimiento, y me dice que prevé pasar varias semanas en el pueblo de su padre, Acora, donde aún mantiene tierras de la familia y donde su padre ayudaba con las labores del campo antes de ganar renombre como artista visual y escultor. Fue en la casa de Acora donde el joven Ccopacatty aprendió las técnicas tradicionales de tejido que usa actualmente en su arte y donde –antes de hablar español– aprendió aymara con su abuela. Me cuenta que ella nunca habló español y que le enseñaba su lengua nativa durante las vacaciones de verano. Fue su abuela también quien le enseñó a cultivar papas y a "vivir de la tierra". Y aunque falleció hace ya varios años, aún habla de ella en tiempo presente.

Cuando me cuenta que planea quedarse más tiempo en Puno, me dice: “Yo sé que tengo una abuela que no habla español, que habla aymara, y que sabe tejer y coser, y es agricultora, que así vive de la tierra [...] yo sé que este mundo va a cambiar muy rápido, y cuando comparo este equilibrio con lo que está por venir, ni siquiera me planteo si me quedo o si me voy”.

Las mochilas y maletas de los activistas de Escuelab se acumulan contra las paredes que nos rodean, mientras pregunto a Ccopacatty sobre sus expectativas para el proyecto de traducción y para las colaboraciones centradas en el proyecto OLPC que habían reunido inesperadamente a unos 400 profesores en Puno durante la semana pasada.

Sin embargo, en lugar de darme una respuesta directa, se sumerge en la historia que un anciano de Acora le había contado, sobre un europeo que al llegar a un pueblo del Altiplano, se sorprendió de verlo azotado por el hambre, incapaz de trabajar la tierra debido al clima implacablemente frío del lugar, y solo pudiendo vivir del ganado.

> Así que este hombre le habló a la comunidad y dijo “Les traeré ganado, ganado europeo de primera calidad” [...] Y de verdad, dos años más tarde, llegaron unas reses muy especiales, de pura sangre, algo verdaderamente maravilloso. Pero entonces llegaron los cóndores, y los cóndores más grandes comenzaron a robarse a los becerros más pequeños. El pueblo se puso furioso y dijo: “No podemos dejar que algo así suceda a algo tan importante”. Así que tomaron una oveja muerta y la llenaron de veneno, y la lanzaron en el aire. Un tiempo después, llegó la fiesta anual del pueblo, una época del año en que los cóndores bajan de las alturas a altitudes más cercanas a los pueblos, para aparearse y continuar el ciclo de la vida. Pero la fecha llegó y pasó, y los cóndores no bajaron, y la gente se asustó. Así que decidieron subir para ver qué había pasado con los cóndores, y vieron que los cóndores habían muerto, y sus cuerpos estaban desparramados por todas partes debido al veneno.

Hace una pausa para luego seguir: “Así que supongo que esta es mi manera de decir que a veces hay buenas intenciones, el hombre que trajo el ganado tenía buenas intenciones de verdad, pero el efecto no esperado fue la masacre masiva de cóndores".

Hablando más directamente sobre las tecnologías digitales, empieza a contarme que aún cree que

> [...] hay casos en los que la máquina deja de ser un colonizador y puede entrar en otros espacios, volverse algo más democrático [...] Cuando también permite prácticas que recrean la cultura de manera que esta pueda transmitirse. Con las *laptops* XO puedes aprender a leer y escribir en aymara y quechua. Pero esto tiene que hacerse reconociendo que tiene la misma fuente de vida. Tiene que poder seguir adelante, incluso a medida que avanza, y eso puede reunir todas las pequeñas partes diversas que la componen [...] No puede pretender ocupar el espacio que hay hacia adelante, porque eso sería nuevamente matar una cultura, en lugar de apoyarla. Por eso, hay una línea muy delgada que separa el acto de matar y el de apoyar con tecnología. Es algo a lo que no existe una respuesta clara en blanco y negro. Todo es gris.

Escuchando hablar a Ccopacatty, no puedo evitar recordar su reflexión de días anteriores, durante la sesión de traducción con ancianos indígenas y jóvenes *hackers*, un suceso descrito en el capítulo 6. En una mesa llena de hojas de coca y de computadoras —ambos medios para comunicarse con fuerzas externas—, reflexionaba sobre la visión aymara de la temporalidad como una visión en la que "el futuro está en el pasado". En este caso, como entonces, no se resistía a la idea de un encuentro, incluso a través de espacios radicales de diferencia global. Y no intenta describir a los espacios locales como zonas de pureza que ofrecen una manera de escapar de las fuerzas globales. Al igual que otros que criticaron las formas dominantes de los principios universales previos —desde los estudiosos poscoloniales que denuncian los efectos de los principios universales culturales de Occidente (Escobar 2007, Mignolo 2007, Wallerstein 2006), hasta los investigadores de estudios de la ciencia que cuestionan la atribución de la ciencia a los principios universales naturales (Latour 2004b; Law 2007; Stengers 2007, 2011;

Verran 2007, 2011; Vivieros de Castro 2004)–, él no se retira a un santuario de relativismo. Ese intento de escapar del espacio de los principios universales a través de la reivindicación de diferencias irremediables e inconmensurables insistiría en que nunca se podrá lograr ninguna forma de mutualidad, que no sea quizás la de la ignorancia o indiferencia mutuas. Sin embargo, en este caso, hay un llamado explícito, no solo a un encuentro y a las combinaciones o confrontaciones globales que esto podría implicar, sino también al diálogo y el aprendizaje recíproco en el proceso de dichos encuentros indeterminados.

Sus palabras resuenan en mí cuando me entero semanas más tarde que se ha unido a las protestas regionales que estallaron en Puno, en las que más de 200 comunidades y miles de habitantes de la zona tomaron las calles para manifestarse contra las nuevas concesiones mineras a empresas transnacionales en la región. Su cautela, como la de los distintos ciudadanos de los que hablamos en la segunda parte de este libro, buscaba desarrollar un lenguaje de reforma y crítica política a través de iniciativas relacionadas con las redes digitales, el FLOSS o las tecnologías educativas. Sus esfuerzos surgieron demandando un pluriverso que interpretara los encuentros "socionaturales" –particularmente los conectados a través de las redes digitales– siempre como encuentros políticos (De la Cadena 2010) que reconocen la obligación de dar cuenta y comprometerse con las diversas historias pasadas que confluyen en dichos encuentros, no importa cuán desordenados sean, antes de hacer ninguna reivindicación en nombre del futuro. Incluso frente a los urgentes intentos de las clases digitales dominantes por liberarse de la carga del pasado en una carrera hacia el futuro, sus esfuerzos traían a la memoria el desafío planteado por teóricos subalternos de trabajar hacia la "construcción de otros mundos posibles" (Mignolo 2007: 479), precisamente a través de una reconexión constante con el pasado. O como lo trazó Walter Mignolo: "[...] conectar la pluriversalidad a medida que las diferentes historias coloniales se entrelazan con la modernidad imperial en un proyecto universal de desvinculación de la racionalidad moderna y de construcción de otros mundos posibles"[8] (2007: 497).

Las colaboraciones de ciudadanos interconectados mencionadas en la segunda parte del libro nos recuerdan también que el desarrollo de interconexiones entre distintos mundos puede contribuir a los procesos de producción de conocimiento. Sus actividades e inversiones recalcan argumentos elaborados por críticos de los principios universales científicos, entre ellos Isabelle Stengers (2011), sobre los experimentos y la construcción de la "realidad experimental" como actos que siempre "crean relaciones" y nuevos modos de relacionarse (2011: 52). Esa definición implicaría un reconocimiento de la pluralidad de ciencias y una pluralización de las formas de intereses que rodean los procesos de producción de conocimiento. En otras palabras, significaría que no solo los actores implicados en la producción de conocimiento y técnica reconozcan la pluralidad de epistemologías y formas de producción de conocimiento, sino que también vean a dichos trabajos como innegable y valiosamente implicados en la producción de relaciones en todas las entidades sociales, naturales y técnicas. Esto incluso si las formas dominantes de universalismo digital (orientadas con entusiasmo hacia la promesa exultante del futuro) promovieran nuevos modos de compromisos sociales que pudieran experimentarse, no tanto como formas impredecibles o indefinidas de relacionarse, sino más como formas que permitieran una escapatoria sencilla a las difíciles complicaciones del encuentro desconocido (o, de hecho, encuentros con un pasado que uno preferiría olvidar).

Dichas implicaciones nos recuerdan también que el desarrollo de nuevos modos de interrelación y de formas tecnocívicas de comunicación es urgente. No importa cuál sea el sueño que vendan los promotores de las TIC en la élite global, lo que sea que haya llegado empaquetado en las cajas verdes y blancas de plástico que reparte el proyecto OLPC —que ha atraído la atención no solo del Estado peruano sino de las audiencias interconectadas de todo el mundo—, de seguro no será la última máquina en llegar. Igual que

8. Traducción para este libro.

el despliegue de los títulos de propiedad intelectual en Chulucanas o el de otras tecnologías informáticas y recursos de red para el desarrollo que existieron en el pasado, lo que es cierto es que habrá otra tecnología de reforma por venir. Otra máquina de liberación que será diseñada para cautivar nuestra imaginación colectiva y mantenernos con la promesa de su brillante servidumbre.

Debemos tener cuidado, entonces, de avivar las relaciones locales: es decir, de involucrarnos con un trato considerado del pasado e incluir las historias locales. Ese trabajo podría ser asumido como un esfuerzo para construir nuevas relaciones que eviten los objetivos de asimilar las diferencias para que esos *otros* sean reconocidos como parte de la contemporaneidad digital. Esto implicaría un reconocimiento activo de los lazos rotos del pasado, las confianzas destruidas y los conflictos irresueltos que aún dan forma a los contextos de relación. E implicaría plantear continuamente preguntas ante estas fragmentaciones reconocidas: ¿cómo podemos promover compromisos que aseguren que las formas universales "contengan la carga de sus recorridos y se transformen según ellos" (Tsing 2004: 8) en todos los espacios de diferencia pronunciada?; ¿y cómo podrían también los objetivos de consenso, tan comunes bajo los flujos universales, dar lugar a algo distinto para permitir un tipo de comunicaciones y espacios relacionales en el que sean posibles los "aprendizajes mutuos" (Stengers 2011: 63), de modo que puedan surgir partes diversas?

Así, debe quedar claro que este proyecto no busca excluir la conexión en red como una fuerza inevitablemente colonizadora, a pesar del historial negativo que rodea a las afirmaciones universales. Comparto las aspiraciones de otros críticos del impulso universalista de la modernidad que señalan que se puede recuperar una versión más consciente y humilde de un esfuerzo hacia la "conexión global" para nuestra era conectada a la red. El historiador Dipesh Chakrabarty (2000) enfatizaba ese modesto prospecto al definir el espíritu internacional del socialismo, del poscolonialismo y del marxismo como ejemplos de "principios universales comprometidos". Aunque tales obras de conocimiento apuntaban a la extensión global, operan para descentralizar los poderes totalizantes de los principios universales de Occidente, precisamente porque permiten encuentros situados localmente y mutaciones a medida que se transmiten. Al señalar que este conocimiento tiene una capacidad única para expresarse en diversos espacios y medios, en los que se le puede invocar para representar por igual los intereses de quienes pertenecen a la élite y de quienes no pertenecen a ella, Chakrabarty indica que los "principios universales" no son tanto la garantía de una réplica uniforme, sino más bien "[...] una figura altamente inestable, un parámetro necesario en los intentos locales de analizar y re-comprometer cuestiones de la modernidad" (2000: xiii). Asimismo, se podría decir que las TIC y las redes digitales, en su propio movimiento universal a través del espacio, ofrecen medios para que las distintas poblaciones analicen de forma diferente cuestiones de futuridad, por muy inestables que puedan ser estas proyecciones y por cargadas que estén de fuertes aspiraciones e inquietas ansiedades.

Bibliografía

Abbate, Janet

2000 *Inventing the Internet*. Cambridge: MIT Press.

Abrahamson, Mark

2004 *Global Cities*. Oxford: Oxford University Press.

Adas, Michael

1989 *Machines as the Measure of Men: Science, Technology, and Ideologies of Western Dominance*. Ithaca: Cornell University Press.

Ahtisaari, Martti

2011 "Preface". En ICT4Peace, The Berkman Center for Internet and Society and The Georgia Institute of Technology, eds., *Peacebuilding in the Information Age: Sifting Hype from Reality*. Disponible en: <http://ict4peace.org/wp-content/uploads/2011/01/Peacebuilding-in-the-Information-Age-Sifting-Hype-from-Reality.pdf>.

Alarcón, Daniel

2008 "Life among the Pirates". En *Granta* 109. Disponible en: <http://www.granta.com/Archive/Granta-109-Work/Life-Among-the-Pirates/1>.

ALONSO, Ana Maria
2005 "Territorializing the Nation and 'Integrating the Indian': 'Mestizaje' in Mexican Official Discourse and Public Culture". En Thomas Blom Hansen y Finn Stepputat, eds., *Sovereign Bodies: Citizens, Migrants, and States in the Postcolonial World*. Princeton: Princeton University Press.

ÁLVAREZ, Marco, Jose BAIOCCHI y José Antonio POW SANG
2008 "Computing and Higher Education in Peru". En *Inroads* – SIGSCE *Bulletin* 40 (2): 35-39.

ÁLVAREZ, Sonia, Evelina DAGNINO y Arturo ESCOBAR
1998 *Cultures of Politics, Politics of Cultures: Re-Visioning Latin American Social Movements*. Boulder: Westview Press.

ANAN, Kofi
2005 "Preface". En Stauffacher, Daniel et ál., eds., *Information and Communication Technology for Peace: The Role of ICT in Preventing, Responding to and Recovering from Conflict*. Nueva York: United Nations Information and Communication Technologies Task Force.

ANDEAN CURRENTS
2007 "Peruvian Teachers Protest Turns Violent", 13 de julio. Disponible en: <http://www.andeancurrents.com/2007/07/peruvian-teachers-protest-turns-violent.html>.

ANDERSON, Benedict
1983 *Imagined Communities: Reflections on the Origins and Spread of Nationalism*. Nueva York: Verso.

ANDERSON, Chris
2006 *The Long Tail: Why the Future of Business Is Selling Less of More*. Nueva York: Hyperion Press.

2010 *Free: How today's Smartest Businesses Profit by Giving Something for Nothing*. Nueva York: Hyperion Press.

ANDINA
2010 "Exportaciones en abril crecieron 44% y ascendieron a US$ 2,575 millones". En Andina.com, 3 de junio. Disponible en: <http://www.andina.com.pe/Espanol/Noticia.aspx?id=CFdxZn6N0vQ=>.

Aoki, Ryuta, Tsukasa Funane y Hideaki Koizumi

2010 "Brain Science of Ethics: Present Status and the Future". En *Mind, Brain, and Education* 4 (4): 188-195.

Appadurai, Arjun (ed.)

1996 *Modernity at Large: The Cultural Dimensions of Globalization*. Durham: Duke University Press.

2001 *Globalization*. Durham: Duke University Press.

Arbodela, Rodrigo

2011 "Children: A Mission, Not a Market". Tedx Rio Conference Presentation, febrero. Disponible en: <http://riogringa.typepad.com/my_weblog/2011/03/tedx-brazil.html>.

Associated Press

2007 "Peru Teachers Strike to Protest Competency Testing", 5 de julio. Disponible en: <http://www.iht.com/articles/ap/2007/07/06/america/LA-GEN-Peru-Protests.php>.

Atkinson, Rowland y Gary Bridge

2005 *Gentrification in a Global Context: The New Urban Colonialism*. Nueva York: Routledge.

Auletta, Ken

2010 *Googled: The End of Work as We Know It*. Nueva York: Penguin Press.

Bajak, Frank

2007 "Laptop Project Benefits Peruvian Village Children". En *USA Today*, 26 de diciembre. Disponible en: <http://www.usatoday.com/tech/products/gear/computing/2007-12-26-one-laptop-peru_N.htm>. También disponible en: <http://www.washingtonpost.com/wpdyn/content/article/2007/12/29/AR2007122900720_pf.html>, <http://www.cnn.com/2007/WORLD/americas/12/24/laptop.village.ap/index.html>.

Bakk-Hansen, Heidi

2008 "PERU: XO Machines Grant Users a Different Sort of Life". En OWLInstitute.org, 2 de enero. Disponible en: <http://www.owli.org/oer/node/2458>.

Banco Mundial

2005 "Poverty Assessment: Peru". Disponible en: <http://web.worldbank.org/WBSITE/EXTERNAL/COUNTRIES/LACEXT/0,contentMDK:20862551~pagePK:146736~piPK:146830~theSitePK:258554,00.html>.

2009 *Information and Communications for Development 2009: Extending Reach and Increasing Impact*. Washington, D. C.: World Bank Publications.

2012 "Country Brief: Peru". Disponible en: <http://web.worldbank.org/WBSITE/EXTERNAL/COUNTRIES/LACEXT/PERUEXTN/0,contentMDK:22252133~pagePK:1497618~piPK:217854~theSitePK:343623,00.html>.

Barry, Andrew, Thomas Osbourne y Nikolas Rose

1996 *Foucault & Political Reason: Liberalism, Neoliberalism, and Rationalities of Government*. Chicago: University of Chicago Press.

Battro, Antonio

2010 "The Teaching Brain". En *Mind, Brain, and Education* 4 (1): 28-35.

2011 "Comments on Jeffrey James' OLPC Critique". En Blog.laptop.org, 8 de mayo. Disponible en: <http://blog.laptop.org/2011/05/08/comments-on-james-critique>.

Battro, Antonio, Kurt Fischer y Léna Pierre

2008 *The Educated Brain. Essays in Neuroeducation*. Cambridge: Cambridge University Press.

BBC

2008 "Venezuela Splashes out on Laptops". En BBC.com, 30 de septiembre. Disponible en: <http://news.bbc.co.uk/2/hi/technology/7642985.stm>.

2009a "India Plans Cheap Laptop Option". En BBC.com, 3 de febrero. Disponible en: <http://news.bbc.co.uk/2/hi/7864806.stm>.

2009b "Internet Brings Events in Iran to Life". En BBC.com, 15 de junio. Disponible en: <http://news.bbc.co.uk/2/hi/middle_east/8099579.stm>.

2011 "Peru: Indigenous Protests Erupt in City of Puno". En BBC.com, 27 de mayo. Disponible en: <http://www.bbc.co.uk/news/world-latin-america-13582707>.

BEBBINGTON, Anthony. et ál.

2007 *Mining and Development in Peru, with Special Reference to the Rio Blanco Project, Piura*. Londres: Peru Support Group.

BECK, Ulrich

2004 "The Truth of Others: A Cosmopolitan Approach". En *Common Knowledge* 10 (3): 430-449.

2005 *Power in the Global Age: A New Political Economy*. Cambridge: Polity Press.

2010 "A Cosmopolitan Manifesto". En Garrett Wallace Brown y David Held, eds., *The Cosmopolitanism Reader*. Cambridge: Polity Press.

BELLMAN, Christophe, Graham DUTFIELD y Ricardo MELÉNDEZ-ORTIZ

2004 *Trading in Knowledge: Development Perspectives on TRIPS, Trade, & Sustainability*. Londres: Earthscan Publications.

BENKLER, Yochai

2006 *The Wealth of Networks: How Social Production Transforms Markets and Freedom*. New Haven: Yale University Press.

BERLIN, Brent y Ann Eloise BERLIN

2003 "NGOs and the Process of Prior Informed Consent in Bioprospecting Research: The Maya ICBG Project in Chiapas, Mexico". En *International Social Science Journal* 55 (178): 629-638.

BESSEN, James

2002 "What Good Is Free Software?". En Robert Hahn, ed., *Government Policy toward Open Source Software*. Washington D. C.: Brookings Institution Press.

BIAGIOLI, Mario

1993 *Galileo, Courtier: The Practice of Science in the Culture of Absolutism*. Chicago: University of Chicago Press.

BIAGIOLI, Mario y Peter GALLISON (eds.)
2003 *Scientific Authorship: Credit and Intellectual Property in Science*. Nueva York: Routledge.

BIEHL, Joao
2005 *Vita: Life in a Zone of Social Abandonment*. Berkeley: University of California Press.

BLOM HANSEN, Thomas y Finn STEPPUTAT
2001 *States of Imagination: Ethnographic Explorations of the Postcolonial State*. Durham: Duke University Press.

BLOM HANSEN, Thomas y Finn STEPPUTAT (eds.)
2005 *Sovereign Bodies: Citizens, Migrants, and States in the Postcolonial World*. Princeton: Princeton University Press.

BOWKER, Geoffrey
2005 *Memory Practices in the Sciences*. Cambridge: MIT Press.

BOYLE, James
1996 *Shamans, Software & Spleens: Law & the Construction of Information Society*. Cambridge: Harvard University Press.

2010 *The Public Domain: Enclosing the Commons of the Mind. New Haven*: Yale University Press.

BRAY, Hiawatha
2007 "One Laptop per Child Orders Surge: Peru Wants 260,000 Machines, Mexican Billionaire Signs Up". En *The Boston Globe*, 1 de diciembre. Disponible en: <http://www.boston.com/business/technology/articles/2007/12/01/one_laptop_per_child_orders_surge>./

BRENNER, Neil y Roger KEIL (eds.)
2006 *The Global Cities Reader*. Nueva York: Routledge Press.

2010 *The Cosmopolitanism Reader*. Cambridge: Polity Press.

BROWN, Garrett Wallace y David HELD (eds.)
2010 *The Cosmopolitanism Reader*. Cambridge: Polity Press.

BROWN, Michael
2003 *Who Owns Native Culture?* Cambridge: Harvard University Press.

BRUSH, Stephen

1996 "Whose Knowledge, Whose Genes, Whose Rights?". En Stephen Brush y Doreen Stabinsky, eds., *Valuing Local Knowledge*. Washington, D. C.: Island Press.

1999 "Bioprospecting the Public Domain". En *Cultural Anthropology* 14 (4): 535-555.

BUONOMANO, Dean

2011 *Brain Bugs: How the Brain's Flaws Shape Our Lives*. Nueva York: W.W. Norton.

BURNETT, Judith, Peter SENKER y Kathy WALKER (eds.)

2009 *The Myths of Technology: Innovation & Inequality*. Nueva York: Peter Lang.

BURNS, Axel y Ben ELTHAM

2009 "Twitter-Free Iran: An Evaluation of Twitter's Role in Public Diplomacy and Information Operations in Iran's 2009 Election Crisis". En Franco Papandrea y Mark Armstrong, eds., *Record of the Communications Policy & Research Forum 2009*. Sydney: Network Insight Institute.

CALLON, Michel

1986 "Some Elements of a Sociology of Translation: Domestication of the Scallops and the Fisherman of St. Brieuc Bay". En John Law, ed., *Power, Action, and Belief: A New Sociology of Knowledge?* Londres: Routledge.

CALLON, Michel y Bruno LATOUR

1981 "Unscrewing the Big Leviathan: How Actors Macro-Structure Reality and How Sociologists Help Them to Do So". En Karin Knorr-Cetina y Aaron Cicourel, eds., *Advances in Social Theory and Methodology: Toward an Integration of Micro and Macro Sociologies*. Londres: Routledge & Kegan Paul.

CANCLINI, Néstor García

2001 *Consumers and Citizens: Globalization and Multicultural Conflicts*. Mineápolis: University of Minnesota Press.

CÁRDENAS, José Arturo

2011 "Peru Anti-Mining Protests Halted until after Election". En *AFP News*, 31 de mayo. Disponible en: <http://www.google.com/

hostednews/afp/article/ALeqM5hkRl7sRqEgkdfj3vfhfSesh8wj2A?docId=CNG.4731b3aba4df7bc97fe661f788f35488.1091>.

CARR, Nicolas
2010 *The Shallows: What the Internet Is Doing to Our Brains*. Nueva York: W. W. Norton.

CARROLL, Rory
2007 "Peasant Leader Killed as Protests Paralyse Peru". En *The Guardian*, 17 de julio. Disponible en: <http://www.guardian.co.uk/world/2007/jul/17/rorycarroll>.

CASTELLS, Manuel
1996 *The Information Age: Economy, Society, and Culture*. Oxford: Blackwell.

2003 *The Internet Galaxy: Reflections on the Internet, Business, and Society*. Oxford: Oxford University Press.

2009 *Communication Power*. Oxford: Oxford University Press.

2012 *Networks of Outrage and Hope: Social Movements in the Internet Age*. Malden: Polity Press.

CASTELLS, Manuel et ál.
2009 *Mobile Communication and Society: A Global Perspective*. Cambridge: MIT Press.

CASTILLO Butters., Luis Jaime, Leena BERNUY QUIROGA y Pamela LASTES DAMMERT
2005 "Internationalization of Higher Education in Peru". En De Hans Wit et ál., eds., *Higher Education in Latin America: The International Dimension*. Washington, D. C.: Banco Mundial.

CASTREE, Noel
2003 "Bioprospecting: From Theory to Practice (and Back Again)". En *Transactions of the Institute of British Geographers* 28 (1): 35-55.

CHAKRABARTY, Dipesh
2000 *Provincializing Europe: Postcolonial Thought and Historical Difference*. Princeton: Princeton University Press.

CHAN, Anita

2004 "Coding Free Software, Coding Free States: Free Software Legislation and the Politics of Code in Peru". En *Anthropological Quarterly* 77 (3): 531-545.

CHARBONNIER, Nicolas

2009 "OLPC's Netbook Impact on Laptop PC Industry". En Olpcnews.com, 7 de diciembre. Disponible en: <www.olpcnews.com/commentary/impact/olpc_netbook_impact_on_laptop.html>.

CHEAH, Pheng

1998 "The Cosmopolitical, Today". En Pheng Cheah y Bruce Robbins, eds., *Cosmopolitics: Thinking and Feeling beyond the Nation*. Mineápolis: University of Minnesota Press.

CHEAH, Pheng y Bruce ROBBINS (eds.)

1998 *Cosmopolitics: Thinking and Feeling beyond the Nation*. Mineápolis: University of Minnesota Press.

CHRISTENSEN, Clayton

2011 *The Innovator's Dilemma: The Revolutionary Book That Will Change the Way You Do Business*. Nueva York: Harpers Press.

CLINTON, Hillary

2010 "Remarks on Internet Freedom". Presentación en el Newseum, Washington, D. C., 21 de enero. Disponible en: <http://www.state.gov/secretary/rm/2010/01/135519.htm>.

COLEMAN, Gabriella

2003 "The Political Agnosticism of Free and Open Source Software and the Inadvertent Politics of Contrast". Paper presented at the American Anthropological Association, Chicago, 22 de noviembre.

2004 "The Political Agnosticism of Free and Open Source Software and the Inadvertent Politics of Contrast". En *Anthropological Quarterly* 77 (3): 507-519.

2010 "The Hacker Conference: A Ritual Condensation and Celebration of Lifeworld". En *Anthropological Quarterly* 83 (1): 47-72.

2011 "Anonymous: From the Lulz to Collective Action". En *The New Everyday*, marzo. Disponible en: <http://mediacommons.futureofthebook.org/tne/pieces/anonymous-lulz-collective-action>.

2013 *Coding Freedom: Hacker Pleasure and the Ethics of Free and Open Source Software*. Princeton: Princeton University Press.

Coleman, Gabriella y Mako Hill
2004 "How Free Became Open and Everything Else under the Sun". En *media/culture* 7: 3.

Collyns, Dan
2007 "Street Protests Paralyse Peru". En BBC.com, 15 de julio. Disponible en: <http://news.bbc.co.uk/2/hi/americas/6899331.stm>.

Comaroff, Jean y John Comaroff
2001 *Millennial Capitalism and the Culture of Neoliberalism*. Durham: Duke University Press.

2005 "Aliens, Apocalypse and the Postcolonial State". En Tom Blom Hansen y Finn Stepputat, eds., *Sovereign Bodies: Citizens, Migrants, and States in the Postcolonial World*. Princeton: Princeton University Press.

2009 *Ethnicity*. Chicago: University of Chicago Press.

Comisión Multisectorial para el Desarrollo de la Sociedad de la Información (Codesi)
2005 *Plan de desarrollo de la sociedad de información en el Perú: la agenda digital peruana*. Lima: Oficina Nacional de Gobierno Electrónico e Informática.

2011 *Plan de desarrollo de la sociedad de información en el Perú: la agenda digital 2.0*. Lima: Oficina Nacional de Gobierno Electrónico e Informática.

Conferencia de las Naciones Unidas sobre Comercio y Desarrollo (UNCTAD)
2008 *Creative Economy Report 2008: The Challenge of Assessing the Creative Economy towards Informed Policy-making*. Ginebra: United Nations.

CONFERENCIA DE LAS NACIONES UNIDAS SOBRE COMERCIO Y DESARROLLO- CENTRO INTERNACIONAL DE COMERCIO Y DESARROLLO SUSTENTABLE (UNCTAD-ICTSD) PROYECTO SOBRE DERECHOS DE PROPIEDAD INTELECTUAL Y DESARROLLO SOSTENIBLE

2003 *Intellectual Property Rights: Implications for Development*. Ginebra: United Nations.

COOMBE, Rosemary

1996 "Embodied Trademarks: Mimesis and Alterity on American Commercial Frontiers". En *Cultural Anthropology* 11 (2): 202-224.

1998a *The Cultural Life of Intellectual Properties: Authorship, Appropriation and the Law*. Durham: Duke University Press.

1998b "Intellectual Property, Human Rights and Sovereignty: New Dilemmas in International Law Posed by the Recognition of Indigenous Knowledge and the Convention on Biodiversity". En *Indiana Journal of Global Legal Studies* 6 (1): 59-115.

2005 "Protecting Traditional Environmental Knowledge and New Social Movements in the Americas: Intellectual Property, Human Right or Claims to an Alternative Form of Sustainable Development?". En *Florida Journal of International Law* 17 (1).

COOMBE, Rosemary, Steven SCHNOOR y Al Attar Ahmed MOHSEN

2000 *Intellectual Property Rights, the WTO and Developing Countries: The TRIPS Agreement and Policy Options*. Nueva York: Zed Books.

2006 "Bearing Cultural Distinction: Informational Capitalism and New Expectations for Intellectual Property". En F. Grosheide y Johannes Brinkhof, eds., *Articles in Intellectual Property: Crossing Borders*. Utrecht, Países Bajos: Mollengrafica/Intersentia.

CORREA, Carlos

2000 *Intellectual Property Rights, the WTO and Developing Countries: The TRIPS Agreement and Policy Options*. Nueva York: Zed Books.

2003 "The Access Regime and the Implementation of the FAO International Treaty on Plant Genetic Resources for Food and Agriculture in the Andean Group Countries". En *Journal of World Intellectual Property* 6 (6): 795-806.

CRINGLEY, Robert

1996 *Accidental Empires: How the Boys of Silicon Valley Make Their Millions, Battle Foreign Competition, and Still Can't Get a Date*. Nueva York: Harpers Press.

DARNTON, Robert

1999 *The Great Cat Massacre: And Other Episodes in French Cultural History*. Nueva York: Vintage Books.

DAYAN, Daniel y Elihu KATZ

1994 *Media Events: The Live Broadcasting of History*. Cambridge: Harvard University Press.

DE LA CADENA, Marisol

2000 *Indigenous Mestizos: The Politics of Race and Culture in Cuzco, Peru, 1919-1991*. Durham: Duke University Press.

2010 "Indigenous Cosmopolitics in the Andes: Conceptual Reflections beyond 'Politics'". En *Cultural Anthropology* 25 (2): 334-370.

DE LA PENA, Carolyn Thomas

2006 "'Slow and Low Progress' or Why American Studies Should Do Technology". En *American Quarterly* 58 (3): 915-941.

DE WIT, Hans et. ál.

2005 *Higher Education in Latin America: The International Dimension*. Washington, D. C.: The World Bank.

DEFENSORÍA DEL PUEBLO DE LA REPÚBLICA DEL PERÚ

2006 *Informe anual de la Defensoría del Pueblo*. Lima.

2007 *Informe anual de la Defensoría del Pueblo*. Lima.

2008 *Informe anual de la Defensoría del Pueblo*. Lima.

DEHART, Monica

2010 *Ethnic Entrepreneurs: Identity and Development Politics in Latin America*. Palo Alto: Stanford University Press.

DERNDORFER, Cristoph

2010 "OLPC in Peru: A Problematic Una Laptop por Niño Program". En EdutechDebate, 28 de octubre. Disponible en: <http://

edutechdebate.org/olpc-in-south-america/olpc-in-peru-one-laptop-per-child-problems>.

DIBBELL, Julian
2007 *Play Money: Or How I Quit My Job and Made Millions Trading Virtual Loot*. Nueva York: Basic Books.

DORN, Matt
2003 "The Free Software Tango". En Salon.com, 7 de mayo. Disponible en: <http://www.salon.com/tech/feature/2003/05/07/free_software_argentina>.

DOUGLAS, Mary
1966 *Purity and Danger: An Analysis of Concepts of Pollution and Taboo*. Nueva York: Praeger.

DOURISH, Paul y Genevieve BELL
2011 *Divining a Digital Future: Mess and Mythology in Ubiquitous Computing*. Cambridge: MIT Press.

DOVE, Michael
1996 "Center, Periphery, and Biodiversity: A Paradox of Governance and a Developmental Challenge". En Stephen Brush y Doreen Stabinsky, eds., *Valuing Local Knowledge*. Washington, D. C.: Island Press.

DRAHOS, Peter y Ruth MAYNE (eds.)
2002 *Global Intellectual Property Rights: Knowledge, Access and Development*. Nueva York: Palgrave McMillan.

DURANT, Alberto
2009 *¿Dónde está el pirata?: para entender el comercio informal de películas digitales en el Perú*. Lima: Remanso Ediciones EIRL.

DUSSEL, Enrique
2000 "Europe, Modernity and Eurocentrism". En *Nepantla: Views from South* 1 (3): 465-478.

2002 "World-System and 'Trans' Modernity". En *Nepantla: Views from South* 2 (3): 221-245.

DUTFIELD, Graham
2000 *Intellectual Property Rights, Trade, and Biodiversity*. Londres: Earthscan Publications.

2002a *Protecting Traditional Knowledge and Folklore: A Review of Progress in Diplomacy and Policy Formation. ICTSD-UNCTAD Capacity Building Project on Intellectual Property Rights*. Ginebra: International Centre for Trade and Sustainable Development (ICTSD) International Environment House.

2002b "Sharing the Benefits of Biodiversity: Is There a Role for the Patent System?". En *Journal of World Intellectual Property* 5 (6): 899-931.

DUTFIELD, Graham y Uma SUTHERSANEN
2008 *Global Intellectual Property Law*. Cheltenham: Edward Elgar.

ECKSTEIN, Susan y Manuel MERINO (eds.)
2001 *Power and Popular Protest: Latin American Social Movements*. Berkeley: University of California Press.

ECONOMIC *TIMES*
2010 "Incredible India: Game-Changing Low-Cost Laptop", 24 de julio. Disponible en: <http://articles.economictimes.indiatimes.com/2010-07-24/news/27604238_1_internet-access-pc-hard-disk>.

EL COMERCIO
2009 "Junio fue el mes de mayor número de conflictos sociales en el último año". En elcomercio.com.pe, 8 de julio. Disponible en: <http://www.elcomercio.com.pe/noticia/311188/junio-fue-mes-mayor-numero-conflictos-sociales-ultimo-ano>.

ESCOBAR, Arturo
1994 *Encountering Development: The Making and Unmaking of the Third World*. Princeton: Princeton University Press.

2007 "Worlds and Knowledges Otherwise: The Latin American Modernity/Coloniality Research Program". En *Cultural Studies* 21 (2): 179-210.

2008 *Territories of Difference: Place, Movements, Life, Reds*. Durham, NC: Duke University Press.

EVANS, David
2002 "Politics and Programming: Government Preferences for Open Source Software". En Robert Hahn, ed., *Government Policy*

toward Open Source Software. Washington, D. C.: Brookings Institution Press.

FAYE, David
2004 "Bioprospecting, Genetic Patenting and Indigenous Populations: Challenges under a Restructured Information Commons". En *Journal of World Intellectual Property* 7 (3): 401-428.

FELLER, Joseph et ál. (eds.)
2005 *Perspectives on Free and Open Source Software*. Cambridge: MIT Press.

FERGUSON, James
1994 *Anti-Politics Machine: Development, Depoliticization, and Bureaucratic Power in Lesotho*. Mineápolis: University of Minnesota Press.

FERRER, Edgar
2009 "ICT Policy and Perspectives of Human Development in Latin America: The Peruvian Experience". En *Journal of Technology Management & Innovation* 4 (4): 162-170.

FERRIS, Timothy
2010 *The Science of Liberty: Democracy, Reason, and the Laws of Nature*. Nueva York: Harper.

FESTA, Paul
2001 "Governments Push Open Source Software". En Cnet.com, 29 de agosto. Disponible en: <http://news.com.com/2100-1001-272299.html?legacy=cnet>.

FINGER, J. Michael y Peter SCHULER
2004 *Poor People's Knowledge: Promoting Intellectual Property in Developing Countries*. Washington, D. C.: World Bank Publications.

FLORIDA, Richard
2003 *The Rise of the Creative Class: And How It's Transforming Work, Leisure, Community, and Everyday Life*. Nueva York: Basic Books.

FONDO MONETARIO INTERNACIONAL
2011 "Public Notice nº 11/158". Disponible en: <http://www.imf.org/external/np/sec/pn/2011/pn11158.htm>.

FOUCAULT, Michel
1977 *Language, Counter-Memory, Practice: Selected Essays and Interviews by Michel Foucault*. Ithaca: Cornell University Press.

2007 *Security, Territory, Population: Lectures at the College de France, 1977-78*. Nueva York: Palgrave McMillan.

FOUCHE, Rayvon
2012 "From Black Inventors to One Laptop Per Child: Exporting a Racial Politics of Technology". En Luisa Nakamura y Peter Chow, eds., *Race After the Internet*. Nueva York: Routledge Press.

FOX, Richard y Orin STARN
1997 *Between Resistance and Revolution: Cultural Politics and Social Protest*. New Brunswick: Rutgers University Press.

FRIEDMAN, Thomas
2005 *The World Is Flat: A Brief History of the Twenty-First Century*. Nueva York: Farrar, Straus and Giroux.

GAINES, Liz
2009 "TED: Negroponte Says OLPC Started Netbook Craze; Will Open-Source Its Hardware". En *Gigaom.com*, 7 de febrero. Disponible en: <http://gigaom.com/2009/02/07/ted-negroponte-says-olpc-started-netbook-craze-will-open-source-its-hardware>.

GERVAIS, Daniel
2003 "TRIPS, Doha and Traditional Knowledge". En *Journal of World Intellectual Property* 6 (3): 403-419.

GHOSH, Rishas
2005 "Understanding Free Software Developers: Findings from the FLOSS Study". En Joseph Feller et ál., eds., *Perspectives on Free and Open Source Software*. Cambridge: MIT Press.

GHOSH, Rishas et ál.
2002 *Free/Libre and Open Source Software: Survey and Study*. Maastricht, Países Bajos: University of Maastricht, International Institute of Infonomics Publications.

GLIECK, James

2011 *The Information: A History, a Theory, a Flood.* Nueva York: Pantheon.

GLUCKMAN, Max

1963 "Gossip and Scandal". En *Current Anthropology* 4: 307-316.

GOBIERNO DE PERÚ

2006 *PENX 2003-2013: Master Plan for Export Culture.* Lima.

GOODALE, Mark y Sally Engle MERRY (eds.)

2007 *The Practice of Human Rights: Tracking Law between the Global and Local.* Cambridge: Cambridge University Press.

GRAHAM, Laura

2002 "How Should an Indian Speak? Amazonian Indians and the Symbolic Politics of Language in the Global Public Sphere". En Kay Warren y Jean Jackson, eds., *Indigenous Movements, Self-Representation, and the State in Latin America.* Austin: University of Texas Press.

GREENE, Thomas

2002 "MS in Peruvian Open-Source Nightmare". En TheRegister.com, 5 de mayo. Disponible en: <http://theregister.co.uk/content/archive/25157.html>.

GROSSMAN, Lev

2009 "Iran's Protests: Why Twitter Is the Medium of the Movement". En *Time Magazine*, 17 de junio.

GUERRERO, Carlos

2011 "Mine Opponents Paralyze City in Peruvian Highlands". En *Associated Press*, 27 de mayo. Disponible en: <http://www.msnbc.msn.com/id/43193125/ns/world_news-americas/t/mine-opponents-paralyze-city-peruvian-highlands/>.

HABERMAS, Jurgen

2010 "A Political Constitution for the Pluralist World Society?". En Garrett Wallace Brown y David Held, eds., *The Cosmopolitanism Reader.* Cambridge: Polity Press.

HACKWORTH, Jason
2006 *The Neoliberal City: Governance, Ideology, and Development in American Urbanism*. Ithaca: Cornell University Press.

HAFNER, Katie y Matthew LYON
1996 *Where Wizards Stay up Late: The Origins of the Internet*. Nueva York: Simon & Schuster.

HAHN, Robert (ed.)
2002 *Government Policy toward Open Source Software*. Washington, D. C.: Brookings Institution Press.

HALLIDAY, Josh
2011 "Hillary Clinton Adviser Compares Internet to Che Guevara". En guardian.com, 22 de junio. Disponible en: <http://www.guardian.co.uk/media/2011/jun/22/hillary-clinton-adviser-alec-ross>.

HARAWAY, Donna
1991 "Situated Knowledges: The Science Question in Feminism and the Privilege of Partial Perspective". En *Simians, Cyborgs and Women: The Reinvention of Nature*. Nueva York: Routledge.

1997 *Modest_Witness@Second_Millenium: FemaleMan_Meets_Oncomouse*. Nueva York: Routledge.

HARDING, Sandra
1998 *Is Science Multicultural?: Postcolonialisms, Feminisms, and Epistemologies*. Indianápolis: Indiana University Press.

2008 *Science from Below: Feminisms, Postcolonialities, and Modernities*. Durham: Duke University Press.

HARRIS, Olivia
1995 "The Sources and Meanings of Money: Beyond the Market Paradigm in an Ayllu of Northern Potosi". En Brook Larson y Olivia Harris, eds., *Ethnicity, Markets, and Migration in the Andes: At the Crossroads of History and Anthropology*. Durham: Duke University Press.

HARVEY, David
2005 *A Brief History of Neoliberalism*. Oxford: Oxford University Press.

2006 *Spaces of Global Capitalism: A Theory of Uneven Geographical Development*. Nueva York: Verso.

HAYDEN, Cori
2003 *When Nature Goes Public: The Making and Unmaking of Bioprospecting in Mexico*. Princeton: Princeton University Press.

HILGARTNER, Stephen
2009 "Intellectual Property and the Politics of Emerging Technology". En *Chicago-Kent Law Review* 84 (1): 197-224.

HILTZIK, Michael
2000 *Dealers of Lightning: Xerox PARC and the Dawn of the Computer Age*. Nueva York: Harper Books.

HIMANEN, Pekka
2001 *The Hacker Ethic and the Spirit of Capitalism*. Nueva York: Random House.

HOWKINS, John
2002 *The Creative Economy: How People Make Money from Ideas*. Londres: Penguin Press.

INSTITUTO DE ESTADÍSTICAS DE LA UNESCO
2011 "Country and Regional Profiles: Peru". Disponible en: <http://stats.uis.unesco.org/unesco/TableViewer/document.aspx?ReportId=198>.

INSTITUTO NACIONAL DE DEFENSA DE LA COMPETENCIA Y DE LA PROTECCIÓN DE LA PROPIEDAD INTELECTUAL (INDECOPI)
2010 *Denominación de origen: guía informativa*. Lima: Centro de Información y Documentación de Indecopi.

INSTITUTO NACIONAL DE ESTADÍSTICA E INFORMÁTICA (INEI)
2002 *Plan de implementación de software libre en la administración pública*. Lima: INEI.

ISAAC, Grant y William KERR
2004 "Bioprospecting or Biopiracy?: Intellectual Property and Traditional Knowledge in Biotechnology Innovation". En *Journal of World Intellectual Property* 7 (1): 35-52.

JACKSON, Jean
2007 "Rights to Indigenous Culture in Colombia". En Mark Goodale y Sally Engle Merry, eds., *The Practice of Human Rights: Tracking Law between the Global and Local*. Cambridge: Cambridge University Press.

JAMES, Jeffrey
2010 "New Technology in Developing Countries: A Critique of the One-Laptop-Per-Child Program". En *Social Science Computer Review* 28 (3): 381-390.

JARVIS, Jeff
2009 *What Would Google Do?* Nueva York: Harpers Press.

JENKINS, Henry
2008 *Convergence Culture: Where Old and New Media Collide*. Nueva York: New York University Press.

JOHNSON, Bobbie
2011 "How Twitter Could Bring About World Peace". En *Gigaom.com*, 11 de abril. Disponible en: <http://gigaom.com/2011/04/11/how-twitter-could-bring- about-world-peace>.

JOHNSON, Steven
2010 *Where Good Ideas From: The Natural History of Innovation*. Nueva York: Riverhead.

JOSEPH, Gilbert y David NUGENT (eds.)
1994a *Everyday Forms of State Formation: Revolution and the Negotiation of Rule in Modern Day Mexico*. Durham: Duke University Press.

1994b *Popular Culture and State Formation in Revolutionary Mexico. En Everyday Forms of State Formation: Revolution and Negotiation of Rule in Modern Mexico*. Durham: Duke University Press.

KANT, Immanuel
1784 "The Idea of a Universal History with a Cosmopolitan Intent". En Ted Humphrey, ed., *Perpetual Peace and Other Essays on Politics, History, and Morals*. Indianápolis: Hackett Publishing.

KATZ, Leslie
2010 "India's $35 Tablet-How Low Can It Go?". En CNET.com, 23 de julio. Disponible en: <http://news.cnet.com/8301-17938_105-20011536-1.html>.

KECK, Margaret y Kathryn SIKKINK
1998 *Activists beyond Borders: Advocacy Networks in International Politics*. Ithaca: Cornell University Press.

KELLY, Kevin
2001 "Free Software/Free Science". En *First Monday* 6: 12.

2010 *What Technology Wants*. Nueva York: Viking Books.

KELTY, Chris
2005a "Free Science". En Joseph Feller et ál., eds., *Perspectives on Free and Open Source Software*. Cambridge: MIT Press.

2005b "Geeks, Social Imaginaries, and Recursive Publics". En *Cultural Anthropology* 20 (2): 185-214.

2008 *Two Bits: The Cultural Significance of Free Software*. Chapel Hill, NC: Duke University Press.

KIDDER, Tracy
2000 *The Soul of a New Machine*. Boston: Little Brown.

KLEIN, Naomi
2007 *Shock Doctrine: The Rise of Disaster Capitalism*. Nueva York: Metropolitan Books.

KLEIN, S. J.
2011 "TEDx Rio: Rodrigo on OLPC and Viewing Children as Our Future". En The OLPC Blog. Disponible en: <http://blog.laptop.org/2011/02/16/tedxrio-rodrigo-olpc>.

KRAEMER, Kenneth, Jason DEDRICK y Pauline SHARMA
2009 "One Laptop per Child: Vision vs. Reality". En *Communications of the ACM* 52: 6.

KRIKORIAN, Gaëlle y Amy KAPCZYNSKI (eds.)
2010 *Access to Knowledge in the Age of Intellectual Property*. Nueva York: Zone Books.

LACAN, Jacques
1998 "The Subject and the Other: Alienation". En Jacques-Alain Miller, ed., *The Four Fundamental Concepts of Psychoanalysis*. Nueva York: W. W. Norton.

2002 "The Mirror Stage as Formative of the I Function as Revealed in Psychoanalytic Experience". En *Écrits: A Selection*. Nueva York: W. W. Norton.

LACFREE-Latin American and Caribbean Conference on Free Software Development and Use

2003 "Carta de Cusco". Disponible en: <http://www.somoslibres.org/modules.php?name=Content&pa=showpage&pid=10>.

Lakhani, Karim y Robert Wolf

2005 "Why Hackers Do What They Do: Understanding Motivation and Effort in Free/Open Source Software Projects". En Joseph Feller et ál., eds., *Perspectives on Free and Open Source Software*. Cambridge: MIT Press.

Lanier, Jaron

2010 *You Are Not a Gadget: A Manifesto*. Nueva York: Knopf.

Latour, Bruno

1987 *Science in Action: How to Follow Scientists and Engineers through Society*. Cambridge: Harvard University Press.

1990 "Drawing Things Together". En Michael Lynch y Steve Woolgar, eds., *Representation in Scientific Practice*. Cambridge: MIT Press.

1993 *We Have Never Been Modern*. Cambridge: Harvard University Press.

2004a *Politics of Nature: How to Bring the Sciences into Democracy*. Cambridge: Harvard University Press.

2004b "Whose Cosmos, Which Cosmopolitics? Comments on the Peace Terms of Ulrich Beck". En *Common Knowledge* 10 (3): 450-462.

2005 *Reassembling the Social: An Introduction to Actor-Network-Theory*. Oxford: Oxford University.

2010 *On the Modern Cult of the Factish Gods*. Durham: Duke University Press.

LAW, John
2007 "Pinboards and Books: Juxtaposing, Learning, and Materiality". En David Kritt y Lucien Winegar, eds., *Education and Technology: Critical Perspectives, Possible Futures*. Nueva York: Lexington Books.

LEBLANC, Denise
2002 "Ending Microsoft FUD: An Interview with Peruvian Congressman Villanueva". En LinuxToday.com, 21 de mayo. Disponible en: <http://linuxtoday.com/news_story.php3?ltsn=2002-05-20-006-26-IN-LF-PB>.

LEES, Loretta, Tom SALTER y Elvin WYLY
2007 *Gentrification*. Nueva York: Routledge.

LESSIG, Lawrence
2000 *Code and Other Laws of Cyberspace*. Nueva York: Basic Books.

2002 *The Future of Ideas: The Fate of the Commons in a Connected World*. Nueva York: Vintage.

2005 *Free Culture: The Nature and Future of Creativity*. Nueva York: Penguin Press.

2008 *Remix: Making Art and Commerce Thrive in the Hybrid Economy*. Nueva York: Penguin Press.

LETTICE, John
2002 "Peru Mulls Free Software, Gates Gives $550k to Peru Prez". En TheRegister.com, 16 de julio. Disponible en: <http://www.theregister.co.uk/content/4/26207.html>.

LEVY, Steven
1984 *Hackers: Heroes of the Computer Revolution*. Nueva York: Penguin Press.

2000 *Insanely Great: The Life and Times of Macintosh, the Computer That Changed Everything*. Nueva York: Penguin Press.

2011 *In the Plex: How Google Thinks, Works, and Shapes Our Lives*. Nueva York: Simon & Schuster.

LEWEN, U.
2008 "Internet File-Sharing: Swedish Pirates Challenge the U. S.". En *Cardozo Journal of International and Comparative Law* 16: 173-206.

LEWIS, Michael
2001 *The New New Thing*. Nueva York: Penguin Books.

LI, Miaoran
2009 "The Pirate Party and the Pirate Bay: How the Pirate Bay Influences Swede and International Copyright Relations". En *Pace International Law Review* 21: 281-307.

LIANG, Lawrence
2003a "Piracy, Creativity and Infrastructure: Rethinking Access to Culture". Disponible en: <http://www.altlawforum.org/intellectual-property/publications/articles-on-the-social-life-of-media-piracy/Liang-Piracy-%20Infrastructure%20and%20Creativity.pdf/view>.

2003b "Pirate Aesthetics". En *Magazine of the Steirischer Herbst 2006 Festival at Graz*. Disponible en: <http://www.altlawforum.org/intellectual-property/publications/articles-on-the-social-life-of-media-piracy/pirate-aesthetics>.

2004 "Media Empires and Renegade Pirates". En *Humanscape* 11: 8.

2005 "Porous Legalities and Avenues of Participation". En *Sarai Reader* 2005: 6-17.

LIANG, Lawrence y Achal PRABHALA
2007 "Reconsidering the Pirate Nation". Presented at Yale University Law School, Yale Information Society Project. Access to Knowledge Conference, 27-29 de abril.

LILPUTING.COM
2008 "Comprehensive List of Low-Cost Ultraportables". Disponible en: <http://liliputing.com/2008/04/over-past-six-months-or-so-asus-everex_24.html>.

LIN, Yuwei
2007 "Hacker Culture and the FLOSS Innovation". En Kirk St. Amant y Brian Still, eds., *Handbook on Research in Open Source Software: Technological, Economic, and Social Perspectives*. Hershey: Idea Group.

LIVING IN PERU
2007 "SUTEP Strike Takes Peru by Storm". En LIP.com, 5 de julio. Disponible en: <http://www.livinginperu.com/news/4204>.

MACKINNON, Rebecca
2012 *Consent of the Networked: The Worldwide Struggle for Internet Freedom*. Nueva York: Basic Books.

MALLON, Florencia
1994 "Reflection on the Ruins". En Gilbert Joseph y Daniel Nugent, eds., *Everyday Forms of State Formation: Revolution and Negotiation of Rule in Modern Mexico*. Durham: Duke University Press.

1995 *Peasant and Nation: The Making of Postcolonial Mexico and Peru*. Berkeley: University of California Press.

MARIÁTEGUI, José Carlos
1988 *Seven Essays of the Peruvian Reality*. Austin: University of Texas Press.

MARKOFF, John
2006 *What the Dormouse Said: How the Sixties Counterculture Shaped the Personal Computer Industry*. Nueva York: Penguin Books.

MASKUS, Keith
2000 *Intellectual Property Rights in the Global Economy*. Washington, D. C.: Institute for International Economics.

MASSEY, Dorren
2007 *World City*. Nueva York: Polity Press.

MATTHEWS, Duncan
2002 *Globalizing Intellectual Property Rights: The TRIPS Agreement*. Londres: Routledge.

MAZZOTTI, José Antonio
2008 "Creole Agencies and the (Post)Colonial Debate in Spanish America". En Mabel Morana, Enrique Dussel y Carlos

Jauregui, eds., *Coloniality at Large: Latin America and the Postcolonial Debate*. Durham: Duke University Press.

McGonigal, Jane
2011 *Reality Is Broken: Why Games Make Us Better and How They Can Change the World*. Nueva York: Penguin Books.

Medina, Eden, Ivan da Costa y Christina Holmes
2012 "Beyond Imported Magic: Studying Science and Technology in Latin America". Paper presented for Beyond Imported Magic Workshop, University of Indiana, Bloomington, 24 de agosto.

Melucci, Alberto
1996 *Challenging Codes: Collective Action in the Information Age*. Cambridge: Cambridge University Press.

Merson, John
2000 "Bio-Prospecting or Bio-Piracy: Intellectual Property Rights and Biodiversity in a Colonial and Post-Colonial Context". En *Osiris* 15: 282-296.

Microsoft
2002 "Peru Begins a New Year of Technological Modernization through Accord Signing between President Alejandro Toledo and Bill Gates". Disponible en: <http://www.microsoft.com/peru/convenioperu>.

Miegel, Fredrik y Tobias Olsson
2008 "From Pirates to Politicians: The Story of the Swedish File Sharers Who Became a Political Party". En Nico Carpentier et ál., eds., *Democracy, Journalism, and Technology: New Developments in an Enlarged Europe*. Tartu: Tartu University Press.

Mignolo, Walter
2007 "Delinking: The Rhetoric of Modernity, the Logic of Coloniality and the Grammar of De-coloniality". En *Cultural Studies* 21 (2): 449-514.

Miller, Daniel y Don Slater
2001 *The Internet: An Ethnographic Approach*. Londres: Berg Publishers.

MITCHELL, Timothy

1990 *Colonizing Egypt*. Berkeley: University of California Press.

2002 *Rule of Experts: Egypt, Techno-Politics, Modernity*. Berkeley: University of California Press.

2005 "The Work of Economics: How a Discipline Makes Its World". En *European Journal of Sociology* 45 (2): 297-320.

MONTEJO, Víctor

2002 "The Multiplicity of Mayan Voices: Mayan Leadership and the Politics of Self-Representation". En Kay Warren y Jean Jackson, eds., *Indigenous Movements, Self-Representation, and the State in Latin America*. Austin: University of Texas Press.

MOODY, Glyn

2002 *Rebel Code: Linux and the Open Source Revolution*. Nueva York: Basic Books.

MOONEY, Chris

2005 *The Republican War on Science*. Nueva York: Perseus.

MORANA, Mabel, Enrique DUSSEL y Carlos JAUREGUI (eds.)

2008 *Coloniality at Large: Latin America and the Postcolonial Debate*. Durham: Duke University Press.

MOROZOV, Evgeny

2010a *The Net Delusion: The Dark Side of Internet Freedom*. Nueva York: Public Affairs.

2010b "Technological Utopianism". En *Boston Review* 35: 6. Disponible en: <http://bostonreview.net/BR35.6/ndf_technology.php>.

NAJAMBADI, Afsaneh

1991 "Interview with Gayatri Spivak". En *Social Text* 9 (3): 122-134.

NASH, June

1993 *We Eat the Mines and the Mines Eat Us: Dependency and Exploitation in Bolivian Tin Mines*. Nueva York: Columbia University Press.

NEGROPONTE, Nicolas

2009 "Lessons Learned and Future Challenges". Speech, Reinventing the Classroom: Social and Educational Impact of Information and Communication Technologies in Education Forum, Washington, D. C., 15 de septiembre. Disponible en: <http://www.olpctalks.com/nicholas_negroponte>.

2010a "Laptops Work". En *Boston Review* 35 (6). Disponible en: <http://bostonreview.net/BR35.6/ndf_technology.php>.

2010b "Open Letter to India", 29 de julio. Disponible en: <http://laptop.org/en/vision/essays/35-tablet.shtml>.

2012 "Teaching Children to Learn". Ponencia presentada en la Conferencia EmTech MIT Technology Review. Cambridge. Disponible en: <http://www2.technologyreview.com/emtech/12/video/#!/watch/nicholas-negroponte-teaching-children-to-learn/>.

NIEZEN, Ronald

2003 *The Origins of Indigenism: Human Rights and the Politics of Identity*. Berkeley: University of California Press.

NIGH, Ronald

2002 "Maya Medicine in the Biological Gaze: Bioprospecting Research as Herbal Fetishism". En *Current Anthropology* 43 (3): 451-477.

NUGENT, David

1997 *Modernity at the Edge of Empire: State, Individual, & the Nation in the Northern Peruvian Andes, 1885-1935*. Stanford: Stanford University Press.

2001 "Before History and Prior to Politics: Space, Time, and Territory in the Modern Peruvian Nation-State". En Tom Blom Hansen y Finn Stepputat, eds., *States of Imagination: Ethnographic Explorations of the Postcolonial State*. Durham: Duke University Press.

NÚÑEZ, Rafael y Eve SWEETSER

2006 "With the Future behind Them: Convergent Evidence from Aymara Language and Gesture in the Crosslinguistic Comparison of Spatial Constructions of Time". En *Cognitive Science* 30: 401-450.

NUSSBAUM, Martha
2010 "Kant & Cosmopolitanism". En Garrett Wallace Brown y David Held, eds., *The Cosmopolitanism Reader*. Cambridge: Polity Press.

ONG, Aiwah
1999 *Flexible Citizenship: The Cultural Logics of Transnationalism*. Durham: Duke University Press.

2005 "Splintering Cosmopolitanism: Asian Immigrants and Zones of Autonomy in the American West". En Tom Blom Hansen y Finn Stepputat, eds., *Sovereign Bodies: Citizens, Migrants, and States in the Postcolonial World*. Princeton. Princeton University Press.

2006 *Neoliberalism as Exception: Mutations in Citizenship and Sovereignty*. Durham: Duke University Press.

ONG, Aiwah y Stephen COLLIER (eds.)
2004 *Global Assemblages: Technology, Politics, and Ethics as Anthropological Problems*. Malden: Blackwell Publishing.

ORGANIZACIÓN INTERNACIONAL DEL TRABAJO (OIT)
1989 *Indigenous and Tribal Peoples Convention*. Jakarta: OIT.

ORESKES, Naomi y Eric CONWAY
2010 *Merchants of Doubt: How a Handful of Scientists Obscured the Truth on Issues from Tobacco Smoke to Global Warming*. Nueva York: Bloomsbury Press.

PARRY, Bronwyn
2000 "The Fate of the Collections: Social Justice and the Annexation of Plant Genetic Resources". En Charles Zerner, ed., *People, Plants and Justice: The Politics of Nature Conservation*. Nueva York: Columbia University Press.

2002 "Cultures of Knowledge: Investigating Intellectual Property Rights and Relations in the Pacific". En *Antipode* 34 (4): 679-706.

PATRY, William
2009 *Moral Panics and the Copyright Wars*. Oxford: Oxford University Press.

PAUL, Ryan

2008 "Classmate PC Gets a Boost with Million-Unit Venezuelan Order". En *Arstechnica.com.*, 29 de septiembre.

2009 "Behind the OLPC Layoffs: G1G1 Failure and Reduced Sponsorship". En *Arstechnica.com*, 30 de enero.

2010 "OLPC's Negroponte Offers to Help India Realize $35 Tablet". En *Arstechnica.com.* agosto. Disponible en: <help-india-realize-35-tablet.ars>.

PERU SUPPORT GROUP

2007 "Teachers Protest over the Government's New Education Law". En *Peru Support Group Publication* 122.

PFLEIFLE, Mark

2009 "A Nobel Peace Prize for Twitter?". En *Christian Science Monitor*, 6 de julio. Disponible en: <http://www.csmonitor.com/Commentary/Opinion/2009/0706/p09s02-coop.html>.

PHILIP, Kavita

2005 "What Is a Technological Author: The Pirate Function and Intellectual Property". En *Postcolonial Studies* 8 (2): 199-218.

PHILIP, Kavita, Lily IRANI y Paul DOURISH

2010 "Postcolonial Computing: A Tactial Survey". En *Science, Technology, & Human Values* 37:3-29.

POOLE, Deborah

1997 *Vision, Race, & Modernity: A Visual Economy of the Andean Image World.* Princeton: Princeton University Press.

POOLEY, Eric

2010 *The Climate War: True Believers, Power Brokers, and the Fight to Save the Earth.* Nueva York: Hyperion.

POSEY, Darrell y Graham DUTFIELD

1996 *Beyond Intellectual Property: Toward Traditional Resource Rights for Indigenous Peoples and Local Communities.* Ottawa: International Development Research Centre.

POVINELLI, Elizabeth

2002 *The Cunning of Recognition: Indigenous Alterities and the Making of Australian Multiculturalism*. Durham: Duke University Press.

PRAKASH, Siddhartha

1999 "Towards a Synergy between Biodiversity and Intellectual Property Rights". En *Journal of World Intellectual Property* 2 (5): 821-831.

QUIJANO, Aníbal

2000 "Coloniality of Power, Eurocentrism, and Latin America". En *Nepantla: Views from South* 1 (3): 533-580.

2007 [1989] "Coloniality and Modernity/Rationality". En *Cultural Studies* 21 (2): 168-178.

RAMA, Ángel

1996 *The Lettered City*. Durham: Duke University Press.

RHEINGOLD, Howard

2003 *Smart Mobs: The Next Social Revolution*. Nueva York: Basic Books.

RIBIERO, John

2008 "India says it is developing a $ 10 laptop No specs available; it would be used for educational purposes". En *Computer World*, 10 de julio. Disponible en: < http//bit.ly/2DAGzJV> (última consulta: 19/01/2018.

RILES, Annalise

2001 *The Network Inside Out*. Ann Arbor: University of Michigan Press.

RILEY, Mary

2004 *Indigenous Intellectual Property Rights: Legal Obstacles and Innovative Solutions*. Lanham: AltaMira Press.

ROBBINS, Bruce

1998 "Actually Existing Cosmopolitanism". En Pherg Cheah y Bruce Robbins, eds., *Cosmopolitics: Thinking and Feeling beyond the Nation*. Mineápolis: University of Minnesota Press.

ROCKWELL, Elsie

1994 "Schools of the Revolution: Enacting and Contesting State Forms in Tlaxcala". En Gilbert Joseph y Daniel Nugent, eds., *Everyday Forms of State Formation: Revolution and Negotiation of Rule in Modern Mexico*. Durham: Duke University Press.

ROSE, Nikolas

1999 *The Powers of Freedom: Reframing Political Thought*. Cambridge: Cambridge University Press.

ROSS, Andrew

2004 *No-Collar: The Humane Workplace and Its Hidden Costs*. Filadelfia: Temple University Press.

2010 *Nice Work If You Can Get It: Life and Labor in Precarious Times*. Nueva York: New York University Press.

ROVIRA SANCHO, Giomar

2008 *Zapatistas sin fronteras. Las redes de solidaridad con Chiapas y el altermundismo*. México, D. F.: Ediciones Era.

SAID, Edward

1979 *Orientalism*. Nueva York: Vintage Books.

SALAS, Sdenka

2009 *La laptop XO en el aula*. Puno: Sagitario Impresores.

SALAZAR, Milagros

2007 "Escalating Conflicts Put Pres. García on the Spot". En Inter Press News Service Agency, 12 de julio. Disponible en: <http://www.ipsnews.net/news.asp?idnews=38521>.

SANTIAGO, A. et ál.

2010 *Evaluación experimental del programa "Una Laptop por Niño" en Perú*. Washington, D. C.: Banco Interamericano de Desarrollo. Disponible en: <http://www.iadb.org/document.cfm?id=35370099>.

SASSEN, Saskia

1991 *The Global City: New York, London, Tokyo*. Princeton: Princeton University Press.

2002 *Global Networks, Linked Cities*. Nueva York: Routledge.

2006 *Territory, Authority, Rights: From Medieval to Global Assemblages*. Princeton: Princeton University Press.

SAXENIAN, AnnaLee

1996 *Regional Advantage: Culture and Competition in Silicon Valley and Route 128*. Cambridge: Harvard University Press.

SCHEERES, Julia

2002 "Peru Discovers Machu Penguin". En *Wired.com*, 22 de abril. Disponible en: <http://wired.com/news/business/0,1367,51902,00.html>.

SCHULZ, Markus

2007 "The Role of the Internet in Transnational Mobilization: A Case Study of the Zapatista Movement, 1994-2005". En Mark Herkenrath, ed., *Civil Society: Local and Regional Responses to Global Challenges*: Transaction Publishers.

SCOTT, Allan

2001 *Global City-Regions: Trends, Theory, Policy*. Oxford: Oxford University Press.

SELL, Susan

2003 *Private Power, Public Law: The Globalization of Intellectual Property Rights*. Cambridge: Cambridge University Press.

SHAPIN, Steven

1995 *A Social History of Truth: Civility and Science in Seventeenth-Century England*. Chicago: University of Chicago Press.

SHAPIN, Steven y Simon SCHAFFER

1985 *Leviathan and the Air Pump: Hobbes, Boyle, and the Experimental Life*. Princeton: Princeton University Press.

SHIRKY, Clay

2009 *Here Comes Everybody: The Power of Organizing without Organizations*. Nueva York: Penguin.

SHIVA, Vandana

1997 *Biopiracy: The Plunder of Nature and Knowledge*. Boston: South End Press.

2004 "Trips, Human Rights and the Public Domain". En *Journal of World Intellectual Property* 7 (5): 665-673.

SIMMEL, Georg

1990 *The Philosophy of Money*. Londres: Routledge.

SIMMONDS, Roger y Gary HACK (eds.)

2000 *Global City Regions: Their Emerging Forms*. Nueva York: Routledge.

SLASHDOT.ORG.

2002a "Free Software Law in Peruvian Congress", 4 de mayo. Disponible en: <http://slashdot.org/article.pl?sid=02/05/04/220237&mode=thread&tid=117>.

2002b "Peruvian Congressman vs. Microsoft FUD", 6 de mayo. Disponible en: <http://slashdot.org/article.pl?sid=02/05/06/1739244&mode=thread&tid=109>.

SMITH, Barbara Herrnstein

2011 "The Chimera of Relativism: A Tragicomedy". En *Common Knowledge* 17 (1): 13-28.

SMITH, Merritt Roe y Leo MARX

1994 *Does Technology Drive History? The Dilemma of Technological Determinism*. Cambridge: MIT Press.

SNIDERMAN, Zachary

2011 "Intel's Little Laptop That Could Bring Tech to Millions of Children around the World". En Mashable.com, 5 de julio. Disponible en: <http://mashable.com/2011/07/05/intel-classmate-pc/>.

SOON-HONG, Choi

2011 "The Role of the UN: ICTs in Crisis Response, Peacekeeping, and Peacebuilding". En ICT4Peace, The Berkman Center for Internet and Society and The Georgia Institute of Technology, eds., *Peacebuilding in the Information Age: Sifting Hype from Reality*. Disponible en: <http://ict4peace.org/wp-content/uploads/2011/01/Peacebuilding-in-the-Information-Age-Sifting-Hype-from-Reality.pdf>.

Speed, Shannon

2007 "Exercising Rights and Reconfiguring Resistance in the Zapatista Juntas de Buen Gobierno". En Mark Goodale y Sally Engle Merry, eds., *The Practice of Human Rights: Tracking Law between the Global and Local*. Cambridge: Cambridge University Press.

Stanco, Tony

2003 "Opinion on Brazil Making Open Source Mandatory in Government". En *Linux Today*, 13 de julio. Disponible en: <http://linuxtoday.com/news_storyphp3?ltsn=2003-06-13-009-26-OS-LL-PB>.

Star, Susan Leigh y James Griesemer

1999 "Institutional ecology, 'Translations' and Boundary Objects". En Mario Biagioli, eds., *The Science Studies Reader*. Nueva York: Routledge.

Stark, David

2001 "Heterarchy: Exploiting Ambiguity and Organizing Diversity". En *Brazilian Journal of Political Economy* 21 (1): 2-79.

2009 *The Sense of Dissonance: Accounts for Worth in Economic Life*. Princeton: Princeton University Press.

Stauffacher, Daniel et ál. (eds.)

2005 *Information and Communication Technology for Peace: The Role of ICT in Preventing, Responding to and Recovering from Conflict*. Nueva York: United Nations Information and Communication Technologies Task Force.

Stengers, Isabelle

2007 *Cosmopolitics*. St. Paul: University of Minnesota Press.

2011 "Comparison as a Matter of Concern". En *Common Knowledge* 17 (1): 48-63.

Stepputat, Finn

2005 "Violence, Sovereignty, and Citizenship in Postcolonial Peru". En Tom Blom Hansen y Finn Stepputat, eds., *Sovereign Bodies: Citizens, Migrants, and States in the Postcolonial World*. Princeton: Princeton University Press.

STIGLITZ, Joseph
2010 *Freefall: America, Free Markets, and the Sinking of the World Economy*. Nueva York: W. W. Norton.

STOCKING, B.
2003 “Vietnam Embracing Open-Source”. En *San Jose Mercury News*. Disponible en: <http://www.siliconvalley.com/mld/siliconvalley/business/columnists/gmsv/7139304.htm>.

SUGAR, David
2005 “Free Software and Latin America: The Challenge Is Often Political Rather Than Technical”. En *Free Software Magazine* 8. Disponible en: <http://www.freesoftwaremagazine.com/articles/latin_america>.

SUNDARAM, Ravi
1999 “Recycling Modernity: Pirate Electronic Cultures in India”. En *Third Text* 13 (47).

SUNDER RAJAN, Kaushik
2007 *Biocapital: The Constitution of Postgenomic Life*. Durham: Duke University Press.

SUTHERSANEN, Uma, Graham DUTFIELD y Kit Boey CHOW (eds.)
2007 *Innovation without Patents: Harnessing the Creative Spirit of a Diverse World*. Northampton: Ashgate Publishing.

TAKHTEYEV, Yuri
2012 *Coding Places: Software Practices in a South American City*. Cambridge: MIT Press.

TALBOT, David
2008 “Una laptop por niño”. En *MIT Technology Review*, 12 de abril. Disponible en: <http://www.technologyreview.com/featuredstory/409939/una-laptop-por-ni%C3%B1o/>.

2012 “Given Tablets but No Teachers, Ethiopian Children Teach Themselves”. En *MIT Technology Review*, 29 de octubre. Disponible en: <http://www.technologyreview.com/news/506466/given-tablets-but-no-teachers-ethiopian-children-teach-themselves/>.

TAUSSIG, Michael

1991 *Shamanism, Colonialism, and the Wild Man: A Study in Terror and Healing*. Chicago: University of Chicago Press.

2010 *The Devil and Commodity Fetishism in South America*. Chapel Hill: University of North Carolina Press.

TAYLOR, Peter

2003 *World City Network: A Global Urban Analysis*. Nueva York: Routledge.

TERRANOVA, Tiziana

2004 *Network Culture: Politics for the Information Age*. Nueva York: Pluto Press.

THAN, Ker

2010 "Internet Nominated for 2010 Nobel Peace Prize". En *MSNBC.com*, 11 de marzo. Disponible en: <http://www.msnbc.msn.com/id/35823790/ns/technology_and_science-tech_and_gadgets/t/internet-nominated-nobel-peace-prize>.

THE ECONOMIST

2008 "One Clunky Laptop per Child", 4 de enero.

TIMES OF INDIA

2011 "Where Is India's $35 Tablet, Mr Sibal?", 21 de julio. Disponible en: <http://articles.timesofindia.indiatimes.com/2011-07-21/hardware/29799077_1_tablet-classmate-pc-laptop>.

TOYAMA, Kentaro

2010 "Can Technology End Poverty?". En *Boston Review* 35 (6): 12-18, 28-29. Disponible en: <http://bostonreview.net/BR35.6/ndf_technology.php>.

2011 "There Are No Technology Shortcuts to Good Education". En EdutechDebate.org. Disponible en: <http://edutechdebate.org/ict-in-schools/there-are-no-technology-shortcuts-to-good-education>.

TSING, Anna

2004 *Friction: An Ethnography of Global Connection*. Princeton: Princeton University Press.

TSOTSIS, Alexia

2011 "Internet up for Nobel Peace Prize Again, Let's Hope It Wins This Time". En *Techcrunch.com*, 1 de marzo. Disponible en: <http://techcrunch.com/2011/03/01/internet-for-the-nobel-win>.

TURKLE, Sherry

1995 *Life on the Screen: Identity in the Age of the Internet*. Nueva York: Touchstone Books.

2004 "Wither Psychoanalysis in Digital Culture?". En *Psychoanalytic Psychology* 21: 16-30.

2009 *Simulation and Its Discontents*. Cambridge: MIT Press.

2010 *Alone Together: Why We Expect More from Technology and Less from Each Other*. Nueva York: Basic Books.

TURNER, Fred

2006 *From Counterculture to Cyberculture: Stewart Brand, the Whole Earth Network, and the Rise of Digital Utopianism*. Chicago: University of Chicago Press.

TURNER, Terrence

2002 "Representation, Polyphony, and the Construction of Power in a Kayapo Video". En Kay Warren y Jean Jackson, eds., *Indigenous Movements, Self-Representation, and the State in Latin America*. Austin: University of Texas Press.

TURNER, Victor

1967 *The Forest of Symbols: Aspects of Ndembu Ritual*. Ithaca: Cornell University Press.

TWIST, Jo

2005 "UN Debut for $100 Laptop for Poor". En *BBC News*, 17 de noviembre. Disponible en: <http://news.bbc.co.uk/2/hi/technology/4445060.stm>.

UCO, César

2007 "Peru's President Garcia Faces Nationwide Protests". En *Wsws.org*, 20 de julio. Disponible en: <http://www.wsws.org/articles/2007/jul2007/peru-j20.shtml>.

Unwin, Tim

2009 *ICT4D: Information and Communication Technology for Development*. Cambridge: Cambridge University Press.

Uy-Tioco, Cecilia

2003 "The Cell Phone and EDSA 2: The Role of a Communication Technology in Ousting a President". Critical Themes in Media Studies Conference, New School University, 11 de octubre.

Vaidhyanathan, Siva

2006 "Rewiring the 'Nation': The Place of Technology in American Studies". En *American Quarterly* 58 (3): 555-567.

2011 *The Googlization of Everything (And Why We Should Worry)*. Berkeley: University of California Press.

Verran, Helen

2007 "The Educational Value of Explicit Noncoherence: Software for Helping Aboriginal Children Learn about Place". En David Kritt y Lucien Winegar, eds., *Education and Technology: Critical Perspectives, Possible Futures*. Nueva York: Lexington Books.

2011 "Comparison as Participant". En *Common Knowledge* 17 (1): 64-72.

Vessuri, Hebe

2011 "La actual internacionalización de las ciencias sociales en la América Latina: ¿vino viejo en barricas nuevas?". En Antonio Arellano Hernández y Pablo Kreimer, eds., *Estudio social de la ciencia y la tecnología desde América Latina*. Bogotá: Siglo del Hombre Editores.

Vicente, Rafael

2003 "The Cell Phone and the Crowd: Messianic Politics in the Contemporary Philippines". En *Public Culture* 15 (3): 399-425.

Vigo, Manuel

2011 "Peru's Economy Expected to Grow in 2012, According to IMF". En *Peruthisweek.com*, 4 de diciembre. Disponible en: <http://www.peruthisweek.com/news-1185-Perus-economy-expected-to-grow-in-2012-according-to-IMF>.

VILLANUEVA, Eduardo
2011 "The Importance of Being Local". En *The European Magazine*, 12 de abril. Disponible en: <http://www.theeuropean-magazine.com/256-villanueva-masilla-eduardo/255-ict-in-development-cooperation>.

VIVEROS DE CASTRO, Eduardo
2004 "Exchanging Perspectives: The Transformation of Objects into Subjects in Amerindian Ontologies". En *Common Knowledge* 10 (3): 463-484.

VOTA, Wayan
2009 "If & When Schools Invest in ICT, Teachers First". En EduTechDebate.org. Disponible en: <http://edutechdebate.org/ict-in-education/if-when-schools-invest-in-ict-teachers-first>.

WALLACE, Lewis
2009 "Wired Backs Internet for Nobel Peace Prize". En Wired.com, 20 de noviembre. Disponible en: <http://www.wired.com/underwire/2009/11/internet-for-peace-nobel>.

WALLERSTEIN, Immanuel
2006 *European Universalism: The Rhetoric of Power*. Nueva York: New Press.

WARREN, Kay
1998 "Indigenous Movements as a Challenge to the Unified Social Movement Paradigm of Guatemala". En Sonia Álvarez, Evelina Dagnino y Arturo Escobar, eds., *Culture of Politics, Politics of Cultures: Re-Visioning Latin American Social Movements*. Boulder: Westview Press.

WARREN, Kay y Jean JACKSON (eds.)
2002 *Indigenous Movements, Self-Representation, and the State in Latin America*. Austin: University of Texas Press.

WARSCHAUER, Mark y Morgan AMES
2010 "Can One Laptop per Child Save the World's Poor?". En *Journal of International Affairs* 64: 1.

WASHINGTON POST
2011 "The Netbook Lives! Asus Launches Product Page for the MeeGo Eee PC X101 Netbook. En *Washingtonpost.com*, 28 de julio.

Disponible en: <http://www.washingtonpost.com/business/technology/the-netbook-lives-asus-launches-product-page-for-the-meego-eee-pc-x101-netbook/2011/07/28/gIQAeGrpeI_story.html>.

WEBER, Samuel
1991 *Return to Freud: Jacques Lacan's Dislocation of Pscyhoanalysis*. Cambridge: Cambridge University Press.

WEBER, Steven
2004 *The Success of Open Source*. Cambridge: Harvard University Press.

WHITE, Luise
2000 *Speaking with Vampires: Rumor and History in Colonial Africa*. Berkeley: University of California Press.

WHYTE, William
2002 *The Organization Man*. Filadelfia: University of Pennsylvania Press.

WILLIAMS, Maggie
2002 "Latin America in Love with Linux". En *vnunet.com*, 23 de abril. Disponible en: <http://vnunet.com/News/1131173>.

WILLINSKY, John
2009 *The Access Principle: The Case for Open Access to Research and Scholarship*. Cambridge: MIT Press.

WILSON, Fiona
2001 "In the Name of the State? Schools and Teachers in the Andean Province". En Thomas Blom Hansen y Finn Stepputa, eds., *States of Imagination: Ethnographic Explorations of the Postcolonial State*. Durham: Duke University Press.

2007 "Transcending Race? Schoolteachers and Political Militancy in Andean Peru, 1970-2000". En *Journal of Latin American Studies* 39: 719-746.

WINNER, Langdon
1989 *The Whale and the Reactor: A Search for Limits in an Age of High Technology*. Chicago: University of Chicago Press.

WINNICOTT, David W.
1971 *Playing and Reality*. Nueva York: Routledge.

WIRED.COM
2003 "Brazil Gives Nod to Open Source". En *Wired.com*, 16 de noviembre. Disponible en: <http://www.wired.com/news/infostructure/0,1377,61257,00.html>.

WONG, Tzen y Graham DUTFIELD (eds.)
2010 *Intellectual Property & Human Development: Currents, Trends, & Future Scenarios*. Cambridge: Cambridge University Press.

WORLD INTELLECTUAL PROPERTY ORGANIZATION (WIPO)
2011 Website. Frequently Asked Questions. Disponible en: <http://www.wipo.int/about-wipo/en/faq.html>.

YUDICE, George
1998 "The Globalization of Culture and the New Civil Society". En Sonia Álvarez, Evelina Dagnino y Arturo Escobar, eds., *Cultures of Politics, Politics of Cultures: Re-Visioning Latin American Social Movements*. Boulder: Westview Press.

2003 *The Expediency of Culture: Uses of Culture in the Global Era*. Durham: Duke University Press.

ZALOOM, Caitlin
2010 *Out of the Pits: Traders and Technology from Chicago to London*. Chicago: Chicago University Press.

ZERDA-SARMIENTO, Álvaro y Clemente FORERO-PINEDA
2002 "Intellectual Property Rights over Ethnic Communities Knowledge". En *International Social Science Journal* 54 (171): 99-114.

ŽIŽEK, Slavoj
2010 *Living in the End of Times*. Nueva York: Verso.

Made in the USA
Monee, IL
18 October 2026

66035239R10210